DAN EWYN Y DON

Dan Ewyn y Don

nofel gan

John Alwyn Griffiths

Hoffwn ddiolch eto i Myrddin ap Dafydd am ei ddiddordeb ac am gyhoeddi'r nofel hon. Hefyd i Nia Roberts am ei gwaith campus yn golygu'r testun a phawb arall yng Ngwasg Carreg Gwalch sy'n gweithio'n ddibynadwy yn y cefndir.

Argraffiad cyntaf: 2014

ⓗ John Alwyn Griffiths/Gwasg Carreg Gwalch

Rhif rhyngwladol: 978-1-84527-482-5

Mae'r cyhoeddwyr yn cydnabod cefnogaeth ariannol
Cyngor Llyfrau Cymru

Cynllun clawr: Sion Ilar

Cyhoeddwyd gan Wasg Carreg Gwalch,
12 Iard yr Orsaf, Llanrwst, Conwy, LL26 0EH.
Ffôn: 01492 642031 Ffacs: 01492 641502
e-bost: llyfrau@carreg-gwalch.com
lle ar y we: www.carreg-gwalch.com

i Julia

Rhagair

Treuliodd flynyddoedd maith yn astudio terfysgoedd diddiwedd y byd, heb unwaith dynnu sylw ato'i hun. O'r diwedd, galwodd ei feistri tramor arno; y gŵr a fu'n disgwyl am yr alwad i ddeffro, i godi, i ymladd ac i ddinistrio'r rhai nad ydynt yn credu. Dyma ei uchelgais.

* * *

Yn 1992, adeiladwyd llong danfor gradd Kilo yn Saint Petersburg, Rwsia ar gyfer llynges Iran, ac fe'i lansiwyd hi ym mis Rhagfyr y flwyddyn honno. Ei henw oedd *Noor*. Un o fanteision y math yma o long danfor yw ei bod yn bosibl ei defnyddio mewn dŵr cymharol fas; ond yr anfantais yw mai dim ond tua saith mil o filltiroedd y gall deithio wedi iddi suddo, a hynny gan ddefnyddio'i snorcel.

Erbyn heddiw, yn ôl *Wikipedia*, ni ŵyr neb yn y Gorllewin i sicrwydd ble mae'r *Noor*. Wedi iddi dreulio ugain mlynedd yn gwasanaethu dan donnau cynnes Gwlff Persia, Gwlff Oman a Môr Arabia, tybir ei bod hi'n cael ei moderneiddio, neu ei bod wedi'i sgrapio yn un o iardiau llongau llynges Iran.

Er hyn, mae'n bosibl bod y *Noor* wedi ei throsglwyddo i berchnogion newydd, ac wedi mentro i ddyfroedd newydd.

Pennod 1

Newydd basio'i brawf gyrru yr oedd Iolo Pugh pan ddigwyddodd y ddamwain – ond nid ei ddiffyg profiad oedd yn gyfrifol amdani. Dychwelyd adref yng nghanol glaw trwm roedd o y noson dywyll honno, ar ôl danfon ei gariad adref ar hyd y lonydd culion, coediog, ar gyrion tref Glan Morfa. Prin oedd y weipars yn clirio'r glaw oddi ar y sgrin wynt, a chwythai'r gwynt cryf ddail lliwgar yr hydref fel conffeti i oleuadau'r car. Doedd hon ddim yn noson i yrru'n gyflym. Diolchodd y llanc fod y lonydd troellog yn gyfarwydd iddo – yr oedd wedi gwneud yr un daith yn ôl ac ymlaen i Lan Morfa droeon yn y gorffennol. Y dref brysur hon ar arfordir gogledd Cymru oedd ei gartref; tref wledig lle gallai ffermwyr, pysgotwyr a masnachwyr ennill eu bywoliaeth ochr yn ochr, a lle byddai'r twristiaid yn heidio yn eu miloedd yn ystod misoedd braf yr haf. Ond roedd hi'n bell o fod yn braf y noson honno.

Tynnodd Iolo ei lygaid oddi ar y ffordd am ennyd i daro'r radio ymlaen, a'r eiliad honno gwibiodd car rownd y gongl i'w gyfarfod, yn llenwi rhan helaeth o'r lôn gul o'i flaen. Sut na welodd o oleuadau'r car yn agosáu? Brwydrodd â'r llyw mewn ymdrech i'w osgoi a chredodd ei fod wedi llwyddo, ond wedi i'r car arall ei basio teimlodd Iolo rywbeth o dan ei deiars. Roedd wedi taro rhywbeth! Collodd reolaeth ar ei gar a llithrodd yr olwyn i'r ffos ar ochr chwith y ffordd. Trodd y car ar ei do gan daro coeden drwchus gyda chlec ddychrynllyd. Er bod Iolo'n gwisgo'i wregys diogelwch, tarodd ei ben a disgynnodd llen o dywyllwch drosto.

Ni wyddai am ba hyd y bu'n gorwedd yno, yn anymwybodol a'i ben ar i lawr, ond pan ddechreuodd ddod ato'i hun sylweddolodd fod injan y car yn refio'n uchel a'r lampau'n goleuo'r llystyfiant o'i flaen. Ymdrechodd i symud a chyffyrddodd y gwlybaniaeth gwaedlyd ar ochr ei ben a'i wyneb, ond ni theimlai unrhyw boen. Arogleuodd oglau petrol. Diffoddodd yr injan ac agorodd y ffenestr, gan ddiolch bod system drydanol y car yn dal i weithio. Dringodd allan trwyddi cyn gyflymed ag y gallai, a sylweddolodd fod ei gorff yn brifo drosto erbyn hyn. Ceisiodd godi ar ei draed ac, o'r diwedd, llwyddodd i sefyll yn simsan wrth ochr gweddillion ei gar. Trwy'r niwl yn ei ben, a thrwy'r gwaed oedd yn llifo i mewn i'w lygaid, edrychodd yn ôl tuag at y car arall, a oedd wedi dod i aros hanner canllath oddi wrtho. Yng ngolau'r car hwnnw gwelai amlinelliad rhywun yn gwyro yn y lôn, fel petai'n archwilio rhywbeth ar y tarmac.

Llusgodd Iolo ei hun yn araf tuag ato, ond cerddodd y person arall yn hamddenol at ei gar. Dringodd i mewn iddo, a sgrialodd y car i ffwrdd. Yn wlyb, yn boenus ac yn ofnus, mentrodd y llanc ar ôl y car ac yn y tywyllwch baglodd ar draws rhywbeth yn y ffordd. Gwyddai ar ei union mai corff ydoedd. Lledodd ias oer drosto. Disgynnodd i'r llawr ynghanol y glaw a dechreuodd gyfogi. Llewygodd unwaith eto.

Nid oedd Iolo'n ymwybodol o gael ei ddarganfod chwarter awr yn ddiweddarach gan fodurwr arall, nac ychwaith yn cofio'r daith yn yr ambiwlans. Pan gyrhaeddodd ei rieni'r ysbyty, cawsant ef yn gorwedd, ei lygaid ynghau a rhwymyn o amgylch ei ben a'i ên, ei fraich chwith mewn sling, a'r peiriannau o'i amgylch yn blipio'n rhythmig wrth fesur curiad ei galon a phwysau'i waed.

'Dan ni'n monitro bob dim yn ofalus ar hyn o bryd,' meddai'r nyrs wrthynt. 'Mae o mewn sioc. Mae o wedi torri pont ei ysgwydd ac wedi cael coblyn o 'sgytwad. Ond triwch beidio â phoeni, mi ddaw o ato'i hun ... amser mae o ei angen. Gewch chi ei weld o am funud, ond peidiwch â'i holi. Mae o wedi cael profiad ofnadwy.'

Cerddodd y ddau i mewn i'r ystafell fechan yn bryderus. Agorodd llygaid Iolo, a dechreuodd ei ddagrau gronni pan welodd hwy.

'Mam. Dwi 'di lladd rhywun.'

Wrth i'w ddagrau lifo, ceisiodd ei fam ei gysuro, ond yn ofer. Nid oedd gair na chyffyrddiad a allai dawelu ei mab.

'Dyna ddigon am rŵan,' meddai'r nyrs. 'Dydi o'n gwneud dim daioni iddo fo, mae gen i ofn. Mae 'na gadeiriau y tu allan yn y coridor – mi gewch chi ddisgwyl yn fan'no os liciwch chi.'

Caewyd y ffordd am filltir bob ochr i'r man lle digwyddodd y ddamwain. Aethpwyd â chorff merch yn ei dau ddegau i'r mortiwari a dechreuwyd ymchwilio i'r achos o farwolaeth yn dilyn damwain car. Bu plismyn yno drwy'r nos ac ymhell ar ôl iddi wawrio, yn tynnu lluniau, yn mesur ac archwilio'r marciau a'r gweddillion a adawyd ar y ffordd. Yn rhyfedd, nid oedd gan y ferch fag llaw na dim yn ei phocedi i alluogi'r heddlu i'w hadnabod yn ffurfiol, ac ni dderbyniwyd unrhyw hysbysiad yn datgan bod rhywun ar goll ers y noson cynt. Edrychai'n debygol fod y car yr oedd Iolo Pugh yn ei yrru wedi mynd dros yr eneth, ond doedd dim i awgrymu beth oedd merch ifanc yn ei wneud yn y fath le ar ei phen ei hun yr adeg honno o'r nos.

Rhoddodd y meddygon orchymyn i'r heddlu beidio â holi Iolo oherwydd pryder fod ei nerfau ar fin chwalu. Awgrymwyd hefyd y buasai'n well i'w rieni beidio ymweld ag ef am rai oriau.

Doedd Mr a Mrs Pugh ddim eisiau mynd adref. Roedden nhw'n dal i eistedd y tu allan i ystafell eu mab amser cinio'r diwrnod canlynol pan ddaeth meddyg anghyfarwydd atynt – dyn yn ei bedwar degau a chanddo groen tywyll, yn gwisgo côt wen a stethosgop rownd ei wddf. Mewn acen dramor drom gofynnodd iddynt fynd i ystafell Mr Sydney Williamson, y llawfeddyg â gofal dros eu mab, a disgwyl amdano y tu allan i'w swyddfa. Dywedodd fod Mr Williamson angen trafod cyflwr eu mab efo nhw, ac y byddai yno ymhen ychydig funudau.

Disgwyliodd y ddau yn amyneddgar y tu allan i'r ystafell am ddwy awr cyn gweld un o'r nyrsys oedd yn gofalu am Iolo yn pasio.

'Esgusodwch fi,' galwodd Mrs Pugh arni. 'Dan ni 'di bod yn disgwyl am oes i weld Mr Williamson. Oes posib i chi ddeud wrtho fo ein bod ni yma, plîs?'

'Mr Williamson?' atebodd yn ddryslyd. 'Hyd y gwn i, mae Mr Williamson yn y theatr drwy'r pnawn, ac ar ôl hynny mi fydd yn gwneud ei rownds o gwmpas y wardiau. Ond dwi'm yn dallt; pam 'dach chi isio'i weld o?'

'*Fo* sy' isio'n gweld *ni* – ynglŷn â Iolo.'

'Mae'n ddowt gen i,' atebodd y nyrs. 'Does ganddo fo

ddim byd i wneud â'ch mab, Mrs Pugh. Llawfeddyg gynaecolegol ydi o.'

'Ond dyna be ddeudodd y doctor arall – bod Mr Williamson isio'n gweld ni ac i ni ddisgwyl tu allan i'w swyddfa.'

'Pa ddoctor arall?'

'Dyn tywyll a phen moel ganddo, fo ddeudodd wrthan ni am ddod i lawr 'ma.'

'Does 'na neb o'r disgrifiad yna ar ein ward ni heddiw. Dewch efo fi.'

Cerddodd y tri yn frysiog yn ôl i fyny'r grisiau ac i mewn i ystafell Iolo. Roedd o'n gorwedd yn llonydd a'i lygaid ynghau, ei wedd yn afiach o lwyd a'i wefusau'n las. Defnyddiodd y nyrs ei bawd i geisio agor ei lygaid ac yna edrychodd ar y peiriant oedd yn nodi curiad ei galon a'i bwysedd gwaed.

'Allan, plîs, allan rŵan,' meddai'n awdurdodol gan wthio'r ddau drwy'r drws, cyn galw am gymorth ei chydweithwyr gyda'r botwm argyfwng.

Clywodd Mrs Pugh ddigon i'w chynhyrfu'n fwy nag erioed – bod curiad calon ei mab yn llawer cyflymach ond yn wannach nag y dylai fod, bod pwysedd ei waed yn beryglus o isel a'i fod yn cael trafferth i anadlu. Roedd ei llygaid yn llawn dagrau pan drodd at ei gŵr, ond roedd yntau'r un mor ddiymadferth â hithau. Gafaelodd amdani'n dynn a daeth blas gwlybaniaeth hallt ei bochau i'w wefusau. Beth arall allai o ei wneud?

Pennod 2

Tua diwedd y prynhawn, galwyd y Ditectif Brif Arolygydd Irfon Jones i gyfarfod annisgwyl yn y mortiwari gan Dr Mason, patholegydd y Swyddfa Gartref. Cyrhaeddodd yno gyda'r Swyddog Lleoliadau Trosedd a ffotograffydd. Yno'n barod roedd Cwnstabl Taylor, y plismon a benodwyd yn Swyddog y Crwner, yn unol â'r arfer gyda marwolaeth yn dilyn damwain – ond fel y cafodd glywed, mater i'r CID oedd yr achos erbyn hyn.

'Dwi'n amau'n gryf nad damwain car laddodd yr eneth yma, ac oherwydd hynny, mi benderfynais oedi cyn dechrau ar yr archwiliad post mortem,' datganodd Dr Mason. Roedd Irfon Jones yn glustiau i gyd. 'Mae nifer o bethau amheus wedi fy nharo'n barod wrth baratoi'r corff ar gyfer yr archwiliad. PC Taylor,' trodd at y cwnstabl, 'wnewch chi ddweud wrth y Ditectif Brif Arolygydd am yr hyn a welsoch chi wrth dynnu'i dillad?'

Camodd Cwnstabl Rob Taylor yn ei flaen, gan gadw un llygad ar y Ditectif Brif Arolygydd a'r llall ar gorff yr eneth, yn noeth ar y bwrdd metel o dan y goleuadau cryf, a phob tamaid o urddas wedi ei ddwyn oddi wrthi am byth.

'I ddechrau,' meddai'r cwnstabl, 'fel y gwyddoch chi, Syr, mae yna dri hwc an' ai i gau bra yn y cefn, yn does?' Nid oedd erioed wedi cael achos i ofyn cwestiwn o'r fath i'w bennaeth o'r blaen, a methodd â chuddio ei wên. Anwybyddwyd hi gan Irfon Jones. 'Dim ond un oedd wedi ei gau, yr hwc uchaf yn yr ai isaf yr ochor arall. Dim llawer i wneud ffŷs amdano, ella, ond meddyliais yn syth na fysa merch ifanc sydd wedi gwisgo amdani'n smart, mewn dillad eitha da yr olwg, yn gwneud y fath fistêc. Yn ail, pan dynnais ei bra hi i ffwrdd gwelais fod yna bad yn y cwpan ... 'dach chi'n gwybod, i wneud i'r fron edrych yn fwy ac yn uwch 'te ... ta waeth, dim ond un oedd yno. Mae'r un ar yr ochr chwith wedi diflannu.'

'Beth mae hynny'n ei olygu, Rob?' gofynnodd y Prif Arolygydd.

'Arhoswch am funud, plîs, Syr. Mae 'na fwy. Gwelais yn syth fod ei nicer hi tu chwith allan, nid yn unig bod y label ar yr ochr allan ond hefyd bod o yn y ffrynt, eu bod nhw wedi cael eu gwisgo tu ôl ymlaen – pa ferch fysa'n gwneud y fath fistêc?'

'Efallai ei bod hi wedi gwisgo ar frys,' awgrymodd y Ditectif Brif Arolygydd, er ei fod yn deall yn iawn i ba gyfeiriad roedd ymresymu'r cwnstabl yn mynd.

'Neu,' meddai Taylor heb oedi, 'bod rhywun arall wedi gwisgo amdani pan oedd hi'n anymwybodol, neu wedi marw'n barod.' Cododd ei aeliau i bwysleisio'r awgrym.

'Mi oedd PC Taylor yn siarp iawn yn sylwi ar hyn, Brif Arolygydd,' ychwanegodd Dr Mason. 'Ond edrychwch yn y fan yma, os gwelwch yn dda.' Trodd i gyfeiriad y corff. 'Gyda llaw, oes 'na rywun yn gwybod pwy ydi hi eto?' gofynnodd.

'Nag oes.'

'Edrychwch ar y marciau ar ei chorff.' Pwyntiodd y patholegydd tuag at gleisiau ar ei gwddf ac o amgylch ei harddyrnau. Tynnodd sylw'r dynion eraill hefyd at gochni amlwg o amgylch ei fylfa a'i fagina. 'Mae 'na farciau tebyg o gwmpas ei rectwm hi hefyd mae gen i ofn,' parhaodd

Mason. 'Ond sylwch ar y marciau eraill 'ma ar draws ei chorff. Marciau'r car a'i tarodd ydi'r rhain, ond y gwahaniaeth ydi eu bod nhw wedi'u gwneud ar ôl iddi farw, yn wahanol iawn i'r rhai eraill a gafodd eu gwneud tra oedd hi'n fyw. Mae'n edrych yn debyg fod yr eneth yma wedi'i threisio'n rhywiol.' Gafaelodd Mason yn ei harddyrnau a thynnodd sylw'r Ditectif Brif Arolygydd atynt. 'Edrychwch, mae'r marciau ar ei harddyrnau'n awgrymu ei bod hi wedi cael ei rhwymo, yn ddiweddar.'

'Ei bod yn garcharor, 'dach chi'n feddwl?' gofynnodd Irfon Jones.

'Dim o angenrheidrwydd yn erbyn ei hewyllys – 'di'r cleisiau ddim yn ddigon amlwg i mi fod yn sicr o hynny, ond maen nhw'n ddiweddar, mae hynny'n sicr.'

'Be am y marciau ar ei gwddf?' gofynnodd Jones, wrth weld marciau tebyg yn y fan honno. 'Wedi'i chrogi mae hi?'

'Dwi ddim yn sicr o hynny chwaith ar hyn o bryd, ddim heb archwilio ymhellach, ond cewch ateb gen i cyn bo hir. Rŵan 'ta, dewch i ni ddechrau'r archwiliad.'

I gyfeiliant sŵn distaw'r camera symudol a fflachiadau'r camera llonydd, dechreuodd Dr Mason ar ei waith yn ofalus. Doedd dim emosiwn i'w glywed yn llais y patholegydd wrth iddo adrodd ei ddarganfyddiadau yn fanwl i feicroffon y recordydd.

Symudodd y Ditectif Brif Arolygydd Jones i'r ystafell nesaf, oedd â wal wydr rhyngddi ac ystafell yr archwiliad, a defnyddiodd y ffôn yno i ddechrau gwneud y trefniadau angenrheidiol, maith, ar gyfer cynnal beth fuasai'n siŵr o fod yn ymchwiliad cymhleth, ac efallai'n un hir hefyd.

Ymhen dwy awr eisteddai yng nghwmni'r patholegydd yn gwrando ar fanylion ei ganlyniadau cychwynnol.

'Dwi'n sicr nad damwain car o unrhyw fath a'i lladdodd hi,' dechreuodd. 'Cafodd ei lladd yn rhywle arall a'i chludo i'r fan lle darganfyddwyd hi. Cofiwch be ddywedodd Cwnstabl Taylor yn gynharach. Ar ben hynny, mae yna farciau ar groen ei sodlau sy'n awgrymu ei bod hi wedi cael ei llusgo, efallai dros dir neu arwyneb garw, ond does dim math o farciau ar sodlau ei sanau na'i hesgidiau hi, sy'n arwydd arall ei bod hi wedi cael ei gwisgo ar ôl cael ei llusgo. Oes, mae yna rywfaint o niwed i'w mannau cyfrin hi a'i rectwm, fel y dywedais ynghynt, ond mae posibilrwydd ei bod wedi cydsynio i gyswllt rhywiol mwy brwnt na'r arfer. Mae'n amhosibl cadarnhau fod rhywun wedi ymosod yn rhywiol arni, er mai dyna'r awgrym. Wrth gwrs, dwi wedi cymryd samplau ac efallai cawn wybod mwy ar ôl eu harchwilio. Rŵan 'ta, y cleisiau ar ei harddyrnau. Doedd y rhain ddim yn ddwfn, ond beth sy'n werth ei nodi yw bod rhai yn ddiweddar ac eraill yn hen gleisiau, wythnos neu bythefnos, neu fwy.'

'Beth mae hynny'n ei olygu?' gofynnodd y Ditectif Brif Arolygydd Jones.

Edrychodd Dr Mason yn syth i lygaid y swyddog ac oedodd cyn ateb. 'Nid hwn oedd y tro cyntaf,' meddai. 'Efallai ei bod hi'n gwneud y math yma o beth o dro i dro ... cael ei rhwymo neu ei charcharu dwi'n feddwl.'

'O'i gwirfodd 'dach chi'n feddwl?'

'O bosib, ond mae 'na fwy o dystiolaeth sy'n fy arwain i i'r canlyniad hwnnw. 'Dach chi'n cofio'r marciau o gwmpas ei gwddf? Cleisiau bas oedd y rheini hefyd. Pan archwiliais y tu mewn i'r gwddf doedd 'na ddim niwed yn y fan honno, a dwi'n sicr nad cael ei chrogi wnaeth hi. Dwi'n meddwl, heb fod yn sicr, mai gwisgo rhyw fath o atalfa oedd hi. Efallai y cawn wybod mwy pan gawn ganlyniadau'r swabiau gymerais o'r fan honno.'

'Be laddodd hi felly, Dr Mason?'

'Diffyg ocsigen, yn arwain at atal cylchrediad y gwaed a diffyg ocsigen i'w hymennydd. Mae 'na fân friwiau tu mewn i'w cheg a'i gwddf sy'n awgrymu bod rhywbeth wedi cael ei stwffio i'w cheg trwy rym, am gyfnod digon hir iddi fethu ag anadlu.'

'Rargian, 'dan ni'n sôn am ryw fath o S&M yn y fan hyn, 'dach chi'n meddwl?'

'Bosib iawn,' atebodd y patholegydd.

'A bod rhywbeth wedi mynd o'i le ynghanol y miri.'

'Efallai. Fedra i'm deud. Rhoi'r ffeithiau o'ch blaen chi ydi 'ngwaith i, Brif Arolygydd, a'ch gwaith chi ydi dyfalu ac ymchwilio, yntê?'

Syllodd y Ditectif Brif Arolygydd Irfon Jones arno'n fud, ond roedd ei feddwl ar garlam.

Pennod 3

'Be ti'n wneud yn fama, Ditectif Sarjant Jeff Evans? O'n i'n meddwl dy fod ti wedi cael gorchymyn i gadw'n glir o dy waith am bythefnos eto o leia,' galwodd y Ditectif Brif Arolygydd Irfon Jones wrth gerdded ar draws maes parcio gorsaf yr heddlu am wyth o'r gloch y bore canlynol.

Cerddodd Jeff Evans tuag ato yn edrych fel petai wedi bod yn cysgu'n ei ddillad ers dyddiau. Roedd ei gôt ddyffl wedi'i lluchio amdano, ei wallt cyrliog du yn flêr, ei ên heb weld rasel yn ddiweddar a'i ddau lygad yn goch ar ôl noson arall ddi-gwsg.

'Fedra i'm aros adra'n y tŷ 'na ar fy mhen fy hun 'run eiliad yn rhagor, DBA,' atebodd. 'Mae 'na ormod o fwganod yno. Yr hoist, y gadair olwyn, y gwely'n y lolfa a phob dim arall. Fedra i ddim aros i'r Gwasanaethau Cymdeithasol i fynd â nhw i gyd o'cw – pryd bynnag fydd hynny.'

'Pryd mae'r cynhebrwng, Jeff?' gofynnodd y Ditectif Brif Arolygydd.

'Ymhen tridiau. Isio gofyn ffafr i chi oeddwn i.' Aeth yn ei flaen heb oedi, a heb sôn ymhellach am farwolaeth ei wraig. 'Dwi 'di clywed bod ganddon ni achos o lofruddiaeth i ddelio efo fo. 'Swn i'n licio dod yn ôl i 'ngwaith ar f'union. Mi neith hynny lawer iawn mwy o les i mi nag ista'n fy nghragen a 'mhen yn fy mhlu, a dim byd i'w wneud ond disgwyl. Fel 'dach chi'n gwybod, dwi 'di gorffen fy nghyfnod o ddwy flynedd yn y pencadlys a 'swn i wrth fy modd yn dod yn ôl i weithio yng Nglan Morfa 'ma ... ac mae hwn i weld yn amser cystal â 'run am wn i.'

Roedd Jeff wedi derbyn cyfnod o dri mis i ffwrdd o'i waith i edrych ar ôl ei wraig pan ddechreuodd ei chyflwr waethygu. Cyn hynny, treuliodd ddwy flynedd ar secondiad ym mhencadlys yr heddlu yn ymchwilio ar ran y Prif Gwnstabl i'r pwnc o gyfreithloni'r defnydd o ganabis gan bobol yn dioddef o gyflyrau megis sglerosis ymledol a dystroffi'r cyhyrau – pwnc y gwyddai ei benaethiaid ei fod yn gefnogol iddo oherwydd dioddefaint hir Jean. Bu'n gweithio oriau mwy cymdeithasol yn ystod y cyfnod hwnnw, er mai yn y gymuned yr hoffai fod, yn gwneud gwaith plismon go iawn. Roedd ei reddf wrth ddilyn trywydd troseddwyr y fro yn enwog, er nad oedd ei ddull annibynnol o weithio heb oruchwyliaeth yn dderbyniol gan bawb. Teimlai'n falch o fod wedi medru treulio mwy o amser yng nghwmni Jean yn ystod y cyfnod hwn, ond gwyddai mai ar strydoedd Glan Morfa ac yn y celloedd o dan swyddfa heddlu'r dref yr oedd o'n wirioneddol hapus.

'Does gen ti'm gwaith paratoi a gwneud trefniadau?' gofynnodd y Ditectif Brif Arolygydd.

'Mae pob dim wedi'i wneud. Roedd Jean yn gwybod yn iawn be oedd hi isio ac mi gawson ni ddigon o amser i drafod petha yn ystod ei hwythnosau dwytha. Ac mae'i theulu hi'n dda iawn efo fi hefyd, diolch am hynny.'

'Wel, chdi ŵyr. Ty'd i'r swyddfa 'ta, i mi gael egluro manylion yr achos i ti cyn y gynhadledd am naw o'r gloch.'

Bwriad y gynhadledd oedd cyflwyno'r wybodaeth ddiweddaraf i'r deg ar hugain o blismyn, cyn eu gyrru allan fesul dau i wneud yr ymholiadau yn ôl y drefn arferol. Wedi i bawb wasgaru, galwyd Jeff Evans yn ôl i'w swyddfa gan y Ditectif Brif Arolygydd Jones.

'Jeff, dwi wedi cael gair efo swyddogion y pencadlys, ac maen nhw wedi cytuno y cei di ddod yn ôl i dy waith yma. Rŵan 'ta.' Edrychodd i fyw llygaid y ditectif gydag arlliw o wên. 'Mae gen ti enw o fod yn un sy'n hoffi gweithio ar dy ben dy hun,' meddai. 'Dwi'm yn hollol siŵr ydi o'n beth call rhoi'r ffasiwn ryddid i ti. Paid â 'ngadael i lawr. Dwi isio i ti gyfarwyddo dy hun â phob manylyn fel y bydd yr ymchwiliad yma yn datblygu, a dilyn dy drwyn lle bynnag yr aiff o â chdi. Ond mae'n *rhaid* i ti ateb yn uniongyrchol i mi, yn ddyddiol, ti'n dallt?'

'Iawn, dim problem yn y byd,' atebodd Jeff gan fethu â chuddio'i wên, y wên gyntaf, fel roedd hi'n digwydd bod, i fod yn agos i'w wyneb ers amser maith.

'Y peth cyntaf dwi isio i ti 'i wneud ydi mynd i safle'r ddamwain, lle cafwyd hyd i'r eneth, i ti gael argraff o'r lle. Mae'r lôn yn dal i fod ar gau ac mae archwilwyr yr adran wyddonol yno o hyd. Yna dos i'r ysbyty i holi ydi Iolo Pugh yn ddigon da i ni gael sgwrs efo fo. Dyweda wrthyn nhw ein bod ni'n grediniol nad damwain oedd hi ond achos o lofruddiaeth, a'n bod ni'n sicr na fu i Iolo wneud dim o'i le. Mi ddylai hynny dawelu meddyliau'r teulu.'

Ymhen yr awr, roedd Jeff ar ei gwrcwd yn ei got ddyffl flêr ar ganol y lôn wledig, y cwfl dros ei ben rhag yr oerni, yn edrych ar y marciau a adawyd ar wyneb y ffordd gan gar Iolo. Yn annisgwyl, ac am y tro cyntaf erioed, roedd yn ei chael hi'n anodd canolbwyntio ar y dasg, ei feddwl yn crwydro tuag at ddelwedd o gorff ei annwyl Jean, oedd yn gorwedd yn ddifywyd yn y capel gorffwys. Oedd, mi oedd hithau'n disgwyl am ei chynhebrwng hefyd. Disgwyl, disgwyl, disgwyl. Cofiai ei blynyddoedd o ddioddefaint a

sut y bu i ddystroffi'r cyhyrau chwalu'i bywyd – a'i fywyd
yntau hefyd. Oedd o wedi gwneud digon iddi yn ystod ei
blynyddoedd o waeledd, ynteu oedd o wedi bachu pob
esgus i ddianc o'r tŷ? Oherwydd gwyddai mai dianc oedd yr
unig air i ddisgrifio'r hyn a wnaeth. Gweithio oriau hir bob
cyfle gawsai. Defnyddio'i waith i redeg i ffwrdd. A ddylai
deimlo'n euog rŵan? Oedd y Ditectif Brif Arolygydd yn
iawn? Oedd hi'n rhy fuan iddo ddychwelyd i'w waith?
Tybed ai rhedeg i ffwrdd, rhedeg ymaith o'i gyfrifoldebau
oedd o unwaith eto? Oedd y gallu ganddo i ganolbwyntio fel
y dylai ar ymchwiliad mor bwysig â hwn?

'Ti'n iawn, Jeff?' Daeth llais un o'r archwilwyr fforensig
â fo yn ôl i dir y byw.

Cerddodd Jeff yn araf tuag at y man lle roedd car Iolo
Pugh yn cael ei dynnu o'r ffos ond doedd dim llawer mwy
na'r disgwyl i'w weld yno. Trodd i ddilyn y ffordd i'r
cyfeiriad arall a gwelodd ôl cerbyd yn y glaswellt a'r mwd ar
ochr y ffordd, tua hanner can llath neu fwy o'r man lle bu i
gar Iolo ddod i stop. Dim byd anghyffredin, meddyliodd,
ond dewisodd gerdded i mewn i'r coed yn y fan honno, dim
ond rhag ofn. 'Rhag ofn be,' gofynnodd iddo'i hun, ond
dyna fu ei arferiad erioed, dilyn ei drwyn, dilyn y trywydd.
Ond a oedd o'n gwybod beth oedd o'n ei wneud heddiw?
Allai o ymddiried yn ei allu ei hun bellach? 'Amser a
ddengys,' meddyliodd.

Plygodd i lawr, a chyda blaen ei feiro cododd hances
boced fawr a oedd bron wedi'i chuddio yn y llystyfiant wrth
ei draed. Edrychodd arni. Defnydd o ansawdd da,
meddyliodd, wrth sylwi bod arogl rhyfedd arni er ei bod
hi'n wlyb ar ôl y glaw.

Tynnodd fag plastig di-haint o'i boced a rhoddodd yr

hances ynddo. Yna galwodd ar un o'r swyddogion i greu cast plastr o'r argraff a adawyd yn y mwd gan olwyn y car anhysbys a fu'n aros yno. 'Pam lai?' meddai Jeff wrtho'i hun. 'Dilyn dy drwyn.'

Nid oedd Jeff wedi ffonio'r ysbyty ymlaen llaw i drefnu cyfarfod. Y peth diwethaf roedd o eisiau ei wneud oedd rhoi cyfle iddyn nhw i wrthod ei weld. I ddechrau, cyflwynodd ei hun i Mr a Mrs Pugh ac esboniodd y datguddiadau diweddaraf: bod yr eneth wedi marw cyn i gar Iolo ei tharo, a'i bod yn edrych yn debyg nad oedd unrhyw fai ar y bachgen. Gwelodd fod gofid y deuddydd diwethaf yn fyw ar wynebau'r ddau. Llenwodd llygaid Mrs Pugh ac estynnodd hances bapur o'i phoced a honno eisoes yn llawer rhy wlyb i sychu'i bochau.

'Sut mae Iolo erbyn hyn?' gofynnodd Jeff.

'Gwell erbyn pnawn 'ma, ond ...' Oedodd y wraig.

'Ond be?' gofynnodd Jeff.

Edrychodd Mrs Pugh yn ansicr ar ei gŵr fel petai'n gofyn am ei ganiatâd i ymhelaethu. Amneidiodd yntau i gadarnhau ei gydsyniad.

'Mae 'na rwbath o'i le yn fa'ma,' dechreuodd y wraig unwaith eto. Mi ddigwyddodd rwbath i Iolo ddoe ac maen nhw yn ymddangos yn gyndyn o ddeud y cwbl wrthon ni.'

Caeodd Jeff ddrws yr ystafell a gwrandawodd ar eu hanes. Adroddwyd sut y dygwyd y ddau i ffwrdd oddi wrth ystafell Iolo am ddwyawr, ac yn ystod yr adeg honno, bod cyflwr y bachgen wedi dirywio'n sydyn. Sylweddolodd Jeff yr oblygiadau'n syth a mynnodd weld y meddyg ymgynghorol ar unwaith.

Aeth awr arall heibio cyn i Dr Samuel gyrraedd; dyn smart, awdurdodol yn ei bedwar degau, a'r gallu ganddo i ennill ymddiriedaeth rhywun ar unwaith. Gwyddai yn union beth oedd yn eu poeni, ond cyn iddo gael cyfle i siarad agorodd Jeff y drafodaeth.

'Dach chi'n deall, doctor, nad ymchwiliad i ddamwain car ydi hwn erbyn hyn ond achos o lofruddiaeth, a dydi Iolo ddim o dan amheuaeth o gwbl. Rhaid i mi gael gwybod yn union be ddigwyddodd bnawn ddoe, ac mae gan ei fam a'i dad gymaint o hawl â neb i wybod hefyd.'

'O dan yr amgylchiadau, ditectif, dwi'n cytuno â chi gant y cant; a ga' i ymddiheuro i chi, Mr a Mrs Pugh, nad ydi'r ffeithiau wedi'u trosglwyddo i chi cyn hyn. Ond y peth cyntaf yr hoffwn ei ddeud yw bod Iolo yn gwella'n gyflym, a does gennych chi ddim achos i bryderu amdano – dim rŵan nac yn y dyfodol.'

Llifodd dagrau Mrs Pugh eto, ond dagrau o lawenydd oedden nhw y tro hwn.

'Nawr 'ta, ynglŷn â phnawn ddoe. Mae'n edrych yn debyg bod rhywun wedi cymryd arno ei fod yn ddoctor er mwyn hudo Mr a Mrs Pugh oddi wrth ystafell eu mab am ddigon o amser i gael ei ffordd ei hun efo'r bachgen. Mae'n edrych yn debyg ei fod o, pwy bynnag oedd o, wedi rhoi pigiad i Iolo a bod hynny wedi achosi i'w bwysedd gwaed ddisgyn yn beryglus o isel. Oherwydd hynny, cafodd drafferth i anadlu. Dwi'n falch o fedru deud ei fod o wedi dod dros hynny yn gyfan gwbl erbyn hyn, a bod effaith y cyffur wedi hen adael ei gorff.'

'Sut fath o gyffur?' gofynnodd Jeff heb roi cyfle iddo barhau.

'Dyna pam roeddwn i'n hir yn dod i'ch gweld chi rŵan,

oherwydd 'mod i eisiau cael gafael ar ganlyniadau'r profion gwaed cyn cyfarfod â chi. *Sodium pentothal* oedd o.'

'Blydi hel,' tagodd Jeff ei eiriau. 'Y *truth drug* 'di hwnnw. Y stwff mae ysbïwyr yn 'i ddefnyddio mewn ffilmiau i gael pobol i ddeud y gwir.'

'Ia,' atebodd y meddyg. 'Ac os oes yna ormod yn cael ei roi, wel, dyna'r union effaith sydd i'w ddisgwyl, pwysedd y gwaed yn disgyn a phroblem anadlu, ond fel roeddwn i'n egluro, mae popeth yn iawn erbyn hyn.'

'Ond *doctor* oedd o, mewn côt wen, a stethosgop, ac yn cario rhyw bapurau swyddogol,' mynnodd Mrs Pugh.

'Nage,' atebodd y meddyg, 'rhywun wedi'i wisgo i edrych fel doctor oedd o, mae gen i ofn.'

'Ond sut y gall hynny ddigwydd mewn ysbyty y dyddiau yma?'

'Dim fy lle i ydi gwneud esgusodion, Mrs Pugh, ond mae'r ysbyty yma'n anferth, a nifer fawr o ddoctoriaid yn gweithio yma. Ar ben hynny mae 'na ddwsinau o ddoctoriaid locwm yma bob dydd, rhai am wythnosau a rhai am ddyddiau yn unig, a does dim modd dod i adnabod pob un.'

'Oes yna dapiau CCTV ar gael?' gofynnodd Jeff.

'Mi oeddwn i'n meddwl y byddech chi'n holi hynny, Ditectif Sarjant. Oes, mae ganddon ni dri gwahanol ddarn o ffilm ohono mewn gwahanol rannau o'r ysbyty. Un ohono y tu allan i ystafell Iolo, un yn gadael yr adran a'r llall wrth iddo adael yr adeilad. Mi fydd yna gopïau yn barod i chi cyn i chi adael, ac mae'r tapiau gwreiddiol wedi eu cadw'n saff.'

Gwenodd Jeff. 'Ddaru chi feddwl erioed am fod yn dditectif, doctor?' gofynnodd.

'Dwi'n amau mai'ch cwestiwn nesaf chi ydi a gewch chi holi Iolo. Yr ateb ydi, cewch – ond peidiwch â bod yn rhy hir.'

Pennod 4

Eistedd i fyny yn ei wely oedd Iolo pan gerddodd ei rieni i mewn i'r ystafell, gyda lliw yn ei fochau a gwên ar ei wyneb. Roedd y peiriannau i gyd wedi eu datgysylltu o'i gorff. Gwelodd Mrs Pugh ef yn edrych yn ansicr ar y gŵr blêr a'u dilynodd drwy'r drws.

'Paid â phoeni, Iolo. Mr Evans o'r polîs 'di'r dyn yma, ac mae o 'di deud nad oes gen ti ddim byd i'w ofni. Mi neith o egluro bob dim i ti mewn dau funud.'

Safodd Jeff wrth y drws nes iddi orffen mwytho ei mab a thynnu'r dillad gwely'n daclus o'i amgylch. Roedd yr embaras yn amlwg ar wyneb Iolo.

'Gad lonydd i'r hogyn, ddynas,' siarsiodd ei gŵr hi.

Gwenodd Jeff cyn mynd i eistedd yn y gadair wrth ochr y gwely.

'Ditectif Sarjant Jeff Evans ydw i, Iolo. Gei di fy ngalw i'n Jeff os lici di.'

'Dach chi'm yn edrych yn debyg i gopar i mi,' atebodd, yn astudio ei edrychiad.

'Nid chdi 'di'r cynta i ddeud hynny, 'ngwas i. Ond dyma 'ngherdyn swyddogol i, yli, i chdi cael bod yn berffaith saff o dy betha.'

Edrychodd y bachgen arno.

'Di'r llun 'na'm byd tebyg i chi chwaith, ond mi goelia i chi,' meddai Iolo gan wenu.

Chwarddodd Jeff, gan gofio ei fod yntau wedi bod drwy'r felin braidd ers i'r llun gael ei dynnu, yn enwedig yn ystod y dyddiau diwethaf – a sylweddolodd yn sydyn nad oedd ei brofedigaeth wedi bod ar flaen ei feddwl ers iddo gyrraedd yr ysbyty. Efallai mai lluchio ei hun i'w waith oedd yr ateb.

'Rŵan 'ta, gad i mi ddechrau drwy ddeud ein bod yn sicr nad chdi oedd yn gyfrifol am farwolaeth y ferch ifanc 'na. Mi oedd hi wedi marw'n barod, ond fedra i ddim ymhelaethu am hynny ar hyn o bryd. Be dwi isio i ti ddeud wrtha i ydi be'n union ddigwyddodd ar y ffordd 'na echnos.'

'Dyna oedd y doctor arall 'na isio'i wybod ddoe, ond do'n i'm yn cofio llawer bryd hynny.'

'Mi ddo i at hynny hefyd cyn bo hir.'

'Pwy oedd y ferch?' gofynnodd Iolo.

'Dan ni ddim yn gwybod eto. Faint wyt ti'n ei gofio erbyn hyn?'

'Mae pethau'n dod yn ôl yn reit glir rŵan. Ma' 'mhen i fel tasa fo 'di clirio. Roedd hi'n noson stormus, a do'n ni ddim yn gyrru'n wyllt, onest. Pan ddaeth y car arall rownd y gongl, doedd na'm golau arno fo, a ches i'm llawer o jans i stopio. Mi driais i ei osgoi o, ond pan o'n i'n ei basio dwi'n siŵr bod drws ôl y car, y tu ôl i ddrws y dreifar, ar agor, a bod rhywbeth wedi'i luchio allan o 'mlaen i. Dyna pryd y sylweddolais 'mod i wedi mynd ar draws rwbath, ac mi gollais reolaeth ar y car. Pan ddois i ataf fy hun, mi welais rywun yn plygu i lawr ynghanol y lôn.'

'Dyn neu ddynes?' gofynnodd Jeff.

'Fedra i'm deud. Mi oedd hi'n dywyll. Roedd goleuadau blaen y car arall ymlaen erbyn hynny, ond roedd hwnnw yn y pellter, ac yn pwyntio i'r cyfeiriad arall. Dim ond siâp y person welais i, ac mi gerddodd yn ôl i'w gar ac i ffwrdd â fo.'

'Fo oedd yn gyrru'r car?'

Meddyliodd Iolo am ennyd cyn ateb.

'Fedra i'm bod yn siŵr, ond dwi'm yn meddwl. Dwi'n meddwl 'i fod o wedi dringo i mewn i sêt gefn y car drwy'r drws oedd yn agored.'

'Mae'n rhaid bod rhywun arall yn dreifio felly.'

'Yn union,' cytunodd Iolo.

'Sut fath o gar oedd o?'

'Fedra i'm deud wrthach chi.' Oedodd wrth chwilota perfeddion ei gof. 'Yr unig beth fedra i 'i ddeud ydi ei fod o'n gar mawr, un tywyll dwi'n meddwl. Car dipyn mwy na'r rhai welwch chi o gwmpas fel arfer.'

'Ti 'di gwneud yn dda iawn, Iolo. Rŵan ta, pwy oedd y boi 'ma daeth draw i dy holi di ddoe?'

'Sgin i'm ffyc... syniad ... sori, Mam.' Edrychodd draw ati'n euog. 'A 'sgin neb arall o gwmpas 'ma lawer o syniad chwaith 'sach chi'n gofyn i mi.'

'Disgrifia fo.'

'Dyn yn ei bedwar degau, stwcyn pryd tywyll tua'r un taldra â chi, pen moel a mwstash du trwchus; yn gwisgo côt wen a stethosgop yn ei boced. Tebyg iawn i unrhyw ddoctor welwch chi o gwmpas y lle 'ma.'

'Sut acen oedd ganddo fo?'

'Sgin i'm syniad o hynny chwaith, 'mond 'i bod hi'n acen dramor drom. Prin o'n i'n 'i ddallt o a deud y gwir.'

'Be oedd o isio?'

''Run peth â chi. Isio gwbod be welis i'r noson cynt.'

'A be ddeudist ti?'

'Dim llawer. Do'n i'm yn cofio ddoe. Mi oedd gen i gymaint o gur yn 'y mhen. Heddiw mae petha 'di dechrau dod yn ôl i mi. Adeg hynny roth o bigiad i mi. I ladd rhywfaint o'r boen medda fo. Dwi'm yn cofio llawer ar ôl hynny.'

'Iolo, ti 'di gwneud yn dda. Mi ddaw rhywun arall o'r heddlu i dy weld di fory, ar ôl i ti fynd adra, i gael datganiad llawn gen ti. Iawn?'

'Iawn, tad.'

Casglodd Jeff y tapiau CCTV gan y swyddogion diogelwch ar y ffordd allan o'r ysbyty ac erbyn pump, roedd yn eistedd yn ystafell Irfon Jones yn rhoi adroddiad o ddarganfyddiadau'r dydd.

'Ydan ni'n gwybod pwy ydi hi bellach?' gofynnodd Jeff.

'Na,' atebodd y Prif Arolygydd. 'Does 'na neb yng ngogledd Cymru wedi riportio bod merch ifanc ar goll. Mae pob heddlu trwy'r wlad yn chwilio trwy eu hadroddiadau i ni. 'Dan ni 'di gyrru olion ei bysedd a'i manylion DNA iddyn nhw, a manylion deintyddol hefyd. Efallai y cawn ni rywbeth yn ôl cyn bo hir.'

'Be 'sgynnon ni felly, DBA? Mwrdwr, a thrais rhywiol o bosib? Rhywun yn ceisio gwneud i'r peth edrych fel damwain, a rhywun – yr un un? – yn smalio bod yn ddoctor er mwyn gweld ydi'r bachgen a'i trawodd hi yn cofio rwbath am y peth. Tydi o'm yn gwneud fawr o sens, nac'di?'

'Nac ydi wir,' cytunodd Jones. 'Mae pwy bynnag sy'n gyfrifol wedi mynd allan o'i ffordd, ond yn fwy na hynny wedi cymryd anferth o risg, drwy fynd i'r ysbyty. A phwy sy'n medru cael gafael ar *sodium pentothal* mor handi, dywed, ac yn gwybod sut i'w ddefnyddio? Ty'd i ni gael golwg ar y CCTV 'na.'

Pennod 5

Cyrhaeddodd Jeff Evans ei gartref fin nos. Parciodd y car tu allan ac eisteddodd yno am sbel cyn mentro ymhellach. Edrychodd ar yr ardd o flaen y tŷ a rownd yr ochr lle byddai'n arfer tyfu llysiau. Doedd dim ond anialwch i'w weld yno. Blerwch gweledol, yn union fel y blerwch yn ei fywyd. Fu dim amser eleni i dyfu blodau a llysiau yn ôl ei arferiad. Bu'n teithio yn ôl ac ymlaen bob dydd i'w waith yn y pencadlys a threulio pob gyda'r nos a phob penwythnos yn edrych ar ôl Jean.

Bu'r heddlu'n dda yn rhoi dau fis o wyliau tosturiol iddo cyn iddi farw, ond mewn ffordd doedd hynny ddim wedi bod o gymorth mawr iddo. Er ei fod yn nes at ei wraig yn ystod ei dyddiau olaf, peth anodd iawn oedd ei gwylio'n gwaethygu ac yn gwanhau'n ddyddiol, heb allu gwneud dim i'w helpu.

Agorodd y drws ac aeth i mewn, gan ddamio nad oedd yr adran Gwasanaethau Cymdeithasol fyth wedi bod yn nôl eu taclau, a hwythau yn gwybod yn iawn lle i gael gafael ar y goriad. Gwnaeth baned a brechdan gaws iddo'i hun gan feddwl cael pryd parod o rywle yn hwyrach. Roedd y rheini wedi dod yn bethau hwylus yn ddiweddar.

Edrychodd ar ei oriawr wrth gofio am ei gyfarfod am saith o'r gloch efo'r offeiriad. Cychwynnodd mewn digon o amser i gerdded yno. Roedd y siwrne i'r eglwys yn un yr oedd wedi'i gwneud lawer gwaith yn y gorffennol, ond yn y car yr oedd o'n arfer mynd bob tro. Nid ei ddewis o oedd mynd yno chwaith – danfon Jean i'r offeren fyddai Jeff, a'i gadael hi yno yn ei chadair olwyn tan ddiwedd y gwasanaeth. Pan oedd hi rhy'n wan i fynd yno, byddai'r offeiriad yn dod â chymun iddi ddwywaith neu dair bob wythnos, a daeth yr offeiriad yn ymwelydd cyson i'r tŷ, yn enwedig yn ystod wythnosau olaf Jean. Doedd gan Jeff ddim i'w ddeud wrth grefydd ei hun, ond dyna oedd ei dewis hi.

Cerddodd at ddrws y tŷ a oedd dan yr unto â'r eglwys a daeth rhyw ias drosto wrth edrych ar y groes bren a ddefnyddid i guro'r drws. Cofiodd edrych ar lun o Iesu Grist yn curo ar ddrws y galon pan fyddai'n mynd i'r ysgol Sul yn fachgen ifanc, ond roedd hynny amser maith yn ôl. Rhyw ddoe, ymhell yn y gorffennol, nad oedd yn berthnasol bellach. Penderfynodd ddefnyddio'r gloch ar ffrâm y drws.

Gwyddai Jeff yn ei galon, fodd bynnag, ei fod o angen rhywbeth gan yr eglwys y noson honno, a gwnâi hynny ef yn anghyfforddus. Er mai gwneud cais ar ran Jean yr oedd o, doedd hynny'n ddim cysur i Jeff. Fo oedd yn gorfod gwneud y gofyn, a doedd o ddim yn edrych ymlaen at wneud hynny.

Agorwyd y drws.

'Helo Father O'Reilley. Sut ydach chi heno?'

'Da iawn diolch, Jeff. Dwi wedi bod yn eich disgwyl chi. Dewch i mewn, wnewch chi?'

Dyn tal yn ei dri degau hwyr oedd Y Tad O'Reilley, a'i wallt tywyll yn dechrau britho. Gwisgai siwmper las dros grys ffurfiol llwyd, y botymau uchaf yn agored fel petai'n arwydd nad oedd yr offeiriad ar ddyletswydd. Synnai Jeff cystal oedd Cymraeg y Gwyddel, ac yntau ddim ond wedi dechrau dysgu'r iaith ar ôl cyrraedd y pentref dair blynedd ynghynt. Ymddangosodd adargi mawr gwyn o'r tŷ a rhwbio'i gorff yn erbyn coes Jeff i'w groesawu.

'Mae'n ddrwg gen i. Mi fyddwch chi'n flew ci i gyd,' ymddiheurodd yr offeiriad.

'Mae'n iawn,' atebodd Jeff efo gwên.

'Sally Wen 'di hon. Wyddoch chi, ma' hi'n fy nilyn i i bob man ond yr eglwys, fel tasa hi'n gwybod na chaiff hi ddim mynd i'r fan honno. Dewch trwodd.'

Ufuddhaodd Jeff. Sylwodd mai dodrefn plaen, syml, oedd o'i gwmpas, er bod y tŷ i'w weld yn berffaith gyfforddus. Gwelodd lun Iesu Grist yn curo ar ddrws y galon ar un wal, yr un llun ag yr oedd o'n ei gofio ar wal yr ysgol Sul ers talwm, a llun Mair yn gweddïo wrth ochr y groes ar y wal arall. Edrychodd ar yr amrywiaeth eang o lyfrau ar y silffoedd pren, a synnu o sylwi nad oeddynt i gyd, o bellffordd, yn rhai sych a duwiol. Arweiniwyd Jeff i mewn i'r ystafell fyw lle roedd gêm rygbi i'w gweld ar y teledu.

'Wrthi'n edrych ar y Gweilch yn erbyn Munster oeddwn i,' meddai'r Tad O'Reilley, gan ddiffodd y teledu. 'Munster ydi fy nhîm i wrth gwrs,' meddai gyda gwên.

'Peidiwch â'i diffodd o'm rhan i,' mynnodd Jeff.

'Na, na. Wedi'i recordio mae hi. Mae'n anodd i mi weld dim byd yn fyw y dyddiau yma. Dwi newydd wneud coffi i fynd efo tamaid o gacen siocled. Dwi'n ffodus iawn – mae 'na gacen yn cyrraedd y tŷ 'ma bron yn ddyddiol.' Gwenodd eto.

'Ma' pobol yn ffeind 'tydyn,' cytunodd Jeff.

Aeth yr offeiriad trwodd i'r gegin a daeth yn ei ôl toc efo hambwrdd ac arno ddau fŵg o goffi a thamaid o gacen yr un.

'Fuasai'n well gynnoch chi wisgi, efallai?' gofynnodd.

'Na, mae hyn yn grêt, diolch,' atebodd Jeff.

'Sut 'dach chi'n dod dros eich colled?' Eisteddodd y gŵr ifanc i lawr.

'Go lew, am wn i. Es i 'nôl i 'ngwaith heddiw. Fedrwn i ddim aros adra am ddiwrnod arall.'

'Call iawn, wir. Dwi'n credu bod yna ryw nerth yn dod i roi cymorth i ni ar adegau fel hyn, ac os 'di'ch gwaith yn gwneud petha'n haws i chi, gorau oll.'

'Fel 'dach chi'n gwybod, Father, mi oedd Jean yn aelod ffyddlon o'r eglwys 'ma, ac er nad ydw i, mi fyswn i'n lecio petai modd iddi dderbyn yr offeren dros y meirw yn llawn yn ystod ei chynhebrwng. Dyna oedd ei dymuniad hi. Fasa hynny'n iawn efo chi?'

'Fuaswn i ddim wedi ystyried gwneud dim byd arall, Jeff.'

'Er ei mwyn hi, dwi'n feddwl.'

'Er ei mwyn hi, er eich mwyn chi a'ch teulu a'ch ffrindiau, er fy mwyn innau a'r holl blwyf. Mae'r eglwys yma i gynnig cysur a chariad Crist i bawb. Fel unigolyn, Jeff, mi ddylech chi gofio bod yr eglwys yn agored i chi, fel pawb arall, bob amser. Eich dewis chi fydd camu drwy'r drws. Dwi wedi cysylltu â'r trefnwr angladdau a dwi'n addo bydd popeth yn iawn. Peidiwch â phoeni, a chofiwch fod enaid Jean mewn dwylo diogel, ac nad oes poen iddi bellach.'

'Fedra i ddim gofyn am fwy na hynny, na fedraf?'

'Mae hynny'n sicr. Rŵan 'ta, be am i chi wylio gweddill y gêm 'ma efo fi, ac mi gawn ni wisgi bob un.'

'Pam lai,' atebodd Jeff.

Dysgodd Jeff fod y Tad O'Reilley yn deall cryn dipyn am reolau rygbi'r noson honno.

Er ei fod wedi cyrraedd tŷ yr offeiriad yn ansicr a braidd yn bryderus, teimlai Jeff ei fod wedi ymlacio bellach ac, os rhywbeth, yn nes at Jean nag a fu ers iddi farw.

Ychydig cyn un ar ddeg o'r gloch cerddodd yn ôl i'w gartref fel petai pwysau wedi codi oddi ar ei ysgwyddau.

Gwelodd fod neges ar y peiriant ateb. Pwysodd y botwm a chlywed llais y Ditectif Brif Arolygydd Irfon Jones.

'Jeff, dwi isio i ti ddod i dy waith erbyn saith bore fory. Dan ni'n gwybod pwy ydi hi. Hogan o Lerpwl, a dwi isio i ti fynd yno i weld ei theulu hi yn y bore. Gad i mi wybod dy fod ti wedi cael y neges yma.'

Cododd Jeff y ffôn.

Pennod 6

Mewn tŷ teras yn Stryd Alwyn, Lerpwl, yr oedd Barbara McDermott wedi byw ar hyd ei hoes, nes y daeth ei bywyd byr i ben yn sydyn ac yn dreisgar bythefnos cyn ei phenblwydd yn bedair ar hugain oed. Parciodd Jeff Evans y car ar ochr y ffordd ac edrychodd i lawr yr allt tuag at ddŵr mwdlyd y Merswy yn y pellter. Edrychodd ar y rhes o dai brics coch bob ochr i'r ffordd. Er bod un neu ddau o'r perchnogion wedi troi at blastig gwyn, newydd, roedd y mwyafrif wedi dewis paent llachar ar gyfer eu drysau a'u ffenestri. Lle digon twt, meddyliodd; y cyrtens yn daclus ym mhob ffenestr a'r stepiau drws, o lechen las neu frics coch, yn sgleinio'n lân yn yr haul. Yn un o'r drysau penliniai dynes ganol oed â sgarff dros y rôlers ar ei phen, yn ciledrych arno wrth smalio sgwrio'i stepen drws, a gwelai Jeff ben arall yn sbecian o'r tu ôl i'r cyrten net mewn tŷ cyfagos. Fel arall, doedd dim arwydd o fywyd i'w weld o'i gwmpas. Sylwodd fod nifer o dai, y rhai agosaf i gartref Barbara McDermott, â'u cyrtens ynghau fel arwydd o barch. Roedd holl drigolion y stryd yn amlwg yn ymwybodol o farwolaeth yr eneth.

Croesodd y lôn a churo ar ddrws y tŷ oedd â char heddlu Glannau Merswy wedi'i barcio o'i flaen. Dangosodd Jeff ei gerdyn swyddogol i'r heddferch ifanc a agorodd y drws ac aeth i mewn. Yn y cyntedd tywyll gwelodd lun o Grist ar y wal, yr ail iddo'i weld mewn deuddydd, a chroes garreg yn sefyll ar fwrdd pren ochr yn ochr â nifer o luniau teuluol, yn blant ac oedolion, dros sawl cenhedlaeth. Arweiniwyd ef i'r parlwr ffrynt at dair gwraig ganol oed oedd yn amlwg dan gwmwl aruthrol; un yn gwisgo oferôl siec las, un mewn brat blodeuog a'r llall, yr hynaf, mewn côt wlân dywyll a het ddu. Prin yr oedd haul braf y dydd yn dangos trwy'r cyrtens trwchus. Cymerodd ychydig eiliadau i'w lygaid gynefino â thywyllwch yr ystafell. Cyflwynwyd Jeff i'r merched gan yr heddferch.

'Detective Sergeant Evans from North Wales Police has come to see you, Mrs McDermott.'

Ymdrechodd y ddynes yn y canol, yr un yn yr oferôl, i godi.

'Don't get up, please,' mynnodd Jeff.

Trosglwyddodd ei hances boced wleb i'w llaw chwith er mwyn estyn ei llaw dde i'w gyfarch.

'I'm very sorry for your loss,' meddai Jeff yn ddistaw. 'Be ddigwyddodd iddi, Mr Evans? Deudwch wrtha i, plîs,' gofynnodd drwy ei dagrau a'r hances.

Synnodd Jeff ei chlywed yn siarad Cymraeg, a sylwodd fod y ddwy ddynes arall wedi ymateb yn yr un modd ag yntau.

'Fedra i'm deud yn iawn eto, Mrs McDermott. Mae hi'n rhy fuan. Tydan ni ddim wedi cael y ffeithiau i gyd, ond mae'n rhaid i mi ddeud ei bod hi'n edrych yn debyg bod rhywun wedi ymosod arni.' Roedd Jeff yn gwybod o brofiad mai gwell oedd datgelu cyn lleied â phosib i ddechrau. Doedd dim diben achosi mwy o boen i'r fam nag oedd angen, ond eto, roedd yn rhaid i'r wraig gael gwybod rhywfaint o'r ffeithiau.

'Mi o'n i 'di deud wrthi droeon 'i bod hi'n byw bywyd peryglus,' meddai Mrs McDermott, cyn troi yn ôl i'r

Saesneg er mwyn y lleill. 'Roedd hi'n hogan mor dda ar un adeg, ond wnâi hi ddim gwrando arna i. Mi ddeudis i y bysa rwbath fel hyn yn siŵr o ddigwydd rhyw dro.'

Roedd y cwestiwn amlwg nesaf ar wefusau Jeff, ond penderfynodd mai cymryd pwyll a gadael i'r fam adrodd yr hanes yn ei hamser ei hun oedd orau.

'Deudwch fwy wrtha i amdani hi, Mrs McDermott, os gwelwch yn dda. Pwy arall sy'n byw gartref?'

'Neb, dim ond hi a fi sy'n ...' oedodd cyn parhau, '... *oedd* yn byw yma. Mi gollais fy ngŵr bymtheng mlynedd yn ôl. Damwain un noson yn y dociau, ac ers hynny, hi oedd yr unig un oedd gen i.' Torrodd i lawr i wylo unwaith eto.

Cynigiodd yr hynaf o'r ddwy ddynes arall wneud paned, ac eglurodd Jeff sut yr oedd yn cymryd ei de. Arhosodd iddi fynd drwodd i'r gegin cyn troi'n ôl at Mrs McDermott. Penderfynodd beidio â'i holi'n rhy galed. 'Doeddwn i'm yn disgwyl i chi fod yn medru siarad Cymraeg,' meddai.

'Dwi'n dod o deulu Cymraeg,' esboniodd. 'Symudodd fy nhad a mam yma o Lanuwchllyn ar ôl y rhyfel. Er mai yn Lerpwl 'ma y ganwyd a'm magwyd i, Cymraeg oedd iaith yr aelwyd bob amser, nes i mi briodi tad Barbara yn yr wyth degau. Gwyddel oedd o. Er fy mod i wedi troi at yr Eglwys Gatholig bryd hynny, mi fydda i'n dal i fynd i un o'r capeli Cymraeg yma o dro i dro.'

Gwrandawodd Jeff arni'n sôn am ei theulu a mân ddigwyddiadau am ychydig o funudau cyn gofyn ei gwestiwn nesaf. 'Dywedwch rywbeth wrtha i am Barbara, os wnewch chi, Mrs McDermott,' gofynnodd Jeff, gan ystyried ei fod wedi ennyn ymddiriedaeth y fam erbyn hyn.

'Oedd ganddi hi fachgen, neu ddyn, yn ei bywyd?'

'Dim yn ddiweddar, hyd y gwn i. Mi oedd hi'r un fath â'r

merched ifanc 'ma i gyd, wyddoch chi. Mi oedd yr hogiau lleol i gyd ar ei hôl hi, ond mi gollodd hi ddiddordeb ynddyn nhw pan aeth hi i'r coleg.'

'Coleg?' Cododd Jeff ei aeliau i bwysleisio'r cwestiwn heb orfod defnyddio mwy o eiriau nag oedd angen.

'Ia, mi nath hi'n dda iawn yn yr ysgol a chael lle yn John Moores i astudio marchnata am dair blynedd. Mi fuasai wedi cael BA tasa hi 'di aros yno … digon yn 'i phen hi, chi … ond dyna lle aeth petha o chwith 'dach chi'n gweld. Mae bod yn fyfyriwr yn gostus ofnadwy y dyddiau yma, a doedd gen i fawr o fodd i'w helpu hi. Byw ar bensiwn damwain y gŵr ydw i.'

'Pam na ddaru hi orffen y cwrs?' gofynnodd Jeff. 'Ai diffyg arian oedd ar fai?'

'Ddim yn hollol. Mi fysa hi 'di medru gwneud yn iawn, ond mi oedd ei ffrindiau hi i gyd allan bob penwythnos a digon o bres yn eu pocedi. Y rhai oedd hi'n 'rysgol efo nhw dwi'n feddwl. Wedi cael jobsys yng nghanol y ddinas, yn gweithio'n y siopau mawr 'na, mewn swyddfeydd neu yn nyrsio. Er mwyn cael dipyn o bres poced, dewisodd Barbara fynd i weithio fin nos mewn rhyw glwb yng nghanol y ddinas. 'Sgin i'm syniad be 'di enw'r lle. Mi ddaru hi wrthod deud wrtha i – rhyw le lle mae merched yn dawnsio ar bolion yn hanner noeth o flaen dynion. Dim ond gweithio tu ôl i'r bar oedd hi … wel, medda hi wrtha i. Ddeudis i wrthi am beidio mynd, y bydda petha'n siŵr o fynd o ddrwg i waeth, ond wnâi hi ddim gwrando.'

Daeth y ddynes arall yn ôl i'r ystafell â phaned i bawb. 'Ewch 'mlaen, plîs, gofynnodd Jeff. 'Ta fysa hi'n well ganddoch chi drafod y mater yn fwy preifat? Dwi'n siŵr na fasa ots gan y ledis 'ma ein gadael ni.'

'Na, na. Maen nhw'n gwybod am fy mhoena i ers i hyn i gyd ddechrau.' Oedodd am rai eiliadau, yn sipian y te ac edrych i ryw wagle o'i blaen. Doedd dim pwrpas ei brysio. 'Ar ôl mis neu ddau, mi oedd ganddi fwy o bres nag a welais i erioed, ac mi oedd hi'n prynu presanta i mi un ar ôl y llall, a'r rheini'n betha drud hefyd. Doedd hi ddim yn dod adra tan ddau a thri o'r gloch y bore, ac yn codi'n hwyr. Yna, mi glywais i ei bod wedi rhoi'r gorau i fynd i'r coleg yn ystod y dydd – ac mi aeth hi'n ffrae fawr yma. O, dwi'n dyfaru hynny rŵan,' meddai, gan sychu ei llygaid unwaith eto. 'Y peth nesa, roedd hi'n mynd i ffwrdd am ddyddiau, tridiau, pedwar weithiau, heb ddeud wrtha i.'

'Wyddoch chi i ble roedd hi'n mynd?'

'Na, dim syniad, ond pan fydda hi'n dod adra, mi roedd ganddi gannoedd o bunnau yn ei phwrs bob tro, ac mi oedd hyn yn digwydd bob wythnos, bron. Roedd hi'n gwario fel dwn i'm be. 'Sach chi'n gweld y dillad a'r sgidia sydd i fyny'r staer 'na.'

Mentrodd Jeff ofyn y cwestiwn amlwg. 'O ble 'dach chi'n meddwl roedd y pres mawr 'ma i gyd yn dŵad?'

Cododd Mrs McDermott ei phen yn araf ac edrychodd ar ei dwy ffrind cyn edrych yn ôl i lygaid Jeff. 'Mi oedd Barbara yn eneth dlos, Mr Evans. Nid yn unig yn dlws ond yn eithriadol o dlws. Mae gen i ofn mai gwerthu ei chorff oedd hi a bod dynion yn fodlon talu lot fawr o bres iddi am wneud hynny. Does 'na ddim ateb arall.' Dechreuodd grio eto.

'Mae'n ddrwg gen i,' meddai Jeff. 'Fydda i ddim yn hir eto. Pwy arall oedd yn agos ati? Oedd ganddi ffrindiau agos? Oes 'na rywun fasa'n gwybod enw'r clwb lle roedd hi'n gweithio, ella?'

'Ei ffrind agosaf hi ers pan oedd hi'n eneth fach oedd Michelle Raynor sy'n byw i fyny'r ffordd 'ma, ond dwi'n dallt nad ydi hitha wedi bod adra ers dyddiau chwaith.'

Edrychodd Jeff ar yr heddferch ac roedd hi'n amlwg yn syth bod y ddau'n deall ei gilydd.

Gofynnodd Jeff a gâi edrych yn ystafell Barbara tra oedd yr heddferch yn mynd draw i dŷ Michelle Raynor. Cytunodd Mrs McDermott iddo wneud hynny.

I fyny'r grisiau gwelodd fod ystafell wely Barbara yn dwt, a bod dillad drud, a'r rheini'n newydd yr olwg, yn llenwi'r wardrob a'r drôrs. Sylwodd fod ganddi ddillad isaf hynod o awgrymog a rhywiol, darnau bychain o sidan a les oedd wedi cael eu cynllunio i ddenu a chyffroi yn hytrach na bod yn gyfforddus. Daeth Jeff yn ymwybodol o wefr ryfedd yn llifo drosto pan oedd yn byseddu'r defnydd tila rhwng ei fysedd; teimladau y bu Jeff yn anghyfarwydd â nhw yn ystod blynyddoedd olaf Jean. Ni wyddai'n iawn a ddylai deimlo rhywfaint o gywilydd ai peidio – cywilydd neu euogrwydd. Ceisiodd ganolbwyntio ar y gwaith. Yn sicr, roedd yr hyn a welodd yn nrôr Barbara yn tueddu i gadarnhau amheuon ei mam, ond ni welodd unrhyw beth arall yn yr ystafell a roddai unrhyw fath o gliw ynglŷn â gweithgareddau'r ferch a laddwyd yng ngogledd Cymru, mor bell o'i chartref. Beth aeth â hi i Lan Morfa tybed? A gafodd hi ei lladd yn Lerpwl ac yna'i chludo yno'n farw? Ai yn y ddinas yr oedd yr ateb, ynteu yng Nghymru fach?

Agorodd y drws a daeth yr heddferch i mewn.

'Dwi 'di bod yn nhŷ Michelle Raynor, a siarad â'i mam,' meddai, gan synnu Jeff unwaith yn rhagor â llond ceg o Gymraeg.

'Dew, Cymraes arall. Mae'r lle ma'n llawn ohonach chi,' ebychodd Jeff, a gwên ar ei wyneb.

'Mi synnech chi faint ohonan ni sy' 'ma,' atebodd y ferch yn ysgafn cyn difrifoli a throi yn ôl at yr achos. 'Mae Mrs Raynor a'i merch yn agos iawn, ond dydi hi ddim wedi clywed yr un gair ganddi ers tridiau. Mi wnes i ymchwiliad ar gyfrifiadur yr heddlu i enw a dyddiad geni Michelle ar y ffordd yn ôl o'i chartref. Mi gafodd hi ei harestio ar amheuaeth o grwydro'r strydoedd lai na dwy flynedd yn ôl, a derbyn rhybudd swyddogol am hynny, ac mae hi'n cael ei gweld yn gyson yn ardaloedd y ddinas lle mae puteiniaid yn loetran.'

'O diar,' ochneidiodd Jeff, yn ofni'r gwaethaf. 'Ella y dylen ni ddechrau poeni am ei diogelwch hithau hefyd. Mae'n siŵr bod CCTV yn y rhan honno o'r ddinas. Oes modd gofyn i un o'ch swyddogion chi fynd trwyddyn nhw rhag ofn bod rhywbeth o ddiddordeb i ni ar y tapiau?'

'Mi hola i,' atebodd yr heddferch. 'Dach chi isio i mi wneud ymholiadau yn y clybiau yng nghanol y ddinas i weld fedra i gadarnhau lle roedd Barbara'n gweithio? Yn ôl mam Michelle, mi ddylen ni ddechrau efo clwb Y Parot Gwyrdd. Mae hi'n meddwl mai yn y fan honno roedd Barbara'n gweithio tu ôl i'r bar. Ond dwi'm yn siŵr y ca' i ganiatâd gan fy mhenaethiaid. Dach chi'n gwybod sut mae hi, mae gynnon ni yn heddlu Lerpwl ddigon ar ein platiau ein hunain yn barod.'

'Na, gadewch betha i mi ar hyn o bryd. Os bydda i isio rhyw gymorth mi ro' i alwad i chi'n bersonol. Ydi hynny'n iawn?'

'Ydi.'

'Be 'di'ch enw chi, gyda llaw?'

'Meira Lewis. Ditectif Sarjant Evans 'dach chi, 'te? Lle fedra i gael gafael arnoch chi?'

Tynnodd gerdyn o'i boced a'i roi iddi.

Wedi i'r ddau ddychwelyd i lawr y grisiau, gofynnodd Jeff am lun o Barbara. Oedd wir, meddyliodd wrth edrych ar ei delwedd, roedd hi'n ferch brydferth iawn.

Pennod 7

Dychwelodd Jeff i Lan Morfa yn hwyr y prynhawn hwnnw a chafodd gyfle i drafod yr hyn yr oedd o wedi'i ddarganfod efo'r Ditectif Brif Arolygydd yn frysiog cyn cynnal y gynhadledd efo'r timau am chwech o'r gloch.

'Efallai y dylen ni fod yn chwilio am gorff Michelle Raynor hefyd,' meddai ar ddiwedd y sgwrs.

'Yn lle, a pha dystiolaeth sydd ganddon ni fod unrhyw niwed wedi'i wneud iddi?' gofynnodd Irfon Jones.

'Dim,' cytunodd Jeff, 'ond dwi'n siŵr bod ei diflaniad hi yn gysylltiedig â llofruddiaeth Barbara rywsut. Dwi 'di gofyn i heddlu Glannau Merswy wneud ymholiadau, ond mae'n amheus gen i os wnân nhw. Mae Michelle yn ferch ifanc yn ei hoed a'i hamser, nid plentyn 'di hi ond putain – a does ganddyn nhw ddim diddordeb o gwbl yn ein hymchwiliad ni i lofruddiaeth Barbara McDermott, er bod Meira Lewis, yr heddferch wnes i ei chyfarfod y bore 'ma, yn ddigon parod i helpu.'

'Paid ag ehangu'r ymchwiliad heb fod angen,' cynghorodd y Prif Arolygydd. 'Mae'n rhaid i ti sylweddoli mai ein cyfrifoldeb ni ydi'r ymchwiliad yma, a does dim rhyfedd eu bod nhw eisiau cadw'n glir. Am yr un rheswm Jeff, nid ni fydd yn chwilio am Michelle Raynor. Mae ganddon ni ddigon ar ein platiau yn y fan hyn, ac mae un corff ar ein dwylo'n hen ddigon ar hyn o bryd. Yr unig bryder ynghylch yr eneth Raynor ydi nad ydi hi wedi cysylltu â'i mam ers ychydig ddyddiau, a tydi hynny ddim yn ddigon o reswm i agor ymchwiliad arall. Os daw rhywbeth arall i'r fei i greu cyswllt rhwng ei diflaniad hi a'n hymchwiliad ni, mi fydd yn ddigon hawdd i ni ailfeddwl.'

'Wel, synnwn i ddim mai yn Lerpwl gawn ni'r atebion i hyn i gyd, ac i ddechrau, dwi 'di gofyn am ddelweddau CCTV o'r ardal lle mae Michelle Raynor a'r puteiniaid eraill yn crwydro'r strydoedd i chwilio am fusnes. Bydd rhaid i mi ymweld â'r deif 'na, Y Parot Gwyrdd, cyn bo hir hefyd.'

'Iawn, Jeff,' cytunodd DBA Jones. 'Cofia 'mod i wedi rhoi rhyddid i ti yn yr ymchwiliad yma i grwydro lle bynnag mae dy drwyn di'n dy arwain di. Ond cofia di hefyd nad wyt ti i fynd rhy bell, a chwalu'r ffydd sydd gen i ynddat ti. Jyst gad i mi wybod yn rheolaidd lle wyt ti'n mynd, a'r canlyniadau, dyna'r oll.'

'Dim problem, DBA,' atebodd Jeff.

'Reit, ty'd efo fi i'r gynhadledd, ac mi gei di glywed be arall sydd wedi digwydd heddiw.'

Brasgamodd y Ditectif Brif Arolygydd i flaen yr ystafell ac edrychodd ar ei gynulleidfa o tua dau ddwsin a hanner o blismyn, y rhan fwyaf yn eu dillad eu hunain. Eisteddai Jeff o'r golwg yn y cefn, yn dal i wisgo'i gôt ddyffl. Doedd pawb ddim yn cytuno â'r penderfyniad i adael iddo ailgychwyn yn ei waith yn ôl yng Nglan Morfa gyda digon o ryddid i fynd a dod yn hytrach na bod yn aelod o'r tîm gyda dyletswyddau dyddiol fel pawb arall.

Dechreuodd y Ditectif Brif Arolygydd drwy ailadrodd yr hyn yr oedd Jeff newydd ei ddweud wrtho, cyn symud ymlaen at adroddiad y patholegydd. Y pwrpas oedd agor trafodaeth er mwyn i bawb cael cyfle i roi ei farn ac unrhyw awgrymiadau.

'Yr wybodaeth fwyaf arwyddocaol,' meddai, 'yw bod semen y tu mewn i rectwm Barbara McDermott, yn ogystal ag yn ei fagina – ac mae'r profion yn dangos nad oeddynt wedi bod yno'n hir cyn iddi farw.'

Dechreuodd ambell un drafod y datganiad yn ddistaw.

'Ond nid dyna'r oll,' parhaodd Jones. 'Canfyddwyd semen dau wahanol ddyn yn ei fagina ac olion semen trydydd dyn yn ei rectwm. Does dim record o DNA yr un o'r tri yn y gronfa ddata genedlaethol, ond mae'r patholegydd yn nodi nad oes had yn un o'r samplau o'i fagina, sy'n beth eithaf anghyffredin.'

Y tro hwn, roedd yr ystafell yn ddistaw.

'Hefyd, mae 'na dystiolaeth ei bod hi wedi defnyddio rhyw fath o *gel* neu *lubricant*. Neu bod rhywun arall wedi'i ddefnyddio arni, wrth gwrs,' ychwanegodd. 'Rŵan 'ta. Be mae hyn i gyd yn ei olygu? Cofiwch am yr wybodaeth sydd ganddon ni'n barod – y marciau o gwmpas ceg ei chroth a'i rectwm sy'n awgrymu bod rhywun wedi bod yn frwnt efo hi. A'r cleisiau ar ei gwddf, ei harddyrnau a'i dwy ffêr sy'n awgrymu ei bod hi wedi cael ei rhwymo; ond cofiwch hefyd nad ydyn nhw'n ddigon amlwg i awgrymu ei bod hi wedi cael ei rhwystro yn eithriadol o nerthol, na'i bod hi wedi brwydro yn ormodol yn eu herbyn.'

'Ei bod hi wedi cytuno i'r driniaeth, 'dach chi'n feddwl?' gofynnodd un llais o'r llawr.

'Mae'n bosib,' meddai'r Prif Arolygydd. 'Ond cofiwch, dim ond tybio a honni fedrwn ni 'i wneud ar hyn o bryd – efallai'n wir ei bod wedi ei dal yn gaeth. Ac yn bwysicach, ei bod wedi ei mygu â rhywbeth gafodd ei stwffio i mewn i'w cheg.'

'Rhaid i ni gofio'r hyn ddysgodd Jeff Evans yn Lerpwl

heddiw,' meddai un o'r lleisiau oedd yn trafod ynghylch. 'Yr arian mawr 'ma roedd hi'n ei ennill dwi'n feddwl, a'i chysylltiad hi â'r clwb amheus 'na. Oes 'na bosib ei bod hi 'di cael ei lladd yn ochrau Lerpwl a bod ei chorff hi wedi'i gario i lawr i'r ardal yma er mwyn awgrymu mai damwain car a'i lladdodd hi?'

'Eto, mae hyn yn bosib,' cytunodd Jones. 'Ond pam dod â hi mor bell, a pham esgus mai damwain a'i lladdodd hi yn hytrach na lluchio'r corff i afon Merswy? Efallai bod yr atebion yn agosach atom ni. Oes 'na rywbeth arall?

Cododd un o'r plismyn eraill. 'Mi gawson ni hyd i ffarmwr oedd ar yr un lôn ychydig funudau ar ôl i Iolo Pugh ei tharo, ac mi welodd o'r unig gar arall oedd ar y lôn honno o gwmpas yr un adeg.'

Cododd pawb eu clustiau. Hyd yn hyn, doedd yna ddim cadarnhad i honiad Iolo bod car arall ar gyfyl y lle.

'Da iawn,' meddai'r Ditectif Brif Arolygydd. 'Be sy' ganddo fo i'w ddeud?'

'Dod allan o'i gae oedd o, tua thair milltir o'r fan – wrthi'n agor y giât pan ddaeth car o'r cyfeiriad hwnnw yn mynd ... "fath â cath i gythraul" oedd ei eiriau.'

'Be oedd o'n da yno yr adeg honno o'r nos, ac yn y glaw trwm 'na?

'Mae ei ddefaid o'n feichiog ac mae o'n cael trwbl efo llwynogod yn ôl pob golwg.'

'Gafodd o olwg ar y car?'

'Dim llawer mae gen i ofn, am ei bod hi'n noson mor wyllt, ac mi ddaru golau'r car ei ddallu o. Ond yn sicr, medda fo, roedd o'n gar hynod o fawr. Dim ffôr bai ffôr, ond, yn ei eiriau o, "rwbath tebyg i gar priodas neu gar sy'n cael ei ddefnyddio i gario'r teulu tu ôl i hers mewn cynhebrwng".'

Pan oedd Irfon Jones ar fin cloi'r cyfarfod daeth un o'r gweinyddwyr i mewn a rhoi tamaid o bapur yn ei law. Cododd y Prif Arolygydd ei law i fyny fel yr oedd o'n ei ddarllen, mewn awgrym i bawb eistedd yn ôl gan fod mwy o newyddion. Cymerodd funud neu ddau i'w ddarllen yn drwyadl. Cododd ei lygaid oddi ar y papur ac edrychodd i gyfeiriad Jeff Evans.

'Jeff, dyma ganlyniadau'r profion a wnaethpwyd ar yr hances boced 'na godaist ti yn y coed gerllaw lle cafwyd corff Barbara. Mae hyn yn reit ddiddorol. Daw'r defnydd o wlad dramor, o'r Dwyrain Canol, ac mae 'na olion smygu *hookah* arni hi.' Gwenodd ar y plismyn o'i flaen. 'Mi wela i nad ydi pob un ohonoch chi yn gwybod be ydi peth felly. Yn ôl yr adroddiad yma, dyma be mae Arabiaid yn ei smygu, yn eu peipiau dŵr. Maen nhw'n cymysgu baco efo ffrwythau aromatig a'i losgi dros siarcol, ac mae'r mwg yn cael ei oeri cyn ei anadlu. Yn ôl pob golwg, mae hyn yn beth cymdeithasol mewn rhai rhannau o'r byd, ond mae defnyddio'r fath stwff yn gryf ac yn gyson yn creu niwed i'r ysgyfaint. A gwaddod peth fel hyn sydd wedi'i adael ar yr hances boced 'ma.'

'Oes 'na DNA arni?' gofynnodd Jeff.

'Oes, ond dydi o ddim yn cyfateb i unrhyw gofnod ar y gronfa ddata genedlaethol.'

'Beth am y semen a adawyd yng nghorff Barbara McDermott?'

'Dydi o ddim yn matsio yr un o'r tri,' atebodd y Prif Arolygydd.

'Cyd-ddigwyddiad ella?' awgrymodd Jeff.

'Efallai, ond pwy a ŵyr.'

'Ydi hyn yn golygu ein bod ni'n chwilio am ddyn neu ddynion tramor?' gofynnodd llais arall.

'Dim o angenrheidrwydd,' atebodd y Ditectif Prif Arolygydd Jones. 'Does 'na ddim tystiolaeth i awgrymu bod yr hances yma'n gysylltiedig â'r llofruddiaeth, ond cadwch yr wybodaeth ar flaen eich meddwl, oherwydd tramorwr oedd y gŵr a ddefnyddiodd *sodium pentothal* ar Iolo Pugh yn yr ysbyty er mwyn ei gael o i siarad. Dyna'r cyfan am heno.'

Pennod 8

Yn fuan fore trannoeth cafodd Jeff Evans alwad ffôn gan Meira Lewis, a oedd wedi treulio oriau maith ym mhencadlys Heddlu Glannau Merswy yn mynd trwy'r tapiau CCTV ar gais Jeff. Addawodd yrru rhestr e-bost iddo o rifau cofrestru'r ceir a welwyd ar y ffordd lle byddai Michelle Raynor yn loetran, a gofynnodd Jeff iddi yrru ail gopi i bencadlys Heddlu Gogledd Cymru er mwyn chwilio am fanylion eu ceidwaid ar system gyfrifiadurol genedlaethol yr heddlu. Sylweddolodd Jeff fod Meira wedi gorfod gweithio'n galed y tu allan i oriau gwaith i gasglu'r holl wybodaeth. Roedd hi'n amlwg yn ferch gydwybodol, a phitïodd nad oedd mwy o rai tebyg iddi yn yr heddlu.

Yn ddiweddarach yr un diwrnod, syllodd Jeff ar fanylion y dwsinau o geir a'u perchnogion, gan sylweddoli y byddai'r rhan fwyaf ohonynt yn hollol ddieuog o geisio denu puteiniaid. Canolbwyntiodd ar y ceir a welwyd yn pasio'r un lle dro ar ôl tro, gan ddarganfod bod y mwyafrif ohonynt wedi'u cofrestru i bobol o Lerpwl a'r ardaloedd cyfagos. Yna gwelodd fod tri char wedi'u cofrestru i gwmni llogi ceir cenedlaethol Falcon, a bod y tri wedi'u gweld yno ar nosweithiau Gwener olynol, un ai yn hwyr yn y nos neu yn oriau mân y boreau Sadwrn. Penderfynodd ffonio pencadlys y cwmni ym Milton Keynes am fwy o fanylion. Roedd yr ateb yn un diddorol iawn. Defnyddid y tri char, tri Ford Mondeo, gan gwmni o'r enw Hurio Hebog yng Nghaernarfon, tua hanner awr o Lan Morfa. Un o is-gwmnïau Falcon Hire oedd hwn, yn defnyddio enw Cymraeg a ddewiswyd ar gyfer eu swyddfeydd yng Nghymru. Difyr dros ben, myfyriodd Jeff.

Edrychodd ar ei oriawr. Bron yn bedwar o'r gloch – roedd ganddo ddigon o amser i gyrraedd yno cyn iddyn nhw gau, ond tybiodd nad oedd yna ddigon o amser i ddychwelyd cyn y gynhadledd am chwech o'r gloch. 'Dilyn dy drwyn lle bynnag mae o'n dy arwain di,' dyna ddywedodd ei bennaeth, 'ond cofia adael i mi wybod be ti'n wneud.' Wel, mi fyddai digon o amser rywbryd eto i adrodd yn ôl – os yn wir y byddai unrhywbeth o bwys i'w adrodd.

Mewn hen fodurdy ar gyrion y dref roedd swyddfa Hurio Hebog, a gwelodd Jeff yn syth fod dau o'r tri Mondeo a oedd o ddiddordeb iddo wedi eu parcio tu allan i'r adeilad.

'Prynhawn da,' cyfarchodd y ferch tu ôl i'r cownter, dynes smart yn ei thri degau wedi'i gwisgo'n drwsiadus. Cyflwynodd ei hun a dangosodd ei gerdyn swyddogol.

'Dim ond ymholiad bach sydd gen i, yn gysylltiedig ag ymchwiliad dwi'n gweithio arno fo.' Penderfynodd beidio â son am y llofruddiaeth, rhag dechrau straeon. 'Oes posib gweld rhestr o bob cwsmer sydd wedi llogi'r Ford Mondeo 'na sydd tu allan yn ystod y tri mis diwethaf?' Rhoddodd rif cofrestru un o'r ceir iddi.

'Mi wna i bob dim fedra i i helpu'r heddlu,' atebodd y ferch, â gwen ar ei hwyneb. 'Dowch rownd i fa'ma i ni gael golwg ar y cyfrifiadur,' gwahoddodd.

Teipiodd rif y car ar y bysellfwrdd a daeth yr wybodaeth i fyny o'u blaenau. 'Fel 'dach chi'n gweld,' meddai. 'Tydi o'm wedi bod allan gymaint â hynny yn ddiweddar. Di'm 'di bod mor brysur â hynny yn ddiweddar a deud y gwir.

50

Oeddach chi isio holi am unrhyw ddiwrnod neilltuol?'

'Trïwch ddydd Gwener, fis yn ôl,' awgrymodd Jeff.

Defnyddiodd y llygoden i arwain y cyrchwr at y cofnod hwnnw ac agor y ffeil.

'Rhywun o'r enw Emlyn Morris o Lan Morfa,' meddai. ' O, dwi'n cofio hwn. Mae o wedi bod yma droeon yn ystod y misoedd diwetha, ac mae'n gas gen i'r dyn.'

'O? Pam felly?' gofynnodd Jeff. Edrychodd arni, ei aeliau'n codi wrth ofyn y cwestiwn.

'Y ffordd mae o'n edrych arna i, a'r ffordd mae o'n ymddwyn. Mae 'na rwbath amdano fo sy'n gwneud i mi deimlo'n anghyfforddus. Ond peidiwch â deud wrth neb, plîs.'

'Wna i ddim,' cadarnhaodd Jeff. 'Fedrwch chi ymhelaethu?'

'Mae o'n meddwl ei fod o'n rêl bo... 'dach chi'n gwybod, *God's gift*. Methu tynnu 'i lygaid oddi ar fy mronnau i, heb drio cuddio'r peth chwaith yn ôl y wên *pervy* ar ei wyneb o. Trio 'nghyffwrdd i bob gafael. Sglyfa'th!'

'Sawl gwaith mae o wedi llogi car ganddoch chi?' gofynnodd Jeff.

'Gawn ni weld ...' meddai, gan agor ei gyfrif personol. Llygadodd y sgrin o'i blaen. 'Hanner dwsin o weithiau, ylwch, bob tro ar brynhawn Gwener tan brynhawn Sadwrn. A dyna chi beth rhyfedd arall. Pam mae dyn yn hurio car a chanddo fo gar ei hun?'

'Be sy'n gwneud i chi feddwl hynny?' gofynnodd Jeff. 'Un pnawn Gwener, bythefnos yn ôl, roeddwn i wedi bod yn siopa, ac yn parcio fy nghar fel arfer yn y maes parcio i lawr y ffordd pan gyrhaeddodd o yma. Mi barciodd yntau ei gar yno, Golff melyn os dwi'n cofio'n iawn, a cherddodd i'r swyddfa 'ma i logi car 'run fath ag arfer. Welodd o mohona i, dwi'n siŵr. Ar ôl iddo fynd, ac ar ôl i mi orffen gweithio y noson honno, mi oedd y Golff yn dal i fod yn y maes parcio. Mi oedd o'n dal i fod yno ar y bore Sadwrn hefyd, heb symud dros nos mae'n siŵr gen i, ond ar ôl iddo ddod â'r Mondeo yn ei ôl y diwrnod hwnnw, fe ddiflannodd y Golff. Mae'n ymddangos i mi nad ydi o isio cael ei weld yn ei gar ei hun, lle bynnag mae o'n mynd.'

'Efallai wir,' cytunodd Jeff heb ddadlennu gormod.

'Cyffuriau ia?' gofynnodd y ferch. 'Deliwr?'

'Fedra i ddim deud mwy ar hyn o bryd, ond mi fuaswn i'n licio tasach chi ddim yn deud gair wrth neb am ein sgwrs fach ni. Pryd fydd o yma nesa, 'dach chi'n meddwl?'

'Pnawn Gwener, heb os nac oni bai. Gewch chi weld.'

'Gadewch iddo fo logi car fel arfer, wnewch chi, a rhoi gwybod i mi sut gar ydi o, a'r rhif cofrestru, o flaen llaw os gwelwch yn dda? Dyma fy rhif ffôn symudol.'

Cytunodd y ferch ac aeth Jeff o'r swyddfa efo copïau o'r holl waith papur.

'Chyrhaeddodd Jeff Evans ddim yn ôl i Lan Morfa tan ymhell ar ôl i gynhadledd Irfon Jones orffen. Dewisodd beidio â mynd yn syth i'w swyddfa; yn hytrach penderfynodd ymweld ag Andy Hughes, cyfaill iddo ac un o bostmyn y dref.

'Gym'ri di banad?' gofynnodd hwnnw ar ôl rhoi gwahoddiad i Jeff i mewn i'w gartref.

'Dim heno, diolch i ti, Andy. Dwi'm yn aros. Dim ond isio pigo dy frêns di am dipyn o wybodaeth ydw i.'

''Di petha byth yn newid,' ochneidiodd y postmon efo gwên.

'Sgin ti syniad pwy sy'n byw yn 23 Stryd Wesley?' Hwn oedd y cyfeiriad a ddefnyddiwyd i logi'r ceir.

'Ydw. Boi o'r enw Emlyn Morris. Athro yn yr ysgol gyfun.'

'Be wyddost ti amdano fo?'

'Dim llawer. Yn ei dri degau 'swn i'n meddwl, byw ar ei ben ei hun. Ma'i wraig o wedi'i adael o yn ystod y flwyddyn ddiwetha 'ma ac, yn ôl be dwi'n ddallt, mae petha'n go flêr rhyngddyn nhw.'

'Sut wyddost ti hynny?'

'Dyna ydi'r sôn, ac mae 'na lythyrau twrna'n cyrraedd yno'n gyson.'

'Sut gar sydd ganddo fo?' gofynnodd Jeff.

'Golff GTI melyn. Mae o wedi'i barcio tu allan i'r tŷ fel rheol.'

'Dwi'n siŵr y dylwn i fod yn ei nabod o 'sti, ond fedra i yn fy myw â rhoi fy mys arno fo,' meddai Jeff, gan rwbio'i ên.

'Mi wyt ti'n siŵr o fod yn nabod ei deulu fo. Brawd Gwyn Morris, y trefnwr angladdau, ydi o. Dwi wedi gweld Emlyn yn ei helpu o allan yn ystod gwyliau'r ysgol, yn dreifio'r hers a ballu.'

Cipiodd enw Gwyn Morris feddwl Jeff Evans yn ôl at faterion personol. Ei gwmni o oedd yn trefnu angladd Jean fore trannoeth.

Pan gyrhaeddodd adref, a'i galon yn ddigon isel, roedd yn falch o weld bod staff y Gwasanaethau Cymdeithasol wedi bod yno yn nôl y cyfarpar y bu Jean yn ei ddefnyddio. Serch hynny, roedd teimlad rhyfedd iawn yng ngwaelod ei stumog. Roedd y tŷ yn ymddangos yn fawr ac yn wag, fel petai'n adlewyrchu ei galon. Dim teclyn codi, dim cadair olwyn na'r gadair oedd yn cario Jean i fyny'r grisiau – dim ond olion ar y wal lle bu hi.

Aeth i'w wely cyn deg y noson honno, ond ni fedrai gysgu. Bu ei gorff a'i feddwl yn troi a throsi drwy'r nos. Beth oedd Emlyn Morris, yr athro, yn ei wneud ar strydoedd Lerpwl yn oriau mân y bore? Lle arall roedd o'n mynd yn y ddinas? Pam llogi ceir pan oedd ganddo gar ei hun? Roedd yn rhaid bod rhywbeth o'i le, ond eto, ni allai Jeff wneud unrhyw gysylltiad rhyngddo fo a chorff Barbara McDermott. Edrychodd ar y cloc: chwarter wedi dau y bore. Dechreuodd feddwl am flynyddoedd cyntaf Jean ac yntau efo'i gilydd, y chwerthin, y cariad a'r cyfeillgarwch, y bywyd a chwalwyd gan ei hafiechyd. Meddyliodd fwy am ei fethiant ei hun na'i diffyg hi. Ei fethiant i wneud mwy iddi yn lle llenwi'i fywyd â gwaith. Onid dyna'n union yr oedd o'n dal i'w wneud rŵan, pan ddylai fod yn galaru?

Pennod 9

Daeth y gnoc ddisgwyliedig ar ddrws ffrynt Jeff am chwarter i ddeg drannoeth. Er ei bod yn fore braf doedd Jeff erioed wedi profi diwrnod mor dywyll. Agorodd y drws a gwelodd y trefnwr angladdau, Gwyn Morris, yn sefyll yno yn ei got wlân ddu, laes; ei dei du yn cyferbynnu â'i grys gwyn a'i het cantel llydan yn cadw haul y bore draw o'i lygaid. Pam roedd angen het y dyddiau yma, meddyliodd Jeff. Ar y lôn y tu ôl i Gwyn Morris gwelodd Jeff gar mawr du, yn barod i'w ddwyn o a theulu Jean ar y daith fer i'r eglwys. Gafaelodd Jeff ym mraich ei fam yng nghyfraith, ac edrychodd â thrueni ar ei dagrau'n llifo wrth ei harwain yn araf i lawr y llwybr cul at y giât. Ni ddylai unrhyw riant orfod gwneud hyn, meddyliodd. Dilynodd brawd a chwaer Jean hwy. Ni fu Jeff yn agos iawn at yr un ohonyn nhw, tan yn ddiweddar.

Cynhyrfodd Jeff Evans pan welodd wneuthuriad y car mawr du o'i flaen – yr enw Vanden Plas mewn crôm arian yn sgleinio yn erbyn y corff du. Oedd Emlyn Morris, brawd y trefnwr angladdau yn cael cyfle i'w yrru o dro i dro? Ai hwn oedd y car mawr du a welodd y tyst, y ffermwr, ddwy neu dair milltir o'r man lle taflwyd Barbara McDermott i lwybr car Iolo Pugh? Ai hwn oedd y car welodd Iolo Pugh, druan, yn y tywyllwch y noson honno?

Eisteddodd y teulu bach yng nghefn y car. Lledodd lygaid Jeff. Ni fedrai atal ei hun rhag edrych am unrhyw arwydd bychan bod sgarmes wedi digwydd ar yr union sedd hon. Oedd hynny'n bosib? Sylweddolodd yn siomedig ei fod, hyd yn oed yng nghanol ei ofid ei hun a thrallod teulu Jean, yn dal i chwarae'r ditectif. Sut allai o wneud y fath beth? Amser Jean oedd hwn, ei gymwynas olaf iddi. Brwydrodd yn erbyn ei obsesiwn.

Symudiad y car yn dod i aros o flaen yr eglwys ddaeth â Jeff yn ôl i'r presennol. Roedd Y Tad O'Reilley yn disgwyl amdanynt er mwyn eu harwain tuag at yr arch a orweddai o flaen yr allor. Roedd Jean yn dal i ddisgwyl. Nid yn disgwyl iddo ddod adref, fel y gwnaeth ganwaith, ond disgwyl iddo ffarwelio am y tro olaf. Diawl, roedd hyn yn anodd. Rhedodd ei law yn dyner dros bren llyfn yr arch wrth basio ac arhosodd am ennyd. Edrychodd o'i gwmpas am y tro cyntaf. Nid oedd Jeff wedi disgwyl y buasai'r eglwys mor llawn – teulu, ffrindiau, ei gydweithwyr ac amryw nad oedd o'n eu hadnabod.

'Dyrchafaf fy llygaid i'r mynyddoedd, o'r lle y daw fy nghymorth,' darllenodd Y Tad O'Reilley. 'Fy nghymorth a ddaw oddi wrth yr Arglwydd, yr hwn a wnaeth nefoedd a daear.'

Defnyddiodd declyn i chwistrellu'r teulu a'r arch â dŵr sanctaidd i'w bendithio.

'Yn enw'r Tad a'r Mab a'r Ysbryd Glân ...'

Daeth cwmwl o ragrith dros Jeff. Dyma'r tro cyntaf iddo fynychu gwasanaeth mewn eglwys ers blynyddoedd, heblaw am briodas neu ddwy ac ambell angladd. Nid hwn oedd ei fyd o, ond dechreuodd ddifaru na fuasai wedi ymuno â Jean unwaith neu ddwy yn lle'i gadael yn ei chadair olwyn i fynychu'r gwasanaethau a mynd i focha yn yr ardd ar foreau Sul. Aeth y gwasanaeth yn ei flaen, yr offeren yn gyntaf, wedyn y deyrnged – y geiriau melys am ei bywyd, ei phleserau, ei phoenau, ei chariad a'i ffyddlondeb i'w chrefydd hyd y diwedd. Daeth gwên, hyd yn oed chwerthiniad, i wefusau Jeff a phawb arall pan soniwyd am brofiadau doniol ei bywyd. Gwyddai Jeff y byddai Jean wedi bod wrth ei bodd yno, wrth ei ochr, yn gwrando. Heb i Jeff sylwi, daeth y gwasanaeth i ben – y ffurfioldeb terfynol yn glo ar y cyfan.

''Dach chi'n dod am baned efo ni?' gofynnodd Jeff i'r Ditectif Brif Arolygydd Irfon Jones yn y fynwent.

'Fedra i ddim mae gen i ofn, Jeff,' atebodd. 'Rhaid i mi fynd yn ôl ... ti'n gwybod sut ma' hi.'

'Ydw siŵr,' atebodd. 'Gwrandwch DBA, dwi 'di canfod gwybodaeth reit bwysig ddoe ac mi faswn i'n lecio cael sgwrs efo chi cyn gynted â phosib.'

'Dwi'n siŵr y gall o ddisgwyl tan fory, Jeff. Mae gen ti bethau eraill i feddwl amdanyn nhw heddiw.'

Ond nid felly y bu hi. Synnodd Irfon Jones o weld Jeff Evans yn cerdded i gefn yr ystafell gynhadledd y noson honno funudau cyn i'r cyfarfod orffen, yn dal yn ei ddillad angladd o dan ei gôt ddyffl arferol. Chwarter awr yn ddiweddarach, cnociodd Jeff ar ddrws swyddfa'i bennaeth.

'Ro'n i'n meddwl 'mod i wedi deud wrthat ti am aros adra, Jeff.'

'Mae pawb arall wedi mynd adra, a sgin i'm math o awydd hel meddylia mewn tŷ gwag. Sgynnoch chi funud neu ddau?'

'Oes, wrth gwrs. Ty'd i lawr i'r cantîn. Mae 'ngheg i'n grimp. Mi gawn ni baned yn fan'no.'

Dros ddwy gwpaned o goffi adroddodd Jeff yr holl

wybodaeth yr oedd o wedi'i ddysgu yn ystod y diwrnod cynt.

'Mae hynna'n ddigon i ddod ag Emlyn Morris i mewn am sgwrs fach, 'dach chi'm yn meddwl?'

'Dal dy ddŵr, Jeff,' cynghorodd y Ditectif Brif Arolygydd. 'Does yna ddim byd o gwbl, dim math o dystiolaeth sy'n ei gysylltu o â llofruddiaeth Barbara McDermott.'

'Ond mae o'n mynd i Lerpwl yn gyson, ac mae'r car mae o'n ei logi wedi cael ei weld ar y strydoedd lle mae'r puteiniaid yn arfer crwydro. Ma' raid bod rheswm pam 'i fod o'n llogi car bob tro yn lle defnyddio'i gar ei hun. Mi fedar o gael gafael ar gar mawr du hefyd – y Vanden Plas – ryw dro lecith o, dwi'n siŵr,' mynnodd Jeff.

'Ella wir,' atebodd Jones. 'Ond does 'na ddim digon o dystiolaeth i'w arestio fo ar hyn o bryd.'

'Wel!' ebychodd Jeff. Tynnodd ar ei gyrls blêr gan wgu ar y mẁg gwag o'i flaen. 'Os 'dach chi'n deud.' Ond gwyddai yn ei galon bod ei feistr yn llygad ei le. Dod â fo i mewn i'w holi oedd bwriad Jeff, ond gwyddai'r ddau yn iawn nad oedd gan Jeff ddiawl o ots os oedd o'n camsefyll bob hyn a hyn er mwyn cyrraedd y gwir, pwy bynnag gâi ei frifo yn y broses.

'Gad i mi feddwl,' myfyriodd y Prif Arolygydd. 'Pryd mae o'n debygol o fynd i Lerpwl nesaf, wyt ti'n meddwl?'

'Mae o wedi bod bob nos Wener ers mis. Does 'na ddim rheswm i amau nad aiff o eto nos fory.'

'Faint o adnoddau fuasai arnat ti eu hangen i'w ddilyn o i Lerpwl, er mwyn gweld yn iawn i ble mae o'n mynd a be mae o'n 'i wneud yno?'

Gwenodd Jeff. Roedd hyn yn fiwsig i'w glustiau.

'Rhowch dri char i mi a dau gwnstabl ym mhob un. Mi â' i ar fy mhen fy hun ... a dwi'n siŵr y bydd yr heddferch o Lerpwl, Meira Lewis, yn fodlon ein helpu ni p'un ai ydi hi ar ddyletswydd neu beidio. Mi fydd yn ddefnyddiol iawn i ni gael rhywun efo ni sy'n nabod y ddinas.'

'O'r gorau,' cytunodd Irfon Jones. 'Gwna di'r trefniadau.'

Pennod 10

Wedi iddo dderbyn cadarnhâd fod Emlyn Morris wedi gwneud trefniadau efo cwmni Hurio Hebog i logi car arall y pnawn Gwener hwnnw, teithiodd Jeff i Lerpwl i gyfarfod Meira Lewis. Doedd hi ddim ar ddyletswydd, ond fel yr oedd Jeff wedi gobeithio, roedd hi'n berffaith fodlon ymuno â nhw. Cadarnhaodd Meira ei bod hi wedi hysbysu ei phencadlys y byddai criw o blismyn o Heddlu Gogledd Cymru yn dilyn rhywun a oedd dan amheuaeth i'r ddinas y noson honno. Gwerthfawrogodd Jeff unwaith yn rhagor pa mor gydwybodol a brwdfrydig oedd y ferch.

Ni fedrai beidio â sylwi ychwaith ar gorff Meira – edrychai yn llawer mwy siapus yn ei gwisg ei hun nag yn ei hiwnifform. Gwisgai drowsus a chrys T tyn a chôt ledr frown fer, ei gwallt du cyrliog yn rhydd dros ei choler. Sylwodd ei bod hi'n gwisgo colur oedd wedi ei wisgo'n grefftus, a daeth arogl ei phersawr melys i'w ffroenau.

Awgrymodd Jeff eu bod yn manteisio ar y cyfle i gael rhywbeth bach i'w fwyta cyn dechrau ar waith y noson, rhag ofn na fyddai cyfle arall. Eisteddodd y ddau wrth fwrdd mewn bar bychan dros bryd a gwydryn o win.

'O ble 'dach chi'n dod, felly?' mentrodd Jeff ofyn.

'Stiniog,' atebodd Meira.

'O, Blaenau! Ac wedi dod i Lerpwl i ddianc oddi wrth y llechi 'na i gyd!'

Chwarddodd y ddau.

'Coeliwch fi, ar ôl pum mlynedd yn y ddinas yma, mi

fydda i wrth fy modd yn cael mynd adra i'w gweld nhw bob hyn a hyn.'

'Dwi'n siŵr,' cytunodd Jeff. Newidiodd y pwnc. 'Oes yna ryw hanes o Michelle Raynor eto?'

'Nag oes,' atebodd Meira ar ôl golchi rhywfaint o'i phasta i lawr efo llymaid o Chablis oer. 'Ffoniais ei mam gynna. Dydi hi'm 'di clywed gair ganddi. Mae hi wedi bod yng ngorsaf heddlu Allerton – roedd hi'n gobeithio cofrestru Michelle fel person ar goll ond dydyn nhw ddim yn fodlon gwrando arni. Dan yr amgylchiadau, hanes yr hogan dwi'n feddwl, fedra i ddim gweld bai arnyn nhw. Mae merched fel Michelle yn ffeindio'u traed yn gyson mewn lle fel hyn.'

Am hanner awr wedi naw, canodd ffôn Jeff. Roedd y tri thîm oedd yn dilyn Ford Mondeo Emlyn Morris ar gyrion Birkenhead, ac yn debygol o gyrraedd y twnnel ymhen deng munud.

Yn anfoddog, cododd Jeff a Meira oddi wrth y bwrdd. Yn eu car eu hunain, roedd modd iddynt ddilyn y tri char arall o bell, gan wrando ar eu sgwrs trwy'r radio arbennig a oedd yn eu cysylltu. Clywsant adroddiad bod Emlyn Morris wedi gyrru'r Ford Mondeo i mewn i faes parcio Ysbyty Brenhinol Prifysgol Lerpwl, a bod dyn arall yn y car hefo fo.

'Peidiwch â deud ein bod ni wedi gwastraffu'n hamser yn ei ddilyn yr holl ffordd yma, ac yntau'n gwneud dim mwy nag ymweld â rhywun yn yr ysbyty!' ochneidiodd Jeff.

'Faswn i'm yn meddwl,' atebodd Meira. 'Mi synnech chi, ond mae hon yn un o'r ardaloedd lle mae'r puteiniaid yn loetran i chwilio am eu cwsmeriaid.'

'Bingo! Dan ni ar y trywydd iawn felly,' atebodd Jeff yn gyffrous. 'Ond rhaid i chi faddau i mi, Meira, mae'r math yma o blismona yn anghyfarwydd i mi. Dydan ni ddim yn dod ar draws achosion fel hyn yng Nglan Morfa.'

'A diolch am hynny,' atebodd yr heddferch. 'Yn anffodus, dwi wedi dod yn eithaf cyfarwydd â'r busnes puteinio 'ma yn ystod y blynyddoedd diwetha ... o safbwynt proffesiynol yn unig, wrth gwrs,' ychwanegodd efo gwên ddireidus. 'Mi gewch chitha weld yn reit handi sut mae'r genod yn gweithio. Mae gen i biti mawr dros deuluoedd yr ardal 'ma, yn enwedig y rhai sy'n trio magu plant.'

Daeth gair i ddweud bod gyrrwr y Ford Mondeo, Emlyn Morris, wedi dod allan o'r car gan adael y dyn arall ynddo, a'i fod yn cerdded ar hyd Prescot Street cyn troi i'r chwith am Daulby Street ac yna Pembroke Place, a throi i'r chwith unwaith eto am West Derby Street. Yn y tywyllwch fe'i dilynwyd gan dri ditectif, un o fewn golwg fel na fyddai'n cael ei golli, a'r ddau arall yn y cefndir pell yn barod i gymryd drosodd os byddai angen. Cafodd Meira ar ddeall gan Jeff fod y tri heddwas yn arbenigwyr ar wylio a dilyn rhai dan amheuaeth.

Ar ben draw West Derby Street trodd Morris i'r dde i Crown Street.

'Dyma ni,' meddai Meira wrth Jeff. 'Mae o ynghanol ardal y puteiniaid rŵan.'

Taniodd Jeff injan y car a gyrru i lawr Crown Street, yn un o nifer o geir. Roedd hi'n bwrw glaw mân erbyn hyn, digon i wneud i'r lôn o'i flaen sgleinio yng ngolau lampau'r ceir a lampau'r stryd. Ni welodd Jeff lawer i ddechrau, ond buan y daeth ei lygaid i arfer â'r symudiadau anghyffredin yng nghysgodion y stryd. Fflach o glun noeth, un eneth yn unig i ddechrau, ac yna dwy a thair yn sefyll yn hollol agored ar gongl y stryd ac yn codi eu dwylo'n ddigywilydd ar y ceir yn pasio.

'Peth rhyfedd nad ydyn nhw'n dal annwyd yn gwisgo cyn lleied,' cellweiriodd Jeff.

Gwenodd Meira.

Gyrrodd heibio i'r heddweision fesul un, ac yna gwelodd Emlyn Morris yn cerdded yn hamddenol o'u blaenau. Drwy ddafnau'r glaw a'r stêm ar ffenestri'r car gwelodd Jeff o'n stopio i siarad â merch ifanc tuag ugain oed. Gwelodd Morris yn rhoi rhywbeth yn llaw'r eneth, a throdd y ddau efo'i gilydd drwy Mount Vernon Street i Paddington Park ac o'r golwg i barc coediog.

'Mi fedra i gael tîm yma mewn munud i'w arestio fo os liciwch chi,' meddai Meira.

'Na,' atebodd Jeff. 'Mi ddisgwyliwn ni, i weld be arall wnaiff o.'

Daeth Jeff â'r car i stop ymhellach i lawr y ffordd, gan ddal i wrando ar y radio. Chwarter awr yn ddiweddarach, clywodd fod Morris a'r eneth wedi ailymddangos o'r goedwig. Gwelwyd Morris gan yr heddweision cudd yn cerdded ymaith heb arwydd o frys, gan siarad ar ei ffôn symudol. Roedd yr eneth wedi cerdded i'r cyfeiriad arall, yn ei hôl tua Crown Street, i chwilio am ei chwsmer nesaf.

Cyn pen dim ymddangosodd y Mondeo a neidiodd Morris iddo. Gwibiodd y car ymaith gydag un o geir Heddlu Gogledd Cymru ar ei sodlau. O fewn munudau cyrhaeddodd y ddau gar cudd arall a bodlonodd Jeff a Meira, ymhellach draw, ar wrando'n astud ar lwybr eu taith – ar hyd Everton Road, Village Street a Brow Side cyn troi i'r dde ac i'r gogledd i fyny Netherfield Road South.

'Mae'r rhain yn gwybod eu ffordd o gwmpas,' meddai Meira wrth Jeff.

'Sut felly?' gofynnodd Jeff.

'Mae nhw'n mynd i gyfeiriad Netherfield Road North – ardal arall lle mae puteiniaid yn hel i werthu'u cyrff.'

Rhoddodd Jeff ei droed ar y sbardun a daliodd i fyny â'r Mondeo fel yr oedd yn arafu ar lecyn o dir anial wrth ochr y ffordd. Deallodd gan y swyddogion eraill fod Morris wedi dod allan o'r car a symud i sedd y gyrrwr, a bod y llall wedi cerdded yn syth at butain a ymddangosodd o goed gerllaw fel petai hi'n disgwyl amdano. Diflannodd Morris yn y Mondeo ar unwaith dan wyliadwriaeth dau gar arall yn pethyn i Heddlu Gogledd Cymru – ceir newydd er mwyn atal y posibilrwydd y byddai'r dynion yn sylwi arnynt. Diflannodd cyfaill Morris yntau i'r goedwig yng nghwmni'r eneth.

'Dewch,' amneidiodd Jeff ar Meira. 'Dwi isio dilyn hwn – mae'n rhaid i mi gael gwybod pwy ydi'r diawl. Wna i ddim tynnu sylw ataf fy hun efo chi wrth fy ochr.'

Parciodd y car yn gyflym a rhedodd y ddau i mewn i'r un rhan o'r goedwig â'r ddau arall. Doedd hi ddim yn hawdd gweld yn y tywyllwch, ond penderfynodd y ddau aros yn y coed, gan obeithio gweld neu glywed rhywbeth. Neidiodd Jeff a Meira pan ddaeth y ddau arall wyneb yn wyneb â nhw yn ddirybudd.

Heb oedi tynnodd Meira Jeff tuag ati. Gafaelodd yn ei law a'i gosod ar ei bron, gan ddechrau ei gusanu a mwytho'i afl efo'i llaw arall. Diflanodd cyfaill Morris ond trodd y butain at Meira a phoeri yn ei hwyneb.

'Take your arse somewhere else, you fuckin' bitch. This is my patch.'

Tynnodd Meira ei cherdyn swyddogol o'i phoced a'i ddal o flaen trwyn y butain.

'Get lost. Now,' sgyrnygodd, a dyna a wnaeth hi.

'Mae'n ddrwg gen i am hynna,' meddai Meira heb arwydd o swildod. Ro'n i'n meddwl mai dyna'r peth callaf i'w wneud o dan yr amgylchiadau.'

'Dim problem,' meddai Jeff gan wenu.

Yn ôl yr adroddiadau radio, roedd Morris wedi codi ei gyfaill yn y Mondeo ac roedd y car yn anelu at ganol y ddinas. Dilynwyd ef i faes parcio ar y Strand ychydig ar ôl un ar ddeg a cherddodd y ddau ddyn ohono i gyfeiriad canol y ddinas, heibio Llysoedd y Goron a Derby Square a thrwy ddrws clwb nos Y Parot Gwyrdd ar un o'r strydoedd cefn. Dewisodd yr heddweision cudd beidio â'u dilyn i mewn.

'Dyma lle roedd mam Michelle Raynor yn amau bod Barbara McDermott yn gweithio yntê? Be ydi hanes y lle?' gofynodd Jeff.

'Mae o'n un o'r clybiau gorau o'i fath yn y ddinas, os ydi'r fath beth yn bod,' atebodd Meira.

'Ym mha ffordd?'

'Maen nhw'n cadw tŷ taclus. Does 'na byth lawer o dwrw yno. Mae eu bownsars nhw'n sortio unrhyw drafferthion cyn iddyn nhw ddatblygu, ac mae eu rheolau nhw'n reit llym – dim cyffwrdd â'r genod, dim tynnu lluniau ... y math yna o beth. Anaml iawn yr ydan ni'r heddlu yn cael ein galw yno.'

'Sgwn i ydi hi'n bosib cadarnhau bod Barbara McDermott yn gweithio yma?'

'Ella wir. Dach chi isio i mi wneud ymholiadau ar eich rhan chi?' gofynnodd Meira.

'Na, dim heno, diolch. Efallai y ca' i gyfle i alw yno fy hun yn fuan.'

'O.' Gwenodd Meira arno. 'Unrhyw esgus.'

Gwenodd yntau'n ôl, mewn arwydd ei fod o'n gwerthfawrogi ei hiwmor.

'Ydach chi'n briod?' gofynnodd Meira.

Oedodd Jeff cyn ateb y cwestiwn annisgwyl, fel petai'n chwilio am ateb. 'Sengl,' meddai o'r diwedd drwy'r lwmp yn ei wddw. 'Pam 'dach chi'n gofyn?'

'Dim ond ... wel ... ar ôl y ffordd y gwnes i'ch cyffwrdd chi gynnau ... a dan ni 'di bod ar ein pennau ein hunain yn y car 'ma am ddwy awr ers hynny, a 'dach chi 'di bod yn ŵr bonheddig ar hyd yr amser. Mi faswn sawl plisman sengl wedi trio rwbath erbyn hyn.'

Edrychodd Jeff i fyw llygaid y ferch ddeniadol wrth ei ochr. 'Ro'n i'n claddu fy ngwraig yn gynharach yr wythnos yma.' Gwelodd wyneb Meira'n newid, ei llygaid yn llawn tosturi.

'O, mae'n ddrwg iawn gen i,' meddai, yn difaru iddi agor ei cheg. 'Nid yn unig am eich colled, ond am fod mor wirion â chodi'r fath bwnc.'

''Sdim angen, tad annw'l. Anghofiwch y peth.'

Am bedwar o'r gloch y bore, dilynwyd y Ford Mondeo ar hyd yr A55 yn ôl i gyfeiriad Glan Morfa. Ar yr awr honno, doedd dim digon o draffig o gwmpas i allu dilyn Morris yn agos er mwyn gweld pwy oedd ei gyfaill a lle roedd yn byw, felly penderfynodd Jeff drefnu i un o geir adran draffig Heddlu Gogledd Cymru stopio'r Mondeo ar gyrion Glan Morfa, fel y byddai'n digwydd yn rheolaidd i geir yn oriau mân y bore. Darganfuwyd mai Dafydd Hughes oedd enw'r teithiwr, ac mai gweithiwr cymdeithasol oedd o.

Diddorol, myfyriodd Jeff.

Pennod 11

Roedd hi'n tynnu am hanner awr wedi deg pan gyrhaeddodd Jeff y swyddfa drannoeth i roi adroddiad manwl o ddigwyddiadau'r noson cynt i'r Ditectif Brif Arolygydd Irfon Jones. Doedd o ddim wedi eillio ac roedd ei lygaid yn datgelu prinder cwsg – ond roedd ei bennaeth wedi hen arfer ei weld felly.

'Does 'na ddim tystiolaeth i awgrymu bod yr un o'r ddau wedi gwneud llawer o'i le, heblaw loetran mewn man cyhoeddus er mwyn chwilio am buteiniaid,' oedd ymateb Irfon Jones ar ôl i Jeff orffen siarad. 'Ac yn sicr does dim byd i'w gysylltu nhw â'n llofruddiaeth ni.'

'Wel, mae hynny'n wir,' cytunodd Jeff yn amharod. 'Ond mae'n warthus o beth bod dau ddyn sy'n gweithio efo plant ac oedolion bregus yn ymddwyn yn y fath fodd.'

'Dwi'n cytuno yn hollol efo chdi, Jeff,' meddai Irfon Jones. 'Ond rhaid i ni gofio mai plismyn ydan ni, ac mai'n gwaith ni ydi chwilio am droseddwyr, llofrudd yn yr achos yma. Nid ni sy'n gyfrifol am gydwybod moesol yr ardal. Ac mae 'na rai yn grediniol, 'sti, bod puteiniaid yn rhoi gwasanaeth gwerthfawr i'r sawl sy'n methu cael gafael ar ryw yn unman arall.'

Cofiodd y Ditectif Brif Arolygydd yn sydyn am salwch hir Jean a ffyddlondeb Jeff iddi, a chiciodd ei hun am fod mor ddifeddwl â dweud y fath beth. Ystyriodd ymddiheuro ond canodd y ffôn ar ei ddesg cyn iddo wneud y dewis. Gwyliodd Jeff wyneb ei bennaeth yn crychu wrth ganolbwyntio ar y sgwrs na allai Jeff ei chlywed. Ymestynnodd am bensil a dechreuodd ysgrifennu'n gyflym ar ddarn o bapur o'i flaen.

'Pa bryd? Lle'n union? Pwy sy'n edrych ar ôl y safle ar hyn o bryd? Gwnewch yn siŵr nad oes neb yn cael mynd yn agos i'r lle. Ia. Ffoniwch Dr. Mason a dywedwch y gwna i ei gyfarfod o yno ymhen hanner awr. Trefnwch i'r archwilwyr fforensig fod yno'r un pryd, ac yn bwysicach byth, gwnewch yn siŵr nad oes neb o'r cyhoedd yn mynd yn agos at y lle.'

Edrychodd dros y ddesg ar Jeff. 'Mae ganddon ni gorff arall ... ond nid un cyfan. Mae darnau dynol wedi cael eu canfod mewn bagiau bin ar y safle lle maen nhw'n adeiladu'r stad newydd 'na o dai.'

Safai Jeff Evans gryn bellter o'r sgip oedd ar ganol y safle adeiladu er mwyn cael astudio'r olygfa o'i flaen. Gwelai Irfon Jones, Dr Mason, y gwyddonydd fforensig, a'r Swyddog Lleoliadau Trosedd yn y pellter; i gyd yn eu dillad di-haint gwyn yn cerdded yn araf tuag at y sgip. Edrychodd Jeff ar y tâp swyddogol llachar a oedd wedi'i lapio o gwmpas terfynau'r safle ar gyrion Glan Morfa. Fel rheol, byddai'r lle yn fwrlwm o ddynion gweithgar a pheiriannau swnllyd – ond roedd heddiw yn wahanol. Sylwodd fod pwy bynnag a fu'n diogelu'r safle wedi gwneud gwaith campus. Heblaw am y pedwar ffigwr gwyn, nid oedd yr un enaid byw y tu mewn i'r tâp. Gwelodd fod twls wedi eu gadael yn segur o gwmpas y lle, a'r unig symudiad a welai oedd cymysgydd sment yn troi a throi'n ddiddiwedd, ei sŵn yn aflonyddu ar y tawelwch llethol. Cyn belled ag y gwelai Jeff, dim ond un fynedfa oedd i'r safle, ac roedd y sgip lle canfuwyd y bagiau duon hanner canllath oddi wrtho.

Dychmygodd y buasai'n rhaid bod wedi gyrru cerbyd trwy'r fynedfa a pharcio yn agos at y sgip er mwyn cael gwared â'r corff.

Roedd y corff mewn nifer o ddarnau a'r rheini wedi eu rhoi mewn chwe bag plastig cryf: y torso wedi'i haneru mewn dau fag a'r coesau a'r breichiau yn ddarnau yn y gweddill. Nid oedd golwg o'r pen na'r dwylo yn unman ond roedd hi'n amlwg mai corff dyn ydoedd. Daeth dau beth i feddwl Jeff ar unwaith; yn gyntaf, bod y llwyth wedi cael ei wneud yn ysgafnach drwy ei dorri, ac o ganlyniad gallai un person fod wedi medru cludo'r bagiau yno. Yr ail oedd bod y sawl a oedd yn gyfrifol wedi gweithio'n galed i sicrhau na fyddai modd adnabod y corff drwy guddio'r pen a'r dwylo. Lle roedd y rheini tybed? Sylwyd hefyd fod rwbel wedi'i luchio ar ben y bagiau fel petai rhywun wedi trio'u cuddio. Roedd y llofrudd wedi treulio mwy o amser ar y safle er mwyn gwneud hynny – gan wybod, mae'n debyg, y byddai'n fwy tebygol o gael ei weld yno drwy loetran.

Dygwyd y sgip oddi yno yn ei chyfanrwydd, a'r bagiau a'u cynnwys i'r mortiwari am archwiliad ar wahân.

Fin nos, ar ôl cynnal archwiliad post mortem anarferol iawn, rhoddodd Dr Mason ei farn i'r Ditectif Brif Arolygydd Irfon Jones.

'Fedra i ddim deud llawer wrthach chi ar hyn o bryd, mae gen i ofn. Dyn yn tynnu am ei ganol oed oedd o, croen tywyll ond nid Affro-Garibeaidd – efallai ei fod yn hanu o Asia, ond does dim posib deud ar hyn o bryd be laddodd y creadur.'

'Heblaw yr anafiadau amlwg, felly?' holodd Jones.

'Dim rheini laddodd o. Dwi'n credu ei fod o wedi'i ladd cyn y torrwyd o i fyny.'

'Dach chi'n amau mai anaf i'w ben a'i lladdodd o felly, doctor? Bwled neu drawiad efallai?' gofynnodd Jones.

'O bosib,' myfyriodd y patholegydd. 'Neu wenwyn efallai. Fedra i'm diystyru hynny chwaith ar hyn o bryd, nes y bydda i wedi gwneud mwy o brofion. Doedd o ddim yn ddyn iach, mae hynny'n sicr. Mae ei ysgyfaint yn dangos olion smygu trwm – welais i erioed ysgyfaint mewn cyflwr mor ofnadwy, dim hyd yn oed mewn corff rhywun mewn oed mawr fu'n ysmygu'n drwm ar hyd ei oes.'

'Be mae hynny'n ei olygu?' gofynnodd Jones.

'Ddyweda i wrthach chi ar ôl i mi redeg mwy o brofion.'

'Un peth arall, a'r cwestiwn pwysicaf ar hyn o bryd,' ychwanegodd y Ditectif Brif Arolygydd. 'Be ddefnyddiwyd i'w dorri'n ddarnau?'

'Tydi pwy bynnag wnaeth hyn ddim yn llawer o gigydd, mae hynny'n sicr. Mae'n edrych yn debyg i mi mai llif gadwyn ddefnyddiwyd. Mi allwch chi weld y toriadau yn y cnawd – tydyn nhw ddim yn debyg i doriad cyllell o gwbl – ac mae argraff y dannedd i'w gweld yn glir ar yr esgyrn hefyd. Mae'ch ffotograffydd chi wedi tynnu lluniau manwl, ac os ffeindiwch chi'r llif, dwi'n bendant y bydd 'na dystiolaeth fforensig arno i'w gysylltu â'r drosedd.'

'Mae hynny'n sicr,' cytunodd Irfon Jones. 'Ac mi fysa lleoliad y llofruddiaeth yn waedlyd iawn, mae siŵr gen i?'

'Heb os nac oni bai,' cadarnhaodd Doctor Mason wrth dynnu ei oferôl gwaedlyd a'i fenig rwber cyn golchi'i ddwylo'n drwyadl.

Pennod 12

Treuliodd Jeff weddill y diwrnod yn sicrhau fod gweithwyr y safle adeiladu a thrigolion yr ardal wedi eu holi'n drwyadl, a bod castiau o'r holl olion teiars a adawyd ym mwd a baw y safle adeiladu wedi eu casglu. Doedd neb wedi gweld dim. Dysgodd fod y sgip bron yn wag pan aeth pawb adref am bump y noson cynt, felly ni allai'r corff fod wedi cael ei adael ynddi cyn hynny.

Gwenodd Jeff wrth sylweddoli fod gan Emlyn Morris a Dafydd Hughes yr alibi gorau yn y byd y tro hwn – wyth o blismyn yn eu dilyn ar hyd strydoedd Lerpwl ac i un o glybiau anweddus y ddinas.

Pan ddychwelodd i'r swyddfa deallodd fod yr ymchwiliad i lofruddiaeth y dyn yn y bagiau duon wedi'i drosglwyddo i dîm arall o dditectifs dan ofal pennaeth newydd, gan nad oedd unrhyw gysylltiad amlwg â llofruddiaeth Barbara McDermott. Er hynny, gwyddai Jeff Evans yn iawn fod darganfod dau gorff yn yr ardal o fewn dyddiau i'w gilydd yn anghyffredin tu hwnt.

'Mi wyt ti'n aros efo fi,' meddai'r Ditectif Brif Arolygydd wrtho. 'Darganfod pwy laddodd Barbara McDermott, a sut, ydi'n gwaith ni. Dallt?'

'Ydw,' atebodd. 'Ond mae gen i dipyn o ryddid, yn does ... i ddilyn fy nhrwyn 'lly?'

'Mi gei di ddilyn dy drwyn am gyn belled ag y bydda i'n gadael i ti wneud hynny, ar yr amod dy fod ti'n cysylltu â mi'n gyson. Dyna'r sgôr, a chofia di hynny.'

Cytunodd Jeff. Gwyddai'r ddau pa mor bwysig oedd ei ryddid i'r ditectif.

'Wyddoch chi, mae 'na rwbath yng nghefn fy meddwl i sy'n deud bod y ddau fwrdwr 'ma'n gysylltiedig rywsut. Dwi'm yn gwybod sut eto, ond chi fydd y cynta i gael gwybod,' meddai.

'Gwna di'n siŵr o hynny,' rhybuddiodd y Prif Arolygydd. 'Rŵan ta, deud wrtha i lle mae'r trwyn 'ma sgin ti am dy arwain di nesa.'

'Dwi isio dysgu mwy am Emlyn Morris a'i gyfaill. Dwi ddim yn hapus efo nhw o gwbl. Mae angen dipyn o dyrchu i'w cefndir nhw, a'r clwb 'na'n Lerpwl hefyd. Dwi'n meddwl bod llawer o'r atebion rydan ni'n chwilio amdanyn nhw yng Nglannau Merswy, ond wn i ddim faint o gymorth gawn ni gan yr heddlu yn fan'no chwaith – dydyn nhw'n gwenud dim ymdrech o gwbl i chwilio am Michelle Raynor er ei bod hi 'di bod ar goll ers dyddiau erbyn hyn.'

'Dwi un cam o dy flaen di am unwaith, Jeff,' gwenodd Irfon Jones. 'Mae'n Prif Gwnstabl ni wedi cael gair efo Prif Gwnstabl Glannau Merswy erbyn hyn, ac o ganlyniad mae un o swyddogion yr heddlu yno am roi cymorth i ni fel cyswllt, yn gweithio efo ni tan ddiwedd yr ymchwiliad.'

'Wel, mae hynny'n ddechrau da. Jyst gobeithio 'i fod o'n rhywun efo dipyn bach o synnwyr cyffredin,' atebodd Jeff yn sinigaidd. 'Dyna'r oll ddeuda i.'

'Mi ddylet *ti* fod yn gwybod, Jeff. Meira Lewis ydi'i henw hi, ac mae hi wedi'i phenodi'n Dditectif Gwnstabl dros dro ar gyfer y swydd. Dwi'n deall mai Cymraes ydi hi, a'i bod hi wedi bod yn dipyn o gymorth yn barod.'

'Siort orau,' meddai Jeff ar ei union. 'Campus.'

Cododd Jeff y ffôn yn syth a deialu.

'Llongyfarchiadau. Dwi newydd glywed y newydd da.'

'Newydd da?' atebodd Meira. 'Dim ond am hanner awr dwi wedi bod yn fy swydd newydd ac maen nhw'n fy nhrin i fel estron yma'n barod!' Chwarddodd y ddau. 'Sut fedra i fod o gymorth felly? Be 'di'r cam cyntaf?'

'Mi fydd pob plismon ar ein tîm ni sy'n dod i Lerpwl i wneud ymholiadau yn cysylltu â chi o flaen llaw fel y byddwch chi'n gwybod yn union pwy sydd yno a pham, ac mi fyddan nhw'n rhoi canlyniad eu hymchwil i chi cyn iddyn nhw adael yr ardal. 'Dan ni angen i chi astudio'u darganfyddiadau a'u croesgyfeirio efo'r wybodaeth ar eich systemau chi, fel nad oes dim byd arwyddocaol yn cael ei ddiystyru. Wrth gwrs, mi fydd hyn yn cael ei wneud ar system gyfrifiadurol Heddlu Gogledd Cymru hefyd, ond efallai, oherwydd maint y gwaith, na fydd hynny'n digwydd am ddiwrnod neu ddau ar ôl unrhyw ddigwyddiad. Yn ychwanegol i hynny, wnewch chi gymaint ag y medrwch chi i ddarganfod be sydd wedi digwydd i Michelle Raynor? Hefyd, os gwelwch yn dda, ewch yn ôl i weld Elsie McDermott, mam Barbara, a gadewch iddi wybod mai chi ydi'r swyddog cyswllt rhwng y teulu a'r heddlu.'

'Wrth gwrs,' atebodd Meira yn syth ac yn broffesiynol. 'Mi hoffwn i gael mynediad i'ch system gyfrifiadurol chi o 'nghyfrifiadur i yn y fan hyn, os gwelwch chi'n dda, er mwyn i minnau fod yn gyfarwydd â'r holl wybodaeth.'

'Mi wna i'r trefniadau. Un peth arall ... ga i'ch rhif ffôn personol chi, fel y medra i gysylltu efo chi unrhyw amser, ddydd a nos.'

Rhoddodd Meira rif ei ffôn symudol iddo. 'Fedrwch chi

gael gafael arna i bob amser ar hwnna. Dwi hyd yn oed yn cysgu efo fo wrth fy ochr.'

'Wel, am ffôn lwcus,' meddai Jeff. Syrthiodd y geiriau o'i geg cyn iddo allu eu hatal. Sylweddolodd nad oedd wedi dweud unrhywbeth o'r fath wrth ferch ers blynyddoedd – ers iddo syrthio mewn cariad â Jean. Tybed a ddylai ymddiheuro i'r ferch ar yr ochr arall i'r ffôn?

'A'ch rhif ffôn personol *chi*, Ditectif Sarjant Evans? Dydi hynny ddim ond yn deg,' rhesymodd Meira.

Rhoddodd y rhif iddi'n syth.

Fore trannoeth gwnaeth Jeff ymholiadau distaw yng nghyffiniau cartref Emlyn Morris. Cafodd wybod pob un o amheuon un gymdoges; rhai ohonyn nhw, ym marn Jeff, yn ffrwyth mwy nag ychydig o ddychymyg.

Safai Brenda Thomas, dynes yn ei chwe degau â gwallt melyn potel a gormod o golur, ar drothwy ei drws gyferbyn â thŷ Morris. Gwisgai fel dynes hanner ei hoed mewn sgert gwta ddu a sanau tywyll, ei bronnau helaeth wedi eu gwasgu i siwper goch dynn. Edrychai i fyny ac i lawr y stryd wrth siarad, gan droi cudynnau ei gwallt o gwmpas ei bysedd.

'Dewch i mewn, Sarjant. Dwi'm isio i bawb 'y ngweld i'n siarad efo chi'n fa'ma.'

Wrth ddilyn sigliadau ei phen ôl i'r ystafell fyw, diolchodd Jeff na chafodd ei lusgo i'r tŷ ganddi gerfydd ei dei. Er iddo gael ei arwain tuag at y soffa, dewisodd eistedd ar un o'r ddwy gadair freichiau.

'Oes modd i mi ofyn cwestiwn neu ddau yn gyfrinachol i chi, Mrs Thomas?'

'Ms,' cywirodd ef, gan fyseddu ei gwallt unwaith yn

rhagor. Eisteddodd ar ymyl y soffa a phlygu ymlaen tuag at Jeff. 'Os 'dach chi 'di dod yma i holi am y dyn 'na ar draws y ffordd,' parhaodd, 'mae'n hen bryd i'r heddlu wneud rwbath ynglŷn â fo.'

'O, sut felly?' holodd Jeff. Ceisiodd edrych fel petai wedi ei synnu gan ei geiriau.

'O, peidiwch â bod mor ddiniwed, Sarjant. Yr holl fynd a dŵad, wrth gwrs. Mwy o ddŵad na mynd os 'dach chi'n gofyn i mi.' Symudodd ei haeliau i fyny ac i lawr a gwneud llygaid awgrymog arno.

'Dach chi 'di 'ngholli i, Ms Thomas,' cyfaddefodd Jeff.

'Mae 'na ferched yn mynd yna, chi – a dynion hefyd. Tan oriau mân y bore – dwy, dair gwaith yr wythnos weithiau.'

'I be?'

'Wel wir, wn i ddim. Maen nhw'n cau'r cyrtens bob tro. Sut fedra i weld? Ond mi ddeuda i un peth wrthach chi, Sarjant, mae 'na olau llachar iawn i'w weld drwy gyrtens y llofft ffrynt ar y nosweithiau pan fydd ganddo fo ymwelwyr.'

'Sy'n awgrymu....?'

'Wel, *ffilmio*, wrth gwrs.'

'A pha mor aml mae hyn yn digwydd, Ms Thomas?'

'Mi fedra i roi pob dyddiad i chi, a'r amseroedd hefyd, yn ystod y tri mis dwytha, Sarjant.'

'O?' gofynnodd Jeff, wedi ei synnu.

'Disgwyliwch am funud, wnewch chi plîs?'

Cododd o'i chadair ac estynnodd ei bag llaw. Eisteddodd eto ac edrychodd ar Jeff efo gwên hunanfodlon.

'Dwi wedi cofnodi pob digwyddiad yn hwn. Y llyfr bach du dwi'n ei alw fo.'

Tynnodd lyfr o'r bag a gwelodd Jeff mai dyddiadur ydoedd. Rhoddodd ef yn ofalus yn llaw Jeff, ac wrth iddo fodio drwyddo rhyfeddodd wrth weld beth oedd wedi'i ysgrifennu ar rai tudalennau. Gwelodd nodiadau yn erbyn rhai dyddiau pan, yn ôl Ms Thomas, yr oedd dau neu dri dyn ac un ferch wedi galw yno ar unwaith. A ddylai ymddiried ynddi? Ac yn bwysicach, beth oedd y cyfan yn ei olygu? Oedd yna rywbeth sinistr yn digwydd yn y tŷ, ynteu oedd y digwyddiadau'n hollol ddiniwed?

'Ga i gadw hwn?' gofynnodd.

'Â chroeso, Sarjant. Mae gen i un arall fedra i ei ddefnyddio os oes angen.'

'Diolch,' meddai. Wrth godi i adael, gofynnodd, 'Fuasai'n iawn i mi ddod yma un noson er mwyn i mi gael gweld y digwyddiadau fy hun?'

'Â *chroeso*, Sarjant,' atebodd, gan fwytho ei gefn wrth ei arwain trwy'r drws. 'Mi edrycha i ar eich ôl chi.'

'Dwi'n siŵr y gwnewch chi, Ms Thomas. A chofiwch, dim gair wrth neb rŵan.'

'Ein cyfrinach bach ni, Sarjant,' meddai, yn rhy gyffrous o lawer.

Ni wyddai Jeff a oedd y cam nesaf yn un doeth ai peidio, ond dewisodd fynd cyn iddo newid ei feddwl. Ni wyddai, chwaith, sut yr oedd o'n mynd i arwain yr ymholiad arbennig hwn.

Roedd Sioned Morris yn byw mewn fflat uwchben siop yng nghanol y dref ers iddi adael ei gŵr saith mis ynghynt. Roedd Jeff wedi dod ar ei thraws o'r blaen ac felly nid oedd yn rhaid iddo gyflwyno'i hun. Camodd i'r fflat ar wahoddiad y wraig. Sylwodd Jeff fod golwg lwm ar y lle a chasglodd fod pethau'n anodd arni ar hyn o bryd.

'Oes gobaith y byddwch chi ac Emlyn yn cymodi?' gofynnodd.

'Dim blydi peryg. Mae o'n gwneud bob dim o fewn ei allu i wneud petha'n anodd i mi. Y camgymeriad mwyaf wnes i oedd gadael y tŷ. Edrychwch arna i'n trio crafu byw yn yr hofel 'ma tra mae'r bastad yn gwneud fel y mynno fo yn fy nghartra i.'

Dyma'r awgrym yr oedd Jeff wedi gobeithio amdano. 'Be 'dach chi'n feddwl, "gwneud fel mynno fo"?'

'Dim ond 'mod i wedi clywed rhyw betha,' meddai Sioned, yn rhwbio dagrau o'i llygaid.

'Fel?'

'Merched. 'Sa fiw i mi ddeud 'thach chi. Mae o'n medru bod yn uffar brwnt, wyddoch chi.'

'Oedd o'n frwnt efo chi, Sioned?

Wnaeth hi ddim ateb.

Dewisodd Jeff barhau â'i holi. 'Yn frwnt yn y gwely dwi'n feddwl – yn rhywiol frwnt.'

Dechreuodd Sioned wylo'n agored. 'Arhoswch am funud,' meddai. Ma' raid i mi wneud galwad ffôn.'

Aeth trwodd i un o'r ystafelloedd eraill ac fe glywodd Jeff hi'n siarad â rhywun. Beth oedd mor bwysig fel bod rhaid ffonio rŵan? Daeth Sioned yn ei hôl efo ffôn symudol yn ei llaw.

'Mae o isio siarad efo chi,' meddai wrth Jeff, gan ddal y ffôn o'i flaen.

'Pwy?' gofynnodd.

Rhoddodd Sioned y ffôn yn llaw Jeff heb ateb.

'Helo, pwy sy' 'na?'

'Edward Bowen, o Ellis a Bowen, cyfreithwyr yng Nglan Morfa. Efo pwy dwi'n siarad, os gwelwch chi'n dda?'

'Ditectif Sarjant Jeff Evans, CID Glan Morfa. Mae'n llwybrau ni wedi croesi sawl gwaith yn y gorffennol, Mr Bowen.'

'Do ... do, siŵr iawn. Ylwch, fi sy'n gweithredu ar ran Mrs Morris yn achos ei hysgariad. Mae hwn yn fater anodd iawn iddi hi a dwi'n dallt eich bod chi'n gofyn cwestiynau personol iawn, Mr Evans. Dwi wedi rhoi cyngor iddi beidio ag ateb eich cwestiynau, ac os oes 'na unrhyw amheuaeth ei bod hi wedi gwneud rhywbeth o'i le, cewch ofyn iddi am hynny yn fy mhresenoldeb i.'

'Na, does dim amheuaeth o'r fath, Mr Bowen, a wna i ddim ei phoeni hi ymellach, ddim heb fod yna angen gwirioneddol. Os bydd yn rhaid i mi gael gwybod mwy, mi gysylltaf efo chi.'

Rhoddodd Jeff y ffôn yn ôl i Sioned. 'Mae'n ddrwg gen i os dwi wedi codi bwganod,' meddai.

Gadawodd heb air arall. Safodd am rai eiliadau y tu allan i'r fflat, y sgwrs yn troi yn ei feddwl. Roedd Sioned yn gwybod rhywbeth am y merched. Roedd Emlyn yn medru bod yn "uffern brwnt", meddai, a phan soniodd o am ei ymddygiad rhywiol fe ffoniodd ei chyfreithiwr yn syth. Gwyddai Jeff i sicrwydd fod rhywbeth o'i le.

Pennod 13

Ar ôl trafod y digwyddiadau a'r darganfyddiadau efo'r Ditectif Brif Arolygydd Irfon Jones, trefnodd Jeff fod heddweision yn cadw llygad ar dŷ Emlyn Morris y noson honno, a thynnu lluniau pwy bynnag a fyddai'n galw yno. Wrth yrru i Lerpwl ystyriodd Jeff oedd o wedi bod yn rhy greulon yn gyrru'r ddau dditectif gwnstabl ifanc i dŷ Ms Thomas heb iddo'u rhybuddio o flaen llaw am y math o groeso yr oeddynt yn debygol o'i dderbyn. Edrychodd ymlaen at glywed eu hadroddiadau.

Cyrhaeddodd ganol y ddinas am wyth o'r gloch. Parciodd ei gar mewn maes pario diogel ar y Strand a chymerodd ddeng munud i gerdded i glwb Y Parot Gwyrdd. Cymerodd arno nad oedd wedi sylwi ar y ddau fownsar cyhyrog yn ei astudio'n fanwl wrth iddo fynd trwy'r drws, a thalodd ei dâl mynediad o ddegpunt gan ddeall bod y taliad hwnnw'n cynnwys y 'ddawns gyntaf'. Aeth i mewn i ystafell fawr, foethus, lled dywyll wedi'i haddurno mewn coch ac aur. Roedd bar hir ar hyd un wal. Ym mhen pella'r ystafell gwelodd lwyfan lle roedd merch, yn noeth heblaw'r nicer lleiaf a welsai Jeff erioed, yn hongian o bolyn aur gan ei anwesu'n awgrymog. Roedd yr ystafell yn hanner llawn ac o amgylch un o'r byrddau roedd nifer o ddynion yn ceisio peidio syllu'n gegrwth ar ferch noeth oedd yn gwingo ar lin un ohonynt ac yn gwthio pob rhan o'i chorff yn ei dro o fewn modfedd i'w wyneb. Ar hyd ochr arall yr ystafell roedd nifer o gilfachau preifat y tu ôl i gyrtens melfed trwm, pob un â digon o le i ddwsin eistedd o amgylch platfform dawnsio.

Eisteddodd Jeff wrth fwrdd gwag a dechreuodd ddarllen y rhestr ddiodydd. Bodiodd gerdyn oedd yn nodi'r gwasanaethau oedd ar gael a rheolau'r clwb. Dim cyffwrdd â'r merched, dim sefyll yn eu plith tra oeddynt yn dawnsio, dim dawnsio efo'r merched, dim tynnu lluniau. 'Dim peryg,' meddai Jeff wrtho'i hun. Daeth gweinyddes ato ac archebodd botel o gwrw o'r bar. Pum punt a chweugain – cywilyddus, ond nid annisgwyl. Heb iddo ofyn, daeth merch hynod o brydferth tuag ugain oed ato a gwenodd. Roedd ganddi wallt melyn cwta wedi'i ddal yn ôl efo ruban du ac roedd ei cholur wedi'i osod yn berffaith i amlygu ei phrydferthwch. Gwisgai fest sidan glas golau gyda strapiau isel a gwddf llac oedd yn ddigon isel i ddangos ei bronnau llawn. Heblaw am bâr o esgidiau glas sgleiniog oedd â'r sodlau mwyaf a welodd Jeff erioed, yr unig beth a welai o dan waelod y fest oedd nicer les du a hwnnw yn llawer rhy fach i guddio'i noethni. Safodd yn syth o'i flaen ac awgrymodd iddo droi'i gadair rownd i'w hwynebu. Daeth yn nes ato, rhoddodd ei choesau un bob ochr i'w gadair a rhedodd ei bysedd i fyny ac i lawr ei chorff yn ofalus, o fewn modfedd iddo, ond heb ei gyffwrdd. Syllodd Jeff ar ei hewinedd hir, pinc, yn chwarae'n bryfoclyd efo'i thethi. Parhaodd y nefoedd gnawdol hon am tuag ugain eiliad cyn iddi lacio'r strapiau oedd am ei hysgwyddau a gadael i'w gwisg ddisgyn am ei gwasg i ddinoethi ei bronnau'n llwyr. Arogleuodd Jeff ei phersawr, ond yn sydyn cododd ar ei thraed, gwenodd yn awgrymog a gadawodd heb ddweud gair. Cyn i Jeff ddod ato'i hun, daeth y weinyddes yn ei hôl ato.

'Dyna'ch dawns gynta chi. Bydd yn rhaid i chi dalu'n ychwanegol am fwy,' meddai. 'Talwch efo cerdyn os liciwch chi. Rydan ni'n eu derbyn nhw i gyd.'

Eisteddodd Jeff yno'n syfrdan, ac yn annisgwyl trodd ei feddwl tuag at Jean, a phrinder y cyswllt corfforol fu rhyngddynt ers i'r salwch gydied ynddi rai blynyddoedd ynghynt. Ni fu'n anffyddlon iddi unwaith. Ddaru'r peth ddim hyd yn oed groesi ei feddwl, er iddo gael sawl cyfle. Ond heno, yn y clwb hwn, allai o ddim peidio â gadael i'w feddwl grwydro, er nad oedd ymateb i sylw'r ferch yn fwriad ganddo. Ond ar ôl cyhyd, ni allai anwybyddu'r teimlad rhwystredig oedd yn corddi'n ddwfn y tu mewn iddo. Efallai fod y Ditectif Brif Arolygydd Irfon Jones yn llygad ei le, a bod lle i buteiniaid ac i lefydd fel hyn i wasanaethu'r rhai nad oeddynt, am ryw reswm neu'i gilydd, yn cael eu bodloni gartref? Ceisiodd ddychmygu pam fod Emlyn Morris a Dafydd Hughes yn dod i'r clwb. Beth oedd y diffyg yn eu bywydau nhw? Ar y llaw arall, roedd y syniad fod rhyw a chariad ynghlwm â'i gilydd yn un hen ffasiwn erbyn hyn. Onid oedd puteindra wedi bodoli erioed? O ganlyniad i'w fagwraeth draddodiadol roedd wedi arfer ffieiddio'r fath ddiwydiant, ond dechreuodd sylweddoli pa mor hawdd fuasai hi iddo newid ei farn mewn lle fel hwn. Ai dyna ddigwyddodd i Barbara McDermott? Cafodd ei harwain i fyd tanddaearol ar ôl cael ei themtio gan arian mawr, a hithau'n eneth wedi'i magu yn barchus dan amgylchiadau anodd.

Llusgwyd ei feddwl yn ôl i'r presennol pan eisteddodd merch ifanc arall wrth ei ochr.

'Ar eich pen eich hun 'dach chi?' Edrychodd yn ddwfn i'w lygaid, ei gwefusau'n llawn ac yn sgleinio yn y golau gwan uwch eu pennau. Roedd hi'r un mor brydferth â'r eneth a ddawnsiodd iddo ynghynt, a'i gwisg yr un mor awgrymog.

'Ia,' atebodd.

'Tro cynta?'

'Cywir eto,' meddai.

'Digon hawdd deud. Mae'r dynion sy'n dod i mewn i le fel hyn am y tro cynta'n ymddwyn yn hollol wahanol i'r hen stejars. Ond peidiwch â gadael i hynny'ch poeni chi. Mi wna i fy ngorau i'ch arwain chi drwy unrhyw swildod.'

Mae'n rhaid ei bod hi'n amser iddo roi ei law yn ei boced, meddyliodd Jeff. Nid oedd cwsmeriaid arferol Y Parot Gwyrdd yn eistedd ar eu pennau eu hunain o flaen un botel o gwrw, yn amlwg.

'Be fedra i 'i wneud i chi?' gofynnodd y ferch.

'Be 'dach chi'n gynnig?' Atebodd ei chwestiwn efo cwestiwn.

'Yr arferol,' meddai. 'Mae hyd y ddawns yn dibynnu ar faint 'dach chi'n dalu.'

'Be os dwi isio mwy na dawns arferol?'

'Hogyn drwg,' ceryddodd, gan ysgwyd ei bys arno'n ddireidus. 'Chewch chi ddim mwy na hynny yn fa'ma. Mae hynny yn erbyn rheolau'r clwb. Ella na fyddwch chi isio mwy ar ôl i mi orffen efo chi ... os 'dach chi'n fy nallt i,' meddai. Brathodd ei gwefus isaf.

'Mi glywais i dderyn bach yn deud 'i bod hi'n bosib cael rwbath licia i yma os ydi'r arian yn iawn.'

'Dach chi 'di cael camargraff felly,' atebodd y ferch yn wyliadwrus.

Gwelodd Jeff ei bod yn anesmwytho, a phenderfynodd ei bod hi'n amser gofyn y cwestiwn a oedd ar flaen ei dafod.

'Mi glywais i fod 'na hogan o'r enw Babs yma sy'n barod i wneud rwbath yn rhywle am y pris iawn.'

'Babs McDermott 'dach chi'n feddwl. Dydi hi ddim wedi bod ar gyfyl y lle 'ma ers pythefnos neu dair wythnos ... a beth bynnag, ddylwn i ddim bod yn trafod y fath betha efo chi.' Edrychodd y ferch o'i chwmpas yn nerfus a chodi i adael.

Cydiodd Jeff yn ysgafn yn ei harddwrn i geisio'i pherswadio i aros ond roedd hi'n rhy hwyr. Gwyddai ei fod wedi mynd yn rhy bell. Eiliad neu ddwy yn ddiweddarach roedd dau fownsar yn gafael ynddo'n gadarn a'i hebrwng tua'r drws heb lol.

'Ol reit bois, dwi'n dallt. Dwi'm isio codi trwbl,' meddai. Ymhen dim, roedd y breichiau cryf wedi'i ollwng yn y stryd tu allan. Safai'r ddau yn nrws y clwb a'u breichiau ymhleth, yn syllu arno'n fygythiol. Cerddodd Jeff ymaith yn araf gyda gwên ar ei wyneb.

Wrth iddo gerdded yn ôl at ei gar canodd y ffôn symudol yn ei boced.

'Ditectif Sarjant Evans? Meira Lewis sy' 'ma. Dydi hi ddim yn rhy hwyr i ffonio, gobeithio.'

'Dim o gwbl, Meira.'

'Da iawn. Mae gen i newyddion ynglŷn â Michelle Raynor ac mi oeddwn i'n meddwl ella y bysach chi isio cael gwybod yn syth.'

Roedd Jeff yn dychmygu'r gwaethaf.

Pennod 14

Cododd calon Jeff pan glywodd ateb Meira.

'Mae hi'n fyw ac yn iach yn ôl pob golwg, er nad oes gen i syniad lle mae hi ar hyn o bryd. Mi hoffwn gael gair efo chi cyn cymryd y cam nesaf.'

'Dwi yn Lerpwl, fel mae hi'n digwydd bod. Am gychwyn am adra oeddwn i, ond mi fedra i ddod i'ch cyfarfod chi rŵan os ydi hi'n gyfleus.'

'A chroeso. Gartra ydw i – ac mae fy nhŷ i ar eich ffordd adra. Dewch draw. Dyma'r cyfeiriad.' Rhoddodd gyfarwyddiadau iddo.

Ymhen hanner awr canodd Jeff gloch drws ffrynt tŷ Meira, oedd yng nghanol stryd o dai unigol mewn rhan ddymunol o Neston yng Nghilgwri. Edrychodd ar ei oriawr. Pum munud ar hugain i un ar ddeg. Ni fu'n rhaid iddo ddisgwyl yn hir i'r drws agor, a gwenodd pan agorodd yr heddferch y drws yn gwisgo pâr o jîns glas golau a siwmper wlân frown tywyll. Edrychai'n brydferth er nad oedd hi'n gwisgo unrhyw fath o golur, ond yn fwy na hynny, edrychai'n hollol naturiol heb fath o sioe o'i chwmpas hi o gwbl.

'Ydach chi'n siŵr nad ydi hi'n rhy hwyr?' Jeff siaradodd gyntaf.

'Nac'di siŵr. Dewch i mewn, Sarjant Evans.'

'Galwch fi'n Jeff, plîs,' mynnodd am yr ail waith.

'Iawn, Jeff. Gymerwch chi baned? Gwydraid o win? Neu dwi'n meddwl bod gen i lager...

'Lager, os gwelwch chi'n dda. Mae ganddoch chi le bach braf yn fa'ma. Neu le *mawr* braf ddylwn i ddeud,' ychwanegodd, gan edrych o gwmpas y cyntedd llydan.

'O, 'swn i byth yn medru fforddio'r lle 'ma fy hun. Rhannu ydw i,' eglurodd.

Yn annisgwyl, teimlodd Jeff ei galon yn suddo.

'Dwi'n gobeithio nad ydw i wedi galw ar amser anghyfleus ... yn hwyr yn y nos fel hyn?' meddai, gan rhyw hanner ymddiheuro. 'Dwi'm isio ymyrryd â'ch bywyd personol chi.' Gobeithiai Jeff nad oedd Meira'n sylweddoli ei fod yn defnyddio hen driciau ditectif i bysgota am wybodaeth.

'Dim o gwbl,' atebodd Meira. 'Fi ofynnodd i chi alw, os cofiwch chi,' ychwanegodd gan wenu. Ac mae Sarah yn gweithio'r shifft nos heno. Mae hi'n gyfleus iawn bod y ddwy ohonon ni'n gallu rhannu'r rhent, ond dwn i'm be wna i y flwyddyn nesa wedi iddi briodi.'

Cododd ei galon unwaith eto, a cheisiodd ddirnad pam. Roedd hi lawer yn rhy fuan ar ôl colli Jean i ystyried dechrau unrhyw berthynas newydd, yn toedd? Ceisiodd wthio'r syniad o'i feddwl. Gwaith oedd pwrpas ei ymweliad, a dim arall, ceisiodd ddarbwyllo'i hun.

Tywyswyd Jeff trwodd i'r lolfa gan Meira, a gadawodd ef yno er mwyn picio i'r gegin i nôl y diodydd. Eisteddodd Jeff ar un o'r ddwy soffa ac edrychodd o gwmpas yr ystafell gyfforddus. Gwelodd lyfrau o bob math ar silffoedd ar hyd un wal a lluniau olew gwreiddiol ar y wal gyferbyn. Adnabyddai destun un llun – hen adeiladau chwarel rhwng Cwm Penmachno a Blaenau Ffestiniog, ardal lle arferai Jeff gerdded yng nghwmni Jean flynyddoedd ynghynt. Roedd yr atgofion pleserus rheini ym mherfeddion ei gof erbyn hyn, fel petaent yn perthyn i fywyd arall. Sylwodd ar system sain helaeth a fradychai ddiddordeb ei pherchennog mewn cerddoriaeth. Cododd a dechreuodd edrych trwy'r disgiau a oedd wedi eu gosod mewn pentyrrau wrth ei hochr. Stopiodd pan ddaeth ar draws nifer o ddisgiau'r canwr gwerin Eric Bogle. Cododd un o'r disgiau, *By Request*, ac edrychodd ar enwau cyfarwydd y caneuon ar gefn y câs plastig. Gwenodd wrth i atgofion melys lifo i'w feddwl.

'Canwr o Awstralia ydi o,' meddai llais Meira tu cefn iddo, 'caneuon arbennig iawn i'r rhai sy'n adnabod ei eiriau o.'

'Awstralia, ia, ond wedi'i eni a'i fagu ar lannau'r Tweed yn Peebles yn yr Alban, wyddoch chi,' atebodd Jeff yn wybodus.

'Rydach chi'n fy synnu i, Jeff. Does dim llawer o bobol yn gyfarwyddd ag o.'

'Nag oes, ma' siŵr, a dwi wedi bod yn ddigon ffodus i'w gyfarfod o ddwywaith hefyd. Y tro cyntaf pan oedd o'n perfformio ym Mangor tua deng mlynedd yn ôl, a'r tro diwetha tua phum mlynedd yn ôl, yn ystod ei daith ryngwladol ddiwethaf – mewn clwb gwerin bach ddim ymhell o'r fan yma fel ma' hi'n digwydd bod.'

'Y Parkgate Folk Club 'dach chi'n feddwl? Mi oeddwn innau yno'r noson honno hefyd.'

'Oeddech chi? Dyna gyd-ddigwyddiad! Mi es i â Jean, fy ngwraig, yno i'w weld. Mi oedd hithau'n arbennig o hoff o'i ganeuon o. Y noson honno oedd un o'r nosweithiau olaf i ni ei mwynhau allan efo'n gilydd cyn iddi waelu'n ddifrifol … ond ta waeth am hynny rŵan,' meddai Jeff, gan geisio newid y pwnc yn frysiog. 'Be 'di'r newydd am Michelle Raynor?'

Rhoddodd Meira y gwydraid o lager yn llaw Jeff ac

eisteddodd ar y soffa agosaf hefo'i gwin. Eisteddodd Jeff ar y soffa arall gyferbyn â hi.

'Mi ffeindiais i ffrind iddi, a ddywedodd mai hi ydi'r unig un mae Michelle yn dal i gysylltu â hi – am ei bod mor ofnus o rwbath.'

'Ofnus o be – 'sgynnoch chi syniad?'

'Na. Doedd gan ei ffrind ddim syniad chwaith, dim ond bod yr ofn yn ddigon i atal Michelle rhag mentro'n agos i'w chynefin, dim hyd yn oed adra at ei mam.'

'Ddywedodd hi lle mae Michelle ar hyn o bryd?'

'Na. Dwi ddim yn meddwl ei bod hi'n gwybod. Dim ond trwy decstio maen nhw'n cysylltu, ond mae Michelle yn gwybod 'mod i isio gair efo hi ac yn ôl pob golwg, mae hi'n ddigon parod i sgwrsio dros y ffôn.'

'Pryd?' gofynnodd Jeff yn frwdfrydig.

'Rhyw dro, ond mi oeddwn i isio gair efo chi gynta.'

Edrychodd Jeff ar ei oriawr. Deg munud i un ar ddeg. 'Dwi'n siŵr na fydd hi'n rhy hwyr rŵan, ond 'dan ni ddim isio'i dychryn hi. Pam na wnewch chi decstio'i ffrind hi a gofyn iddi gysylltu â Michelle, i ofyn a gewch chi'i ffonio hi rŵan?'

Dyna wnaeth Meira a daeth tecst yn ôl ymhen pum munud. 'Ffoniwch hi rŵan', efo'r rhif.

Rhoddodd Meira seinydd ei ffôn symudol ymlaen, a gwrandawodd Jeff ar y sgwrs yn dawel.

'Helo?'

'Michelle? Meira Lewis o'r heddlu sy' 'ma. Heddferch ydw i, ac mi alla i eich sicrhau chi nad oes ganddoch chi ddim i'w ofni drwy siarad â mi.'

'Dwi'n gwbod, dwi'n trystio fy ffrind, Dorothy. Mae hi 'di deud wrtha i pwy ydach chi.'

'Mae 'na lot o bobol yn poeni amdanoch chi, yn enwedig eich mam.'

'Dwi'm isio iddi hi gael ei chysylltu efo hyn. Does ganddi hi ddim i'w wneud efo hyn.' Nid oedd amheuaeth fod y ferch ifanc yn hynod o nerfus.

'Ei chysylltu efo be?' gofynnodd Meira.

'Llofruddiaeth Babs 'de. Be ffwc arall 'dach chi'n feddwl?'

'Dach chi'n gwbod pwy laddodd hi, Michelle?'

'Ma' gin i syniad reit dda, ond fedra i ddim enwi'r basdads. Os y dôn nhw o hyd i mi, mi ddigwyddith yr un peth i mi, mae hynny'n siŵr, a synnwn i ddim eu bod nhw'n chwilio amdana i'r munud 'ma. 'Sgynnoch chi ddim syniad pa mor ofnadwy 'dyn nhw.'

'Pwy ydyn nhw, ac o le maen nhw'n dod, Michelle?'

'Fedra i ddim ond ailadrodd be ddeudodd Babs wrtha i. Eu bod nhw'n dod i'w nôl hi, bob wythnos bron, a mynd â hi i ffwrdd i rywle mewn car.'

'I ble?' gofynnodd Meira.

'I rywle yng Nghymru, medda hi. I ryw dŷ yng Nghymru. 'Sach chi ddim yn coelio'r petha oeddan nhw'n 'i wneud iddi, y budron uffern.' Dechreuodd grio.

'Pam oedd hi'n cytuno i fynd efo nhw dro ar ôl tro?'

'Y pres. Mi oedd ganddi hi faint fynnir o bres bob tro roedd hi'n dod 'nôl. Dyna'r unig beth oedd yn ei bodloni hi.'

'Sut ddechreuodd hyn i gyd?'

'Yn y blydi lle na ... Y Parot Gwyrdd. Mi ddechreuodd Babs wneud dipyn mwy o bres trwy anwybyddu rheolau'r clwb. Mi fyddai'r clwb yn codi saith deg pum punt bob tro roedd Babs yn dawnsio'n noeth ar lin rhywun, a doedd hi ddim yn fodlon mai dim ond pum punt ar hugain o hwnnw roedd hi'n 'i gael yn ei phoced ei hun am wneud. Dechreuodd gynnig mwy i'r cwsmeriaid – y tu allan i'r clwb – a dyna sut y dechreuodd hi fynd i Gymru.'

'Ydach chi wedi cyfarfod y dynion yma, Michelle?'

Nid atebodd.

'Michelle?' gofynnodd Meira eto. 'Fedrwch chi'u hadnabod nhw, dangos i ni pwy ydyn nhw?'

Datgysylltwyd y ffôn. Ceisiodd Meira ailgysylltu ond roedd y ffôn arall yn amlwg wedi'i ddiffodd.

'Mae stori Michelle yn cadarnhau yr hyn ddysgais i yn gynharach heno,' meddai Jeff.

'Lle fuoch chi felly?' gofynnodd Meira.

'Y Parot Gwyrdd,' atebodd. 'Lle arall?' ychwanegodd gyda gwên.

'Peidiwch â deud wrtha i eich bod *chi*'n un o'r cythreuliaid budur 'ma hefyd, Sarjant Evans,' meddai yn ffug ffurfiol.

'Rhaid mynd lle mae'r gwaith, a fy nhrwyn, yn fy arwain i, Miss Lewis.'

'*Mrs* Lewis,' cywirodd Meira ef.

'O ... mae'n ddrwg gen i. Mi oeddwn wedi cymryd eich bod chi'n sengl.' Cafodd siom am yr ail waith y noson honno.

'Mi *oeddwn* i'n briod, ond collais innau fy ngŵr y llynedd. Damwain car.'

'Mae'n wir ddrwg gen i, Meira. Maddeuwch i mi.'

'Am be, dwch? Beth bynnag, lle mae hyn i gyd yn ein harwain ni felly, Jeff?' Tro Meira oedd hi i newid y pwnc.

'Swn i'n deud bod y trywydd yn mynd â ni yn syth i gyfeiriad Mr Emlyn Morris a'i gyfeillion. Mae ganddon ni ddau ddarn o dystiolaeth rŵan, gan Michelle Raynor a'r ferch y siaradais i efo hi heno yn Y Parot Gwyrdd, fod Barbara McDermott wedi bod yn gweithio yno ac wedi bod yn gwerthu rhyw i gwsmeriaid y clwb draw yng Nghymru. Gwnewch gais am warant, plîs, i edrych ar ddogfennau busnes y Parot Gwyrdd, er mwyn gweld yn union pa mor hir y bu Barbara yn gweithio yno. Mi wna innau drefniadau i ymweld â Mr Morris a'i gyfaill draw yng Nglan Morfa, a'u holi nhw'n iawn.'

Ysgydwodd Jeff law Meira yn y drws ar ei ffordd allan a gwenodd y ddau ar ei gilydd fel yr oedd o'n gadael. Gwyddai Jeff yn barod fod y blismones hon yn broffesiynol ac yn gwybod ei gwaith, ond wedi treulio mwy o amser yn ei chwmni, sylweddolodd ei bod hi'n ymddwyn fel ditectif profiadol yn barod. Roedd yn awchu am gael gweithio mwy yn ei chwmni.

Pennod 15

'Wyt ti'n hollol siŵr bod digon o dystiolaeth i wneud cais am warant, Jeff?' gofynnodd y Ditectif Brif Arolygydd Irfon Jones. 'Dos dros y cwbl efo fi unwaith eto.'

Teimlai Jeff ychydig yn rhwystredig. Heblaw bod yr ymchwiliad hwn yn un o lofruddiaeth, ac yn un mor fawr a chymhleth fel bod yn rhaid cael uwch swyddog i'w arwain, mi fuasai wedi gwneud y cais hwnnw ei hun bellach, ac wedi gweithredu'r warant heb oedi. Ond gwyddai Jeff fod yn rhaid dilyn y drefn wrth weithio o dan oruchwyliaeth y prif swyddog.

Doedd Jeff ddim yn hoffi gweithio o dan y fath amgylchiadau. Roedd ganddo faint fynnir o barch tuag at ei bennaeth, ond teimlai weithiau fod y Ditectif Brif Arolygydd wedi anghofio'i fod yntau, ar un adeg, yn gwneud gwaith caib a rhaw yn ddyddiol.

'I ddechra,' cychwynnodd Jeff. 'Mi ydan ni'n gwybod bod Emlyn Morris yn ymweld â Lerpwl yn gyson, am resymau rhywiol a dim arall.'

Gwrandawodd Irfon Jones yn astud gan wneud nodiadau manwl mewn dyddiadur yn ôl ei arfer.

'Ac erbyn hyn, rydan ni'n gwybod ei fod o yn ymweld â chlwb Y Parot Gwyrdd, lle bu Barbara McDermott yn gweithio – fel dawnswraig ac nid y tu ôl i'r bar fel yr oedd ei mam yn meddwl,' dywedodd yn araf. Disgwyliodd i'w bennaeth orffen ysgrifennu cyn parhau.

'Pa dystiolaeth gadarn sydd yna fod Barbara wedi bod yn gweithio yno?

'Tystiolaeth o ddau le, sef Michelle Raynor a'r eneth y bûm i'n ei holi yno neithiwr.'

'Ydi Michelle wedi rhoi datganiad?'

'Nac ydi. Does neb yn gwybod lle mae hi ar hyn o bryd. Dim ond wedi siarad â hi ar y ffôn ydan ni, ond dim ond mater o amser fydd hi cyn i ni fedru dod wyneb yn wyneb â hi.'

'Oes datganiad gan y ferch arall sy'n gweithio yno?'

'Nag oes. Mi ges i fy nhaflu allan o'r clwb cyn i mi fedru gwneud trefniadau i gymryd un.'

'Be ddiawl wnest ti?'

Adroddodd Jeff yr hanes wrtho.

'Mi fyddi di'n deud wrtha i nesa dy fod ti'n gwneud cais i Heddlu Gogledd Cymru am dreuliau ar ôl talu am fynediad i'r clwb a chael geneth yn dawnsio ar dy lin di.'

'Peidiwch â phoeni, mae o ar y ffordd,' cadarnhaodd Jeff â gwên.

'Oes yna *unrhyw* dystiolaeth sy'n dangos fod Morris, neu ei gyfaill, wedi cyfarfod â Barbara McDermott?'

'Nag oes,' atebodd Jeff. 'Ond mae Meira Lewis a thîm o Lerpwl yn gweithredu gwarant yn y clwb ar hyn o bryd. Dwi'n disgwyl iddyn nhw ddod o hyd i ddogfennau fydd yn cadarnhau ei bod hi wedi gweithio yno.'

'Gobeithio, wir,' atebodd Jones. 'Achos dyna'r unig dystiolaeth fydd ganddon ni ar ddu a gwyn, a dwi ddim yn barod i arestio Morris a'i fêts a chwilio'u tai nhw heb rywbeth gwell na gair llafar yn unig gan eneth – putain – sy'n gwrthod deud wrthan ni lle mae hi, a dawnswraig nad ydan ni'n gwybod ei henw hi.'

Rhagwelodd Jeff y byddai'n colli'r ddadl.

'Be arall sydd gen ti, Jeff?'

'Dim llawer, heblaw ei bod hi'n bosib i Morris gael gafael ar gar mawr du ei frawd, y trefnwr angladdau.' Oedodd am ennyd. 'A pha dystiolaeth bynnag gafwyd neithiwr wrth gadw golwg ar ei dŷ o.'

'O, ia,' meddai Irfon Jones efo gwên ar ei wyneb yntau y tro hwn. 'Mae hynny'n fy atgoffa i. Mae'r ddau gwnstabl yrraist ti i dŷ *Ms* Thomas isio gair efo chdi.'

Chwarddodd Jeff wrth gofio am y wraig unigryw. 'Be ddigwyddodd?' gofynnodd.

'Mi oedd ei dwylo hi dros y ddau ohonyn nhw fel y frech goch a ...'

'Na, dim am hynny dwi'n sôn,' torrodd Jeff ar ei draws cyn iddo gael cyfle i barhau.

'Dim ond bod rhywbeth yn bendant yn mynd ymlaen yno. Aeth tri dyn arall i mewn i dŷ Morris rhwng hanner awr wedi saith ac wyth, a daeth y tri allan oddi yno ychydig cyn hanner nos. Dafydd Hughes oedd un ohonyn nhw. Ymhen deng munud daeth dwy eneth allan – doedden ni ddim hyd yn oed yn gwybod eu bod nhw yno. Mae'n rhaid eu bod nhw yn y tŷ cyn i'n hogiau ni gyrraedd. Mi dynnwyd lluniau o'r pump, ond does ganddon ni ddim syniad beth aeth ymlaen yno.'

'Dim byd da, myn diawl, mae hynny'n sicr i chi.'

'Gwranda, Jeff. Os cawn ni gadarnhad pendant o Lerpwl yn ystod y dydd fod Barbara McDermott wedi bod yn gweithio fel dawnswraig yn Y Parot Gwyrdd, mi ro' i ganiatâd i ti arestio Morris.'

'Ac os na ddaw cadarnhad?'

'Gawn ni weld.'

Ychydig ar ôl dau y pnawn hwnnw ffoniodd Meira Lewis i

ddweud ei bod hi wedi cael gafael ar ddogfennau'r Parot Gwyrdd, ac roedd rheini'n dangos heb os nac oni bai bod Barbara McDermott wedi bod yn gweithio yno yn achlysurol ers ychydig dros flwyddyn.

'Da iawn,' meddai Jeff, a'i llongyfarch. 'Mae hynna'n ddigon i gael gwarant, ac i arestio Morris hefyd. Sut dderbyniad gawsoch chi gan reolwyr y clwb?'

'Eithriadol o dda a deud y gwir,' atebodd Meira. Unwaith y dangosais i'r warant iddyn nhw doedd yna ddim problem. Mi ges i banad o de hyd yn oed. Y gwir ydi na all clwb fel'na weithredu heb gydweithredu â'r heddlu.'

'Campus! Wnewch chi ffacsio copïau o'r dogfennau i mi os gwelwch yn dda, fel medra i eu dangos nhw i'r ustus pan fydda i'n gwneud y cais am warant?

'Siŵr iawn: ond mae 'na fwy.'

'O?' meddai Jeff yn obeithiol.

'Mae system CCTV yno, ac mae hwnnw'n rhedeg bob nos o'r munud mae'r clwb yn agor hyd at amser cau. Dwi wedi cael gafael ar y disgiau sy'n dangos holl ddigwyddiadau'r tri mis diwetha.'

'Reit dda. Ardderchog, Meira,' atebodd Jeff. 'Dwi angen golwg arnyn nhw cyn gynted â phosib ...'

'Mi ddo' i â nhw i lawr acw os liciwch chi. Mi fedra i fod acw cyn chwech.'

'Campus, Meira. Mi wela i chi cyn chwech felly.'

Aeth Jeff yn syth at y Ditectif Brif Arolygydd Irfon Jones er mwyn rhannu'r wybodaeth, cyn gwneud cais am ganiatâd ustus i chwilota tŷ Emlyn Morris a Dafydd Hughes.

Pan gyrhaeddodd Meira â'r holl ddisgiau, penderfynwyd

edrych ar y rhai a recordiwyd ar nosweithiau Gwener yn gyntaf. Er mwyn rhannu'r gwaith a'i leihau, edrychodd Jeff a Meira ar nifer ohonynt mewn un ystafell a gofynnwyd i'r ddau blismon a fu yn nhŷ Ms Thomas edrych ar y lleill, rhag ofn y byddai'r dynion a welwyd ganddynt y noson gynt yn ymddangos ar y CCTV. Defnyddiwyd y ditectifs a ddilynodd Morris a Hughes y nos Wener flaenorol hefyd. Fel y disgwyl, nid oedd prinder gwirfoddolwyr i wylio'r delweddau o ferched noeth yn dawnsio.

Wedi oriau o wylio, a phan oedd pawb bron â cholli ei amynedd, cafwyd llwyddiant. Darganfuwyd nifer o ddisgiau oedd yn dangos Barbara McDermott yn gweithio yno, a delweddau ohoni, un noson, yn dawnsio ar lin Emlyn Morris.

'Bingo,' meddai Jeff. 'Mi oedd o'n ei hadnabod hi, neu maen nhw wedi cyfarfod, o leia.'

Cynhaliwyd cynhadledd arbennig am ddeg y noson honno er mwyn cyfarwyddo'r ditectifs a fyddai'n rhan o'r cyrch ar Morris a Hughes yn fuan trannoeth, lle dangoswyd rhai o'r delweddau CCTV ar sgrin fawr.

Cyn gorffen, fe ddangoswyd un darn arall o ffilm.

'Edrychwch yn ofalus ar y dyn yma,' meddai'r Ditectif Brif Arolygydd Jones. 'Oes un ohonoch chi yn ei adnabod o?'

Agorodd ceg a llygaid Jeff led y pen pan welodd o, a phawb arall yn yr ystafell gynadledda, y ferch brydferth yn dawnsio bron yn noeth ar ei lin. Chwarddodd pawb, yn cynnwys Irfon Jones. Trodd y ddau dditectif a yrrwyd i dŷ Ms Thomas i wynebu Jeff. Chwarddodd y ddau yn uwch fyth wrth weld wyneb Jeff yn anarferol o goch.

''Dan ni 'di'ch cael chi'n ôl, Sarj,' meddai un.

'Er mwyn i chi i gyd gael gwybod,' ychwanegodd y Ditectif Brif Arolygydd, 'Mi fydda i'n rhoi enw Jeff Evans ymlaen am ganmoliaeth gan y Prif Gwnstabl am ddewrder eithriadol yn ei swydd.'

Chwarddodd pawb eto, gan gynnwys Jeff.

'*Touché*!' meddai, gan godi ei law i gyfeiriad y ddau.

Nesaodd Irfon Jones at Jeff a Meira Lewis wrth i bawb arall ymadael.

'Ydi popeth yn barod erbyn bore fory, Jeff?'

'Ydi. Bob dim yn ei le a phawb yn ymwybodol o'i rôl.'

'Reit dda. Un peth arall. Meira, mi hoffwn i chi ymuno â'r timau yn y bore. Ewch efo tîm Jeff i dŷ Morris. Pwy a ŵyr pa fantais fydd i ni o gael swyddog o Lerpwl yn rhan o'r cyrch. Ydi hynny'n broblem i chi?'

'Dim o gwbl. Mi oeddwn i'n bwriadu mynd draw i aros gyda fy rhieni heno, felly mae gen i fag yn y car.'

'Campus,' atebodd. 'Jeff, wnei di drefnu ystafell i Cwnstabl Lewis yn y llety Gwely a Brecwast arferol, os gweli di'n dda?'

Pennod 16

Yn nhawelwch a thywyllwch chwech o'r gloch y bore tarodd Jeff yn drwm ac yn swnllyd ar ddrws ffrynt tŷ Emlyn Morris. Wrth ei ochor roedd Meira Lewis a'r Cwnstabl Rob Taylor, un o blismyn iwnifform y dref. Yn ôl y drefn, roedd dau dditectif arall yn disgwyl wrth y drws cefn.

Roedd yn union yr un peth ar droed yr ochr arall i Lan Morfa lle roedd Dafydd Hughes yn byw efo'i wraig a'i blant.

Curodd Jeff eto. Disgwyliodd. Trodd a gwelodd symudiad yn y ffenestr gyferbyn – roedd Ms Thomas yn trio'i gorau i weld beth oedd yn mynd ymlaen, ac yn ceisio'n aflwyddiannus i guddio'i hun y tu ôl i'r cyrtens. Agorodd un o ffenestri llofft tŷ Morris.

'Be 'dach chi isio yr adeg yma o'r nos?' gofynnodd y preswylydd yn gysglyd.

'Agorwch y drws,' gorchymynnodd Cwnstabl Taylor, gan gamu'n ôl fel y gallai'r dyn weld ei iwnifform.

'Dim nes deudwch chi wrtha i be 'dach chi isio!'

Ar hynny anelodd Jeff gic nerthol i'r drws, a chyda'r ail a'r drydedd gic malwyd y ffrâm yn ddarnau. Rhedodd Jeff i fyny'r grisiau gyda Meira ar ei sawdl mewn pryd i weld Emlyn Morris yn yr ystafell gefn a ddefnyddiai'n swyddfa, yn hollol noeth ac yn ceisio teipio gorchmynion ar fysellfwrdd y cyfrifiadur, a oedd yn ymddangos fel petai wedi bod ymlaen drwy'r nos. Neidiodd Jeff ato a llwyddodd i'w rwystro.

'Na chei di, wir,' meddai Jeff. 'Does yna ddim byd i gael ei chwalu oddi ar hwnna'r bore 'ma. Dos i wisgo,' gorchmynnodd, 'fel dy fod yn weddus o flaen yr heddferch 'ma. Mi esbonia i'r cwbl i ti yn y man.'

Cododd Emlyn Morris o'i gadair heb wneud ymdrech i guddio'i bidlen, a oedd yn hongian yn ddigywilydd rhwng ei gluniau. Mewn sioe o ddirmyg, sythodd o flaen Meira a gwenu'n sarhaus wrth wthio heibio iddi. Syllodd hithau'n ôl arno, heb edrych i lawr. Roedd Meira Lewis wedi profi ymddygiad llawer gwaeth na hyn yn ystod ei hamser yn Lerpwl. Dilynwyd Morris drwodd i'w ystafell wely gan Jeff, er mwyn ei arolygu tra oedd o'n gwisgo. Sylwodd ar liniadur yn yr ystafell honno hefyd, a diolchodd fod un o'r ddau a fu'n disgwyl wrth y drws cefn yn arbenigwr ar gyfrifiaduron a thechnoleg. Roedd Cwnstabl Taylor eisoes wedi agor y drws iddynt. Ar ôl iddo wisgo, gorfodwyd Morris i fynd i lawr i'r lolfa, lle dangosodd Jeff y warant iddo.

'Cariwch 'mlaen,' meddai. 'Dydw i ddim 'di gwneud dim byd anghyfreithlon. Does gen i ffwc o ddim i boeni amdano fo, coeliwch fi.'

Tŷ teras cyffredin oedd cartref Emlyn Morris efo lolfa, ystafell fwyta a chegin ar y llawr isaf. Dechreuwyd y chwilio yn y fan honno. Gwelwyd yn syth nad oedd dynes wedi bod yn byw yn y tŷ ers amser, ond ni ddarganfuwyd dim a oedd o ddiddordeb i'r heddweision. Roedd hi'n stori hollol wahanol i fyny'r grisiau. Yr oedd hi'n amlwg yn syth bod rhywbeth allan o'r cyffredin wedi bod yn digwydd yn y drydedd ystafell, yr ystafell wely sbâr. Hon oedd yr ystafell fwyaf ar y llawr cyntaf, a gwelodd Jeff fod amryw o oleuadau pwerus wedi eu gosod yno, goleuadau yr oedd modd newid eu lliw, eu tôn ac awyrgylch yr ystafell wrth bwyso botwm. Un gwely mawr oedd yr unig ddodrefnyn, â chynfas sidan wen arno. Yn y gornel roedd camera symudol soffistigedig yr olwg ar dreipod.

'Be 'di hyn?' gofynnodd Jeff, er bod yr ateb yn amlwg.

'Rwbath bach i mi a neb arall,' atebodd Morris yn goeglyd.

'Wel, 'ngwas i, mae'n ddrwg gen i dy siomi di,' atebodd Jeff. 'O hyn ymlaen, mae bob dim sydd wedi bod yn digwydd yn y tŷ yma yn fater i minnau hefyd – os wyt ti'n licio hynny neu beidio.'

Yn yr ystafell a ddefnyddiai Morris yn swyddfa roedd cyfarpar ffotograffig cymhleth wedi'i gysylltu â'r cyfrifiadur. Roedd cannoedd o ddisgiau ar y ddesg, rhai yn eu casys gwreiddiol, ac eraill a oedd yn amlwg wedi eu defnyddio ac, ym marn Jeff, yn sicr o fod yn cynnwys data. Nid oedd yn anodd dychmygu natur y budreddi arnynt.

'Diwydiant pornograffi bach yng nghanol Glan Morfa, myn diawl,' meddai Jeff.

'Dwi'n deud wrthach chi, chewch chi'm gafael ar ddim byd anghyfreithlon yma. A phan ffendiwch chi 'mod i'n deud y gwir, mi fydd fy nghyfreithiwr i'n taflu cymaint o gachu tuag atoch chi, fydd ganddoch chi ddim syniad pa ffordd i droi.'

'Sut fysa rhieni'r plant yr ydach chi'n eu dysgu yn teimlo am hyn i gyd, tybed?' atebodd Jeff. Roedd hynny'n ddigon i gau ei geg.

'Gwrandewch yn astud ar yr hyn dwi'n mynd i'w ddeud, Mr Morris,' parhaodd Jeff. 'Rydach chi'n cael eich arestio ar amheuaeth o lofruddio Barbara McDermott.' Rhoddodd y rhybudd swyddogol iddo.

Syrthiodd Emlyn Morris i mewn i un o'r cadeiriau yn gegrwth, ac am y tro cyntaf, doedd ganddo ddim i'w ddweud. Cludwyd Morris i ddalfa'r dref a'i roi mewn cell dros dro nes y byddai ei gyfreithiwr yn cyrraedd.

Ni chafwyd unrhyw dystiolaeth yn nhŷ Dafydd Hughes i brofi ei fod yn rhan o weithgareddau Morris, ac nid oedd tamaid o dystiolaeth ychwaith i'w gysylltu â marwolaeth Barbara McDermott. Aeth Hughes o'i wirfodd gyda'r heddweision i swyddfa'r heddlu – roedd hi'n amlwg yn well ganddo ateb cwestiynau yno nag ateb cwestiynau ei wraig.

Cymerodd ddwy awr i orffen chwilio tŷ Morris yn fanwl, a meddiannwyd yr holl gyfarpar ffilmio, y disgiau a'r cyfrifiaduron. Yn ystod y dydd, llwyddodd tîm Jeff i edrych ar y mwyafrif o'r disgiau a'r hyn a oedd wedi'i lawrlwytho i gyfrifiadur Morris, a daeth yn amlwg ei fod wedi bod yn gwneud a pherfformio mewn ffilmiau pornograffig er mwyn eu gwerthu ar ddisgiau neu dros y we. Adnabuwyd cast y ffilmiau– dau ddyn arall a dwy eneth leol – ond doedd dim golwg o Barbara McDermott na neb arall yn yr un o'r ffilmiau. Holwyd pob un ohonynt cyn dechrau cyfweld Morris.

'Lle 'dan ni'n sefyll erbyn hyn?' gofynnodd y Ditectif Brif Arolygydd Irfon Jones i Jeff a Meira dros gwpaned o goffi yn y cantîn yn hwyr y prynhawn hwnnw.

'Y peth mwyaf siomedig ydi nad oes hanes o Barbara McDermott ar gyfyl y lle,' atebodd Jeff.

'Na Michelle Raynor chwaith,' ychwanegodd Meira.

'Mi ydan ni, erbyn hyn, yn gwybod pwy ydi pawb sydd yn y ffilmiau, ac wedi eu holi nhw.'

'Pwy 'di'r dynion?' gofynnodd Jones.

'Morris ei hun, Dafydd Hughes a dau foi di-waith nad ydyn nhw wedi dod i'n sylw ni o'r blaen. Llipryn main ydi un efo coc fel mul, a dyn y camera ydi'r llall.'

'Be am y merched?'

'Dwy eneth leol, un yn ugain oed a'r llall yn saith ar hugain, sy'n barod i wneud rwbath am arian yn ôl pob golwg. Bosib iawn eu bod nhw ar gyffuriau.'

'A be am natur y ffilmiau eu hunain?'

'Dim nad oedden ni yn ei ddisgwyl, jest yr arferol ... nid 'mod i'n gyfarwydd â'r math yna o beth.'

'Rwbath anghyfreithlon?' gofynnodd Jones, gan anwybyddu chwithdod Jeff.

'Nag oes. Dim lluniau o blant ifanc a phetha felly. Yr unig beth y mae'n rhaid i ni ei ddarganfod ydi be mae o'n ei wneud efo'r ffilmiau wedyn – i bwy maen nhw'n cael eu dangos.'

'Meddwl am y plant mae o'n eu dysgu ydach chi?' gofynnodd Meira.

'Yn hollol,' cytunodd Jeff. 'Os mai oedolion yn unig sy'n cael gafael arnyn nhw, does dim trosedd wedi ei chyflawni.'

'Bydd yn rhaid i ni sicrhau felly nad ydi plant yr ysgol ymysg ei gwsmeriaid o, ond mae'n rhaid i ni gofio, does ganddo fo ddim rheolaeth dros yr hyn y mae plant ledled y byd yn dod ar ei draws ar y rhyngrwyd.'

'Nag unrhyw gyfrifoldeb chwaith,' ychwanegodd Jeff. Dydi'r byd 'ma wedi mynd yn lle rhyfadd d'wch? Ac mi ydan ni'n gwybod o brofiad na wneith y CPS erlyn y dyddiau yma os nad oes 'na blant yn cael eu hambygio ar ffilm.'

'Mm,' myfyriodd y Ditectif Prif Arolygydd Jones. 'Does ganddon ni ddim tystiolaeth, felly, fod Barbara McDermott wedi bod ar gyfyl tŷ Morris, nac wedi perfformio yn un o'i ffilmiau budur o.'

'Rhaid i ni ystyried un peth pwysig arall,' cynigodd

Meira. 'Y marciau ar gorff Barbara, a sut y lladdwyd hi. Os dwi'n dehongli'r sefyllfa'n gywir, mae'r dystiolaeth yn dangos ei bod hi wedi cael ei hatal yn gorfforol, a hynny fwy nag unwaith. Efallai fod hynny, a'r ffordd y lladdwyd hi – ei mygu drwy stwffio rwbath i'w cheg dwi'n feddwl – yn rhan o ryw arfer rhywiol tebyg i S&M.'

'Cywir,' cytunodd y Ditectif Brif Arolygydd.

'Wel, welais i ddim byd tebyg i hynny yn yr un o'r ffilmiau 'ma heddiw,' ychwanegodd Meira. 'Na dim i awgrymu'r math hwnnw o ymddygiad yn nhŷ Morris y bore 'ma chwaith. Dim cyfarpar i rwymo neb, dim lledr, rwber, masgiau, chwipiau na dim byd felly. Mae gen i ddigon o brofiad i wybod na fedr unrhyw un sydd â chwant am y math yna o ymddygiad stopio. Unwaith maen nhw'n dechrau, wel dyna fo, does dim byd arall yn eu bodloni.'

'A 'dach chi'n gwybod hyn o brofiad, ydach chi, Mrs Lewis?' meddai Jeff efo gwên lydan, bryfoclyd.

'Dim ond pan fydd dyletswydd yn galw, coeliwch fi, yr un fath â phan oedd dyletswydd yn eich gorfodi chi i fynd i'r Parot Gwyrdd,' atebodd hithau yr un mor ddireidus.

'A'ch dyletswydd chithau yn y goedwig 'na yn Lerpwl efo fi y noson o'r blaen.'

'*Touché*!' meddai Meira.

Erbyn hyn roedd Irfon Jones yn edrych arnynt, o un i'r llall, yn syfrdan wrth wrando ar y fflyrtio ysgafn rhyngddynt, a gwyddai'r ddau fod yn rhaid esbonio'r digwyddiad iddo.

'Yn ôl at Barbara,' parhaodd Jeff yn fwy difrifol. 'Rydan ni'n gwybod ei bod hi wedi cyfarfod â Morris yn y clwb, ac mi ddarganfuwyd ei chorff ar gyrion y dref lle mae o'n byw. Mae'n rhaid bod hynny'n fwy na chyd-ddigwyddiad.'

'Dos i'w holi'n ffurfiol, Jeff. Dyna'r unig ffordd y cawn ni wybod,' gorchymynnodd Jones.

'Ga' i aros i glywed y canlyniad?' gofynnodd Meira.

'Mi gewch wneud yn well na hynny. Ymunwch â Jeff yn y cyfweliad. Ella y bydd o angen help llaw i holi Morris am ei ymweliadau â Lerpwl.'

Seiniodd y peiriant recordio'r arwydd i ddynodi dechrau'r cyfweliad a chyflwynodd pawb yn yr ystafell holi eu hunain er mwyn i'r enwau gael eu cofnodi ar y tâp. Cododd cyfreithiwr Morris ei aeliau pan sylweddolodd fod swyddog o Heddlu Glannau Merswy yn bresennol ac ysgrifennodd rywbeth yn y nodlyfr o'i flaen.

Darganfuwyd yn fuan bod Emlyn Morris yn ddigon parod i gyfaddef iddo ddechrau ffilmio'r holl bornograffi ar ôl gweld hysbyseb ar y rhyngrwyd, a'i fod yn meddwl gwerthu'r deunydd i gwmni yn Llundain a oedd yn arbenigo yn y diwydiant. Fel y disgwyliwyd, gwadodd yn bendant fod ganddo unrhyw fwriad i ddangos y deunydd i blant neu unrhyw un arall bregus. Gofynnwyd iddo am natur ei berthynas rywiol â'i wraig, ac fe wylltiodd yn gacwn cyn cael cyngor gan ei gyfreithiwr i ddweud dim ynglŷn â'r pwnc hwnnw oherwydd bod achos yr ysgariad yn parhau.

'Ydach chi wedi cyfarfod â Barbara McDermott erioed?' parhaodd Jeff i'w holi, gan ddangos llun o'r ferch iddo.

'Naddo, erioed.'

'Dim yn y fan hyn, na Lerpwl?'

'Dach chi'm yn 'y nghlywed i? Naddo,' atebodd eilwaith.

'Dim ar un o'ch teithiau chi i Lerpwl?'

Nid atebodd Morris, ond dechreuodd gynrhoni pan

sylweddolodd pam roedd yr heddferch o'r ddinas honno yn eistedd wrth y bwrdd.

'Y teithiau ar nosweithiau Gwener?'

Ni ddywedodd air.

'Faint daloch chi am gael rhyw efo'r butain yna yn Paddington Park, Lerpwl, am ddeng munud wedi deg, wythnos yn ôl i neithiwr?'

Dim ond sŵn y recordydd tâp oedd i'w glywed yn ddistaw yn y cefndir.

'Fe gerddoch chi i lawr Crown Street cyn ei phigo hi i fyny yn Vernon Street, ac yna aeth y ddau ohonoch chi i ganol y coed yn Paddington Park. Oes raid i mi ddisgrifio be ddigwyddodd yn y fan honno?' Mentrodd Jeff roi'r argraff ei fod yn gwybod y cwbl.

Trodd pob llygad tuag at Emlyn Morris. Edrychodd yntau i lawr ar y bwrdd o'i flaen.

'Ol-reit, ol-reit! Pum punt ar hugain am blô-job os oes rhaid i chi gael gwybod.'

'Mae'n siŵr eich bod chi'n ymwybodol fod yr hyn wnaethoch chi'r noson honno yn anghyfreithlon, yn drosedd? Ond ta waeth am hynny rŵan. I ble aethoch chi wedyn?'

'I ganol y ddinas.'

'Rhywle neilltuol?'

'Clwb o'r enw Y Parot Gwyrdd.'

'Sut fath o glwb ydi hwnnw?'

'Ylwch,' anniddigodd Morris, ''dach chi wedi malu cachu digon efo fi am rŵan. Mae'n amlwg fy mod i 'di cael fy nilyn y noson honno. Mi ydach chi a phawb arall yn gwybod mai clwb lap-dansio ydi o – ond be sy' o'i le efo hynny?'

'Nid hwnnw oedd y tro cyntaf i chi fynd yno, nage?'

'Be 'sgin hynny i wneud efo chi?'

'Mi ddeuda i wrthach chi. Yn y fan honno ddaru chi gyfarfod â Barbara McDermott, yr eneth a lofruddiwyd a'i gadael ar y ffordd ddim yn bell o'r dref 'ma.'

'Dim blydi peryg,' mynnodd Morris.

Agorodd Jeff liniadur a'i roi ar y bwrdd o'u blaenau, a chyn hir roedd y pedwar yn edrych ar luniau CCTV o Emlyn Morris yn eistedd mewn cadair yn Y Parot Gwyrdd a merch ifanc hollol noeth yn dawnsio'n rhywiol ar ei lin.

'Barbara McDermott ydi hi,' meddai Jeff.

'Oeddech chi'n gwybod hynny?' ymyrrodd y cyfreithiwr.

Sylweddolodd Emlyn Morris nad oedd ei sefyllfa mor ddiogel ag yr oedd wedi'i obeithio.

'Tasa Duw yn fy lladd i'r munud 'ma, doedd gen i ddim syniad pwy oedd hi. Fedra i ddim hyd yn oed gofio'r noson a deud y gwir, dwi 'di bod yno gymaint o weithiau.' Am y tro cyntaf yn ystod y dydd clywodd Jeff ddidwylledd yn ei lais. Edrychodd Jeff a Meira ar ei gilydd, cystal â dweud nad oeddynt yn gwybod a ddylent ei gredu.

'Heddlu Glannau Merswy fydd yn penderfynu a fyddwch chi'n cael eich erlyn am grwydro'r strydoedd er mwyn chwilio am buteiniaid y noson honno,' ychwanegodd Meira. 'Mi fyddwch yn clywed ganddyn nhw'n fuan.'

Terfynwyd y cyfweliad.

Pennod 17

Penderfynwyd rhyddhau Emlyn Morris er mwyn gwneud mwy o ymholiadau ac edrych yn fwy manwl trwy'r holl ddeunydd a gymerwyd o'i dŷ.

'Be 'dan ni'n mynd i'w wneud ynglŷn â'i swydd o?' gofynnodd Jeff. ''Di o'm yn ffit i fod ar gyfyl plant.'

'Dwi'm yn siŵr oes ganddon ni hawl i'w farnu o am faterion moesol,' atebodd y Ditectif Brif Arolygydd Irfon Jones. 'Ond mi fydd y Cyngor Sir, ei gyflogwr, yn derbyn adroddiad gan Heddlu Glannau Merswy os ydyn nhw'n bwriadu ei gyhuddo o grwydro'r strydoedd i godi puteiniaid.'

'Efallai y cymerith hynny dipyn o amser,' awgrymodd Meira. 'Ac mi fydd yn ei ôl ynghanol plant yr ysgol fore Llun.'

''Swn i'm yn poeni gormod,' awgrymodd Jeff. 'Mi fydd Ms Thomas sy'n byw gyferbyn â fo yn siŵr o fod wedi deud wrth bawb erbyn hynny bod yr heddlu 'di bod yn brysur, ac os cawn ni alwad gan brifathro'r ysgol fore Llun, mi fydd yn rhaid deud wrtho, yn bydd?'

'Wel, rydach chi'ch dau wedi gwneud gwaith da heddiw, ac mae o 'di bod yn ddiwrnod hir. Mae hi'n ddydd Sul fory. Mwynhewch eich diwrnod o seibiant,' meddai Irfon Jones. 'Oes ganddoch chi gynlluniau, Meira?'

'Wel, mi oeddwn i am fynd adra i weld fy nheulu, ond dwi newydd gael tecst gan Mam i ddeud eu bod nhw wedi cael pobol ddiarth annisgwyl a bod fy ystafell i'n cael ei defnyddio. Yn ôl i Lerpwl felly, mae gen i ofn.'

'A tithau, Jeff?'

'Dwi am wneud rwbath nad ydw i wedi cael cyfle i'w wneud ers amser maith – cerdded llwybr yr arfordir a theimlo'r gwynt yn fy ngwallt.'

'Wel, mae gen ti ddigon ohono fo – a deud y gwir, mae hi'n hen bryd i ti gael ei dorri fo!'

Chwarddodd y tri.

Draw ym maes parcio gorsaf yr heddlu cafodd Meira help gan Jeff i gario'i bagiau tuag at ei char. Llwythodd y cyfan i'r bŵt cyn troi ac ysgwyd ei llaw.

'Diolch, Meira,' meddai. 'Dach chi wedi bod yn gymorth mawr i mi heddiw.'

'Dwi wedi mwynhau, diolch, Jeff. Bod yn gymorth i chi, a chael eich cwmni chi hefyd.'

Trodd Jeff i gau drws y bŵt ac ymysg ei bagiau gwelodd bâr o esgidiau cerdded.

'Dwi'n gweld eich bod chithau'n hoff o gerdded hefyd.'

'Ydw,' atebodd. 'Pan ga' i gyfle. Mi oeddwn innau'n meddwl dringo un o'r Moelwynion fory, ond mae'n debyg mai traeth Southport neu rywle felly fydd hi, yn anffodus.'

'Wel … mwynhewch beth bynnag, a chymerwch ofal ar y ffordd adra heno.'

Cerddodd Jeff ar draws y maes parcio at ei gar ei hun fel petai wedi cael ei ddal mewn rhyw niwl o ansicrwydd, teimlad a oedd yn hollol ddieithr iddo. Clywodd Meira yn tanio injan ei char a chychwyn am y fynedfa.

'Paid … paid â bod mor wirion,' meddai Jeff wrtho'i hun.

Gwirion, dadleuodd, gwirion? Efallai y byddai'n difaru am weddill ei oes pe byddai mor ffôl a pheidio â manteisio ar y cyfle hwn, ond eto roedd rhywbeth yn ddwfn yn ei gydwybod yn gwrthwynebu'r syniad. Anwybyddodd y teimlad hwnnw a throdd gan gamu i lwybr car Meira, a'i gorfodi i stopio. Agorodd hithau'r ffenest.

'Dwi'm yn gwybod sut i ddeud hyn,' meddai, yn ansicr o hyd. 'Pam na ddewch chi am dro efo fi ar hyd yr arfordir fory? Dau gar, wedi eu parcio bymtheng milltir oddi wrth ei gilydd, a cherdded o un i'r llall, os nad ydi hynny'n rhy bell i chi.'

'Na,' atebodd Meira, a gwelodd y siom amlwg ar wyneb Jeff yn syth. 'Dydi pymtheng milltir ddim yn rhy bell,' ychwanegodd gan wenu. 'Mi oeddwn i'n meddwl na fasach chi byth yn gofyn i mi. Ond does gen i nunlle i aros heno.'

'Mae gen i ystafell sbâr acw ... os ydi hynny'n iawn efo chi.'

'Grêt. Mi ddilyna i eich car chi.'

'Mae 'na dêc-awê Tsieineaidd ar y ffordd, ac off-leisans y drws nesa iddo. Ydi hynny'n iawn?

'Bendigedig.'

'Gwin gwyn 'ta coch?'

'Gwyn, plîs. Chardonnay ella?'

Gyrrodd Jeff yn hamddenol ar hyd y saith milltir gyfarwydd tuag adref a Meira wrth ei gynffon, ond tyfodd yr euogrwydd fel y nesaodd tuag at ei gartref. Doedd ychydig dros bythefnos ddim digon, nag oedd? Ychydig mwy nag wythnos ar ôl cynhebrwng Jean. Be ddiawl oedd o'n feddwl roedd o'n ei wneud? Doedd ganddo ddim bwriad o gychwyn perthynas â Meira, ond beth petai pethau'n datblygu rhyngddynt? Dyddiau oedd yna ers i'r adran Gwasanaethau Cymdeithasol fynd â chyfarpar Jean o'r tŷ. Dechreuodd amau mai camgymeriad mawr oedd gwahodd Meira i'w gartref. Beth petai cymdogion, un o deulu Jean neu rywun o'r eglwys yn ei gweld hi? Ceisiodd roi llais i ochr arall y ddadl yn ei ben. Beth fyddai o'i le ar hynny? Doedd o'n gwneud dim byd amhriodol. Ond gwyddai yn iawn nad felly y buasai'r digwyddiad yn cael ei gofio gan drigolion y pentref bach Cymreig, clòs; roedd hynny'n sicr.

'Rhy hwyr rŵan, 'ngwas i,' myfyriodd wrth agor y drws i Meira a'i thywys i'r tŷ, ac er ei lles hi, gwnaeth ymdrech i beidio ag edrych o gwmpas y stad cyn cau'r drws.

'*Chopsticks* 'ta cyllell a fforc?' gofynnodd Jeff.

'*Chopsticks* – pam lai,' atebodd Meira gan dynnu'r lastig o'i gwallt du gloyw a gadael iddo ddisgyn dros ei hysgwyddau.

Gweithiodd y ddau efo'i gilydd i roi'r bwyd ar blatiau, tywalltwyd y gwin a rhoddodd Jeff *Song Book*, albwm cyntaf Eric Bogle, i chwarae yn y cefndir. Yn rhyfedd, nid oedd o'n teimlo'r angen i lenwi'r distawrwydd â sgwrs, er bod ambell giledrychiad rhwng y ddau bob hyn a hyn. Yn rhyfeddach byth, pan orffennodd y ddau eu bwyd, siarad siop ddaeth yn naturiol iddynt.

'Wyt ti'n meddwl bod digwyddiadau heddiw wedi dod â ni'n nes at lofrudd Barbara?'

Sylwodd Jeff fod Meira wedi ei alw'n 'ti' am y tro cyntaf, ac roedd yn teimlo mor naturiol. Penderfynodd ddilyn ei hesiampl.

'Dwi'm yn siŵr, 'sti. Ma' raid i mi ddeud bod gas gen i'r diawl Morris 'na, ond ar y llaw arall dwi'n meddwl 'mod i'n ei goelio fo.'

'Mai cyd-ddigwyddiad oedd bod Barbara wedi dawnsio iddo yn y clwb, ti'n feddwl, ac mai hwnnw oedd yr unig dro iddyn nhw gyfarfod?'

'Ia, ac os felly mae'r ymchwiliad yn hollol agored eto. Ac

mae 'na rwbath yn dal i ddeud wrtha i mai yn Lerpwl y cawn ni'r atebion 'dan ni'n chwilio amdanyn nhw, ond eto ...' Oedodd am ennyd cyn parhau. 'Fedra i ddim peidio amau bod cysylltiad rhwng ein hathro budur ni a'r cwbl. Rŵan ta,' meddai, gan godi ar ei draed, 'aros di yn fan'na ac mi a' i i fyny'r grisiau i wneud y gwely yn y llofft gefn.' Tywalltodd mwy o'r gwin i mewn i'w gwydr.

Yn ddoeth, ni chynigiodd Meira ei helpu.

Pan ddychwelodd Jeff i'r ystafell fyw, gwelodd fod Meira'n pori trwy albwm lluniau, ac yn edrych ar ffotograffau o Jean.

'Mae'n ddrwg gen i,' ymddiheurodd.

'Mae'n iawn.' Eisteddodd wrth ei hochr.

'Geneth ddel.'

'Oedd wir, mi oedd hi,' cytunodd Jeff. 'Gwranda plîs, Meira, dwi ddim isio gwneud môr a mynydd o hyn, ond ti'n dallt nad ydw i'n teimlo fel fi fy hun eto. Does yna ddim ond ychydig dros bythefnos ...'

Ysgydwodd Meira ei phen yn araf. 'Paid, Jeff, â deud dim mwy,' meddai. 'Does dim rhaid i ti. Mae hi'n berffaith iawn i ni fod yn ffrindiau, yn tydi?'

Gwenodd yntau'n ôl arni. 'Reit,' meddai mewn llais mwy awdurdodol. 'Dyma'r cynllun ar gyfer fory. Mae'n rhaid i mi fynd allan ychydig cyn wyth am ryw awran fach, ond mi fydda i yn f'ôl cyn naw. Mi gawn ni frecwast go dda wedyn, cyn cychwyn allan i gerdded. Erbyn i ni orffen y daith, mi fyddwn yn barod am ginio Sul hwyr yn Y Winwydden. Wyt ti'n adnabod arfordir yr ardal yma?'

'Nac ydw, cofia.'

'Wel mae gen ti wledd o dy flaen felly – mae yma bob math o adar môr a golygfeydd bendigedig.'

Pan ddychwelodd Jeff i'r tŷ ychydig cyn naw fore trannoeth, gwelodd fod Meira'n brysur yn y gegin a bod brecwast bron yn barod.

'Ges i hyd i bob dim reit handi. Lle fuest ti, os ga' i ofyn?'

'Mi es i i'r eglwys ... roedd yno offeren am wyth y bore 'ma.'

'Catholig wyt ti felly?'

'Nac ydw, wir. Jean oedd, ond mi wnes i addewid i mi fy hun yr wythnos dwytha y baswn i'n mynd yno o dro i dro. Dwi'n teimlo'n nes ati yn y fan honno, rywsut. Ydi hynny'n swnio'n od?'

'Dim o gwbl.'

Ganol y bore cododd y cymylau gan ddadorchuddio haul braf yr hydref, er bod y gwynt o'r gogledd-orllewin yn fain ac yn ddigon cryf i orchuddio'r tonnau ag ewyn gwyn cyn iddynt daro'n nerthol yn erbyn y creigiau islaw. Welodd Jeff a Meira yr un enaid byw arall yn cerdded y clogwyni, ac o fewn yr awr gyntaf gwelsant filidowcar, sawl gwahanol fath o wylanod môr, piod y môr, brain Cernyw a hwyaid brith, heb sôn am nifer o gigfrain a fynnodd roi arddangosfa hedfan arbennig i'r ddau. Ymhell allan yn y môr yr oedd nifer o longau, rhai ar eu taith tua Bae Lerpwl ac eraill, efallai, i ryw borthladdoedd pellennig, pwy a ŵyr. Yn nes at y lan gwelsant un neu ddau o gychod llai y pysgotwyr lleol yn brwydro'r tonnau i godi a gollwng eu potiau a chrafu bywoliaeth trwy ddal cimychiaid, crancod a physgod o dan ewyn y don. Synnodd Meira at wybodaeth Jeff am fyd natur, enwau'r ffermydd o'u cwmpas a'u trigolion. Cafodd ei diddori â hanesion cymeriadau a chymdeithas leol, rhai ohonynt yn wir gydag ychydig o baent i liwio'r gweddill, fe dybiai.

Daethant at gamfa uchel, lithrig, ac aeth Jeff drosti yn gyntaf cyn cynnig ei law i Meira o'r ochr arall. Cymerodd hi ei law a disgynnodd i lawr ato yn wyliadwrus. Ni sylweddolodd y naill na'r llall fod eu dwylo yn dal i fod ynghyd ymhen can llath, yn hollol naturiol. Dau berson wedi eu lluchio at ei gilydd o achos llofruddiaeth; dau berson ar goll yn eu bydoedd bach eu hunain. Trodd Jeff at Meira a'i thynnu ato. Gwelodd ddagrau yn ei llygaid – dagrau'r gwynt, mae'n rhaid, meddyliodd – wrth iddi edrych i fyny arno.

Yr eiliad honno, clywodd y ddau ergyd uchel, fel taran, o rywle heb fod yn bell iawn. Cododd Jeff un o'i aeliau.

'Wnaeth y byd symud i chditha hefyd?'

'Cer o 'na, Jeff Evans, chwarddodd Meira gan wthio'i hun o'i afael. 'Mae gen ti feddwl mawr ohonat dy hun 'does?'

Chwarddodd Jeff hefyd wrth ailddechrau cerdded.

'O ddifri rŵan, be oedd y sŵn 'na?'gofynnodd Meira.

'Roedd o'n swnio'n debyg i ryw fath o ffrwydrad os ti'n gofyn i mi,' cynigodd Jeff. 'Mae 'na chwarel ar yr arfordir rhyw bedair, bum milltir i fwrdd, ond peth rhyfedd eu bod nhw'n gweithio ar y Sul.'

Cerddodd y ddau ymlaen cyn cymryd seibiant i yfed cwpaned o goffi yr un o fflasg Jeff ac edrych ar yr hofrennydd Sea King melyn o'r Fali a oedd erbyn hynny yn hedfan yn ôl ac ymlaen dros y môr. Ymhen ychydig funudau daeth bad achub i'r golwg ac un neu ddau o gychod pysgota a oedd wedi rhoi'r gorau i godi cewyll.

'Mae 'na rwbath wedi digwydd allan yna, mae'n amlwg,' meddai Jeff. 'Ond dim byd i'n poeni ni heddiw.'

Sicrhaodd pymtheng milltir o gerdded fod y ddau wedi claddu cinio campus Y Winwydden, ac yn rhy gynnar o lawer i'r ddau, daeth amser ffarwelio.

'Bydda'n ofalus ar y lôn 'na.'

'Siŵr o wneud,' atebodd Meira. 'Mi gysyllta i yn y bore ar ôl gweld be sydd wedi landio ar fy mhlât i.'

'Tan hynny, 'ta. Os na fydda i wedi dy ffonio di heno.'

Ffarweliodd y ddau gyda chusan ar foch y naill a'r llall.

Pan aeth Jeff i'w wely ychydig cyn chwarter i un ar ddeg y noson honno, yr oedd yn anodd ganddo gredu sut roedd ei fywyd wedi newid o fewn pythefnos. 'Be wyt *ti*'n feddwl, Jean?' gofynnodd yn dawel, ond ni ddaeth ateb.

Pennod 18

Cyrhaeddodd Jeff orsaf yr heddlu yng Nglan Morfa ychydig funudau cyn wyth fore trannoeth. Ar y ffordd i'w swyddfa, gwelodd brifathro ysgol gyfun y dref yn cael ei hebrwng i swyddfa'r Ditectif Brif Arolygydd Irfon Jones. Nid oedd yn rhaid gofyn beth oedd y tu ôl i'w ymweliad. Gwyddai eisoes fod hel clecs yn frith yn y dref, yn enwedig os oedd yna rywbeth diddorol neu sgandal i'w drafod. Tybiai Jeff y byddai Emlyn Morris wedi ei wahardd o'i waith dros dro ymhell cyn amser cinio.

Cyn cynllunio'i ddiwrnod a'r wythnos o'i flaen cymerodd ychydig funudau i ddarllen cylchlythyr y bore, er mwyn ymgyfarwyddo â digwyddiadau a throseddau'r ardal dros y penwythnos. Gwelodd fanylion byrgleriaeth mewn un neu ddwy o siopau yn y dref. Dim llawer wedi'i ddwyn, sigaréts, dipyn o arian a melysion. Plant y dref oedd yn gyfrifol, tybiodd, ond buasai'n rhaid i rywun arall edrych ar ôl hynny heddiw. Bu damwain car ddifrifol ar gyrion y dref – tri wedi eu hanafu'n ddrwg – a thipyn o ymladd wrth y clwb nos ar y sgwâr yn hwyr nos Sadwrn. Doedd yna ddim llawer arall i ddal ei sylw nes iddo droi'r dudalen a darllen am ddamwain yn ymwneud â chwch pysgota allan ar y môr tua hanner milltir o'r arfordir. Yn ôl pob golwg, roedd nifer o bobol wedi gweld y cwch yn ffrwydro ac yna'n diflannu mewn eiliadau mewn cwmwl o fwg a fflamau. Mae'n rhaid mai dyna oedd y glec a glywodd Meira ac yntau pan oeddent yn cerdded y diwrnod cynt. Nid oedd golwg o'r pysgotwr, Peter Farrell, er bod y bad achub, hofrennydd y gwasanaethau achub a chychod bach eraill wedi bod yn chwilio amdano drwy'r dydd a'r nos, ac eto yn ystod y bore cyntaf. Terfynwyd y chwilio ddwy awr ar ôl iddi wawrio gan na fyddai gobaith i neb oroesi cyhyd yn nyfroedd oer Môr Iwerddon yr adeg honno o'r flwyddyn. Tybiwyd mai potel nwy yn gollwng yn y caban oedd achos y ffrwydrad. Gan fod nwy yn drymach nag aer, darllenodd, y duedd oedd i'r nwy orffwys yng ngwaelod y cwch a chynyddu yn y fan honno nes iddo gael ei gynnau gan wreichionen, rhywbeth a fyddai'n digwydd o dro i dro yn anffodus. Gwelodd mai Cwnstabl Rob Taylor oedd yn delio â'r mater, ond nad oedd y crwner wedi ei alw gan nad oedd corff Farrell wedi dod i'r fei. Pwy a ŵyr pryd y byddai hynny'n digwydd, os o gwbl.

Edrychodd Jeff ar ei oriawr. Roedd eisoes yn chwarter wedi naw – bron yn amser am gynhadledd gyntaf yr wythnos. Aeth i lawr y grisiau i'r ystafell gyfarfod cyn cysylltu â'r Ditectif Brif Arolygydd. Gwyddai fod gan Irfon Jones ddigon ar ei blât. Sylwodd Jeff ar ei union fod nifer o dditectifs dieithr yn dod i mewn i'r ystafell. Gwyddai fod rhai ohonynt yn gweithio ar yr ymchwiliad i lofruddiaeth y corff yn y bagiau duon. Dim ond un rheswm allai fod am hynny, tybiodd, ac edrychodd ymlaen at gael clywed yr esboniad.

Dechreuodd y Ditectif Brif Arolygydd Irfon Jones grynhoi'r digwyddiadau a oedd yn ymwneud ag Emlyn Morris, gan egluro bod yr ymholiadau'n parhau. Clywyd ei fod yn cael ei wahardd dros dro, nes y byddai'r Cyngor Sir wedi cynnal a chloi eu hymchwiliad eu hunain. Yna edrychodd y DBA yn fanwl ar y gynulleidfa o'i flaen.

'Rydyn ni wedi derbyn mwy o wybodaeth ynglŷn â'r

corff arall, yr un yn y bagiau duon. Mae DNA'r person hwnnw yr un un â'r DNA ar yr hances boced a ddarganfuwyd gan Jeff Evans yn y llystyfiant yn agos i'r man lle gadawyd corff Barbara McDermott.'

Oedodd er mwyn i bawb a oedd yn bresennol ddeall pwysigrwydd yr wybodaeth, a disgynnodd distawrwydd llethol dros yr ystafell.

'Yn fwy na hynny, mae'r patholegydd a'r tîm fforensig yn gallu dweud bod y dyn yma yn defnyddio pibell *hookah* yn gyson a bod ei ysgyfaint wedi ei ddifetha'n lân o ganlyniad i hynny. Os cofiwch chi, roedd arwyddion o'r math hwnnw o ysmygu ar yr hances boced hefyd, ond mae'r profion yn awgrymu ei fod wedi bod yn defnyddio'r *hookah* dros gyfnod hir, mwy na thebyg ar hyd ei oes.'

'Ai'r awgrym ydi mai'r dyn yma laddodd Barbara McDermott?' gofynnodd un llais o'r llawr.

'Ddim o anghenrhaid,' atebodd y DBA. 'Ond fedrwn ni ddim anwybyddu'r posibilrwydd chwaith. Cofiwch nad ydi DNA y dyn yma yn cyd-fynd â phroffil yr un o'r tri gwahanol fath o semen a gafwyd yng nghorff Barbara. Erbyn hyn hefyd, rydym yn gwybod nad gwenwyn a'i lladdodd o – ond eto, does dim i awgrymu beth oedd achos ei farwolaeth ar y darnau o'r corff sydd ganddon ni. A dim ond ei ben a'i ddwylo sydd ar goll. Mae yna un peth arall,' parhaodd y DBA, 'marciau teiars y car wrth ymyl yr hances. Mae nhw'n cyd-fynd â'r marciau teiars wrth ochr y sgip.'

'Mae'n debyg mai'r un car a ddefnyddiwyd i gael gwared â'r ddau gorff felly,' mentrodd Jeff o gefn yr ystafell.

'Mae'n sicr yn edrych felly,' atebodd y DBA.

'Pwy sy'n defnyddio'r *hookahs* 'ma?' gofynnodd llais arall.

'Wel,' meddai Irfon Jones, gan ddarllen trwy'r adroddiad yn ei law, 'dwi'n deall bod mwy a mwy o bobol ifanc, yn enwedig myfyrwyr, ym Mhrydain yn eu defnyddio'r dyddiau yma, ond yn wreiddiol, mae'r arferiad yn dod o wledydd arfordirol de Môr y Canoldir, a gwledydd y Dwyrain Canol yn arbennig.'

'Ond os ydi'r dyn yma wedi bod yn defnyddio'r fath beth ar hyd ei oes, dydi hynny ddim yn awgrymu ei fod yn estron?' rhoddodd Jeff ei farn eto.

'Dwi'n dod at hynny,' mynnodd y Prif Arolygydd. 'Mi wyddon ni ei fod o bryd tywyll, ac mae ei broffil DNA yn awgrymu mai dyn o'r Dwyrain Canol oedd o.'

'Wel, mae 'na ddigon o'r rheini ym Mhrydain y dyddiau yma, ond eto, does dim llawer ohonyn nhw wedi setlo yn y rhan hon o Gymru. Cofiwch fod defnydd yr hances wedi dod o'r Dwyrain Canol hefyd. Lle 'dan ni'n dechrau?' gofynnodd Jeff. 'Mi ddywedais i o'r cychwyn 'mod i'n amau bod yr atebion yn ardal Lerpwl. Ella 'mod i'n iawn?'

'Ella wir.'

'A hefyd,' parhaodd Jeff, 'rhaid i ni gofio mai dyn pryd tywyll aeth i weld Iolo Pugh tra oedd o'n gwella yn yr ysbyty a rhoi *sodium pentothal* iddo fo.'

'Sut ddylen ni ystyried hynny felly?' gofynnodd y DBA, gan ofyn y cwestiwn i'r llawr, ond Jeff atebodd.

'Does yna ddim ond un ffordd. Mi wyddon ni erbyn hyn fod hances boced y dyn a roddwyd yn y bagiau plastig duon wedi'i cholli neu ei gadael yn agos i'r man lle dympiwyd corff Barbara McDermott o'r car mawr du i lwybr car Iolo Pugh. Does yna ddim tystiolaeth sy'n dangos ei fod o wedi cael rhyw efo Barbara cyn i'r eneth farw, nag mai fo lladdodd hi, ond mae yna bosibilrwydd ei fod o'n gyfrifol am gael gwared â'i chorff.'

'A bod rhywun, y dyn pryd tywyll, yn awyddus iawn i gael gwybod beth yn union welodd Iolo Pugh y noson honno,' meddai llais arall o'r llawr cyn i Jeff fedru parhau ymhellach. 'Digon awyddus i risgio cael ei ddal yn yr ysbyty.'

Roedd un neu ddau ymhlith y gynulleidfa am sicrhau nad oedd Jeff yn cael y llwyfan i gyd iddo'i hun, ac roedd Jeff yn ymwybodol o hynny. Teimlai rhai yn genfigennus o hyd fod Jeff wedi cael ailgychwyn ei yrfa yn y dref ar ôl dwy flynedd yn gweithio yn y pencadlys ac wedi cael rhwydd hynt, yng nghanol ymchwiliad cymhleth fel hwn, i ddilyn ei drwyn yn annibynnol.

'Ydi hi'n werth amcangyfrif taldra'r corff yn y bagiau?' gofynnodd Jeff, gan ddewis anwybyddu'r ditectif a dorrodd ar ei draws. 'Ac yna amcangyfrif taldra'r dyn ar y CCTV o'r ysbyty?'

'Syniad da, ac mi ydan ni gam o dy flaen di y tro yma, Jeff,' meddai'r DBA gan wenu. Roedd yntau'n ymwybodol o'r teimladau cyffredinol ynglŷn â rhyddid Jeff, ond ei benderfyniad o oedd defnyddio Jeff Evans i'w lawn botensial. 'Mae hynny wedi'i wneud yn barod ac mae'r ddau fwy neu lai yr un maint, o ran taldra a chorffolaeth. Mae darlun o'i wyneb wedi'i baratoi ar ein cyfer ni o'r CCTV. Dangoswch o o gwmpas y dref 'ma. Mi fydd o yn y wasg ac ar y teledu fory, ac efallai y gwnaiff rhywun ei adnabod o o ganlyniad i hynny.'

'Sut ddylen ni ystyried y cyfan felly, Syr?' gofynnodd llais arall.

'Wel, mae'n bwysig ein bod ni i gyd ar yr un trywydd,'

atebodd Irfon Jones. 'Ar hyn o bryd, dwi'n awgrymu y dylen ni ystyried fod Barbara wedi'i lladd pan oedd hi'n cymryd rhan mewn rhyw fath o weithgaredd rhywiol, a bod ei llofrudd yn ffyddiog fod ei chorff wedi'i waredu mewn ffordd a fyddai'n sicrhau y buasai'r llofruddiaeth yn cael ei chamgymryd am ddamwain. Yna, mae'r person a oedd yn gyfrifol am gael gwared â'i chorff yn cael ei lofruddio. Pam hynny tybed? Nid yn unig mae'n rhaid i ni ofyn pwy yw llofrudd neu lofruddion y ddau, ond hefyd pam mynd i'r drafferth o geisio gwneud i lofruddiaeth Barbara McDermott edrych fel damwain? Pam roedd hi mor bwysig i'r dyn yma holi Iolo Pugh yn yr ysbyty, a pham roedd yn rhaid lladd hwnnw, y sawl a waredodd y corff, wedyn? Mae'n fwy na thebyg bod y llofrudd yn un o blith y rhai a gafodd ryw efo Barbara. Efallai y cawn ni'r atebion pan ffeindiwn ni pwy ydi o. A dyna ydi ein tasg gyntaf ni.'

Pennod 19

Eisteddodd Jeff yn y cantîn amser cinio yn gafael mewn brechdan facwn fawr yn ei ddwy law, y sôs coch yn rhedeg i lawr ei fysedd a mwg anferth o de o'i flaen.

'Tynna'r gôt ddyffl fawr 'na tra ti'n bwyta, yn enw'r tad, Jeff,' meddai llais Rob Taylor tu ôl iddo.

'Meindia dy fusnas y diawl. 'Nghôt i ydi hi, a 'mriwsion i sydd drosti hi,' atebodd yn ffug-flin.

'Ti isio cwmni?'

'Stedda i lawr os leci di, ond dos i nôl napcyn i mi gynta, wnei di?'

Rhoddodd Rob ei hambwrdd cinio i lawr ar y bwrdd a daeth yn ôl ymhen ennyd efo napcyn papur glân.

'Ddysgith hynna chdi i beidio â rhoi gymaint o sôs ar dy frechdan, gwneith?' meddai.

Anwybyddodd Jeff y cyngor. 'Sut ma' hi'n mynd, Rob?' gofynnodd.

'Go lew,' atebodd. 'Trio gwneud rhywfaint o synnwyr allan o fusnas y cwch 'ma'n ffrwydro ydw i.'

'Sut felly? Ffrwydrad nwy oedd o, yn ôl dy adroddiad di ddarllenais i'r bore 'ma. Ro'n i'n meddwl fod petha mor syml â hynny, heblaw bod y corff heb droi i fyny eto. Mae o'n siŵr o ddod i'r fei, 'sti, yn rhywle, cyn bo hir.'

'Na, mae 'na rwbath o'i le efo'r achos, Jeff.'

'Sut felly?' gofynnodd Jeff, yn cnoi'r tamaid olaf ac yn sychu'i geg efo'r napcyn nad oedd bellach yn lân.

'Dwi'n amau nad ydi'i wraig o, Farrell dwi'n feddwl, yn

hollol agored efo fi. Dydi hi ddim yn ymddwyn fel y bysa rhywun yn disgwyl iddi wneud yn syth ar ôl colli'i gŵr mewn damwain erchyll.'

'Be 'ti'n feddwl?' Roedd Jeff yn adnabod Rob yn ddigon da i wybod bod ganddo wastad reswm da pan fyddai amheuaeth ynglŷn â rhyw achos yn codi.

Gorffennodd Rob gegaid o fwyd cyn ateb. 'Dwi'n teimlo ei bod hi'n cuddio rwbath. Wneith hi ddim ateb dim mwy na'r union gwestiwn dwi'n ei ofyn iddi, heb ymhelaethu, dwi'n feddwl. Mae hi'n gyndyn o ddeud dim o hanes ei gŵr.'

'Sioc, ella,' awgrymodd Jeff.

'Dwn i'm, wir.'

'Lle ma' hi'n byw?' gofynnodd Jeff.

'Yn y bwthyn bach 'na uwchben yr harbwr,' atebodd.

'Mi wn i am y lle. Tŷ bach digon twt yr olwg.'

'Twt?' anghytunodd Rob yn syth. 'O'r tu allan ella. Chydig yn flêr a thlawd ydi o tu mewn, er bod yna garped Twrcaidd drud iawn yr olwg yn y lolfa sydd ddim yn gweddu efo gweddill y dodrefn o gwbwl.'

Cododd Jeff ei aeliau'n syth. 'Mi ddo' i efo chdi i'w gweld hi os leci di. Mi fydd gen i amser tua'r pedwar 'ma.'

'Diolch, Jeff. Llna'r llanast 'na oddi ar dy gôt gynta, wnei di?'

'Dos i'r diawl.'

Chwarddodd y ddau.

Mewn bwthyn carreg lwyd oedd yn edrych dros hen harbwr bychan y dref roedd Mrs Farrell a'i gŵr wedi bod yn byw ers rhai blynyddoedd. Fel y buasai rhywun yn ddisgwyl, roedd nifer o botiau cimwch wedi'u pentyrru yn yr ardd ymysg rhaffau a bwiau o wahanol liwiau, i gyd efo'r llythyren 'F' wedi'i beintio'n eglur arnynt.

Oedodd Jeff am ennyd i droi ac edrych dros yr harbwr islaw lle roedd nifer o gychod pysgota ac un neu ddau o gychod hamdden yn gorwedd yn y dŵr bas rhwng y waliau cerrig cul, yn disgwyl i'r llanw godi. Roedd y rhan fwyaf o'r cychod pleser wedi eu hangori yn y marina newydd yn ngheg yr afon yr ochor arall i'r dref, gan sicrhau llonydd i'r pysgotwyr fynd o gwmpas eu gwaith. Syllodd ar symudiadau tua dwsin o bysgotwyr lleol yn paratoi am eu mordaith nesaf ac un neu ddau yn glanhau neu yn peintio'u cychod cyn dechrau'r gaeaf. Edrychodd ar y tonnau'n chwipio'r wal yng ngheg yr harbwr a dychmygodd yr holl longau a hwyliodd trwy'r sianel fechan dros y canrifoedd, y rheini'n llawn llechi, cerrig neu gopr.

Agorwyd drws y tŷ cyn i Rob ei guro.

'O, 'dach chi'n ôl,' meddai Mrs Farrell. 'Doeddwn i ddim yn eich disgwyl chi eto heddiw.'

Gwraig yn ei phedwar degau cynnar oedd Modlen Farrell, gwraig swil neu wyliadwrus yr olwg – ni fedrai Jeff benderfynu pa un. Gwisgai bâr o jîns brown a siwmper wlân dew, wedi'i gwau gartref, tybiodd Jeff. Roedd ei gwallt yn dechrau gwynnu ac yn flêr, a doedd ganddi ddim arlliw o golur ar ei hwyneb – ond roedd ei hedrychiad yn gwbl ddealladwy o gofio'r amgylchiadau.

Wrth gerdded i mewn, gwelodd Jeff nad oedd y tŷ'n daclus iawn nac yn arbennig o lân, fel yr oedd Rob wedi awgrymu, ac roedd yn hawdd gweld nad oedd arian mawr wedi'i wario ar y dodrefn, heblaw am y carped trwchus, drud yr olwg dan draed a oedd, yn wir, yn edrych allan o'i le. Synnodd Jeff fod Mrs Farrell ar ei phen ei hun yn y tŷ;

roedd yn rhyfedd nad oedd na theulu na ffrind yno yn gefn iddi yn ei galar.

Yn ystod y chwarter awr nesaf, sylweddolodd Jeff yn union pam yr oedd Rob Taylor yn pryderu, ac yn unol â'r ddealltwriaeth rhyngddynt o flaen llaw, cymerodd Jeff yr awenau yn ystod y cyfweliad. Gwyddai na fuasai'r holi yn hawdd i Modlen Farrell.

'Mrs Farrell,' dechreuodd Jeff yn ofalus. 'Dwi'n siŵr eich bod chi'n gwerthfawrogi bod yn rhaid i ni fod yn hollol drwyadl mewn amgylchiadau fel hyn – efo damwain mor ddychrynllyd.'

'Ydw, siŵr,' atebodd, gan sychu'i thrwyn efo hances bapur.

'Mae'n rhaid i mi ofyn cwestiynau anodd. Hoffech chi gael rhywun yma efo chi?'

'Na, dim diolch. Cariwch 'mlaen. Mi fydda i'n iawn.'

'Oes ganddoch chi deulu'n byw yn agos?'

'Na. Wel, oes.' Newidiodd ei meddwl. 'Dydyn nhw ddim yn bell i ffwrdd, ond peidiwch â mynd ar eu cyfyl nhw, plîs. Dydyn nhw ddim wedi cysylltu â mi ers i mi briodi Peter yn ôl yn naw deg pedwar.'

'O?'

'Doedd o ddim yn ddigon da iddyn nhw. Nyrs oeddwn i yn Llundain ar y pryd a dwi'n meddwl bod Mam a 'Nhad yn disgwyl i mi briodi doctor. Yn lle hynny, syrthiais mewn cariad â Peter. Roedd o allan o waith ar y pryd, ac mi oedd hynny'n ddigon iddyn nhw ei wrthwynebu'n syth.'

'Be am deulu Peter?'

'Doedd ganddo fo ddim. Collodd ei fam a'i dad pan oedd o'n blentyn. Tân, yn ôl be dwi'n ddallt.'

Oedodd Jeff am ennyd cyn gofyn y cwestiwn nesaf. Edrychodd arni'n ofalus.

'Mrs Farrell, oes yna rwbath ychwanegol yr hoffech chi 'i ddeud wrthan ni?'

Ni chafwyd ateb ganddi.

'Maddeuwch i mi am ofyn, ond a oedd y berthynas rhyngoch chi a'ch gŵr yn un glòs?' Ceisiodd swnio mor gyfeillgar â phosib.

Culhaodd llygaid Modlen Farrell wrth edrych yn uniongyrchol ar Jeff, fel petai hi'n amau ei fod o'n gwybod yr ateb yn barod. 'Mi oedd pethau rhyngon ni yn well … yn agosach … ar un adeg,' atebodd wrth sychu deigryn arall gyda'r hances bapur.

'Beth oedd y broblem – arian?' gofynnodd, yn bwmp ac yn blaen y tro hwn.

'Pam 'dach chi'n gofyn hynny?'

'Am fod hynny'n beth cyffredin y dyddiau yma.'

'Na, na, doedd yna ddim problem o'r math yna. Wel, dim yn ddiweddar, o leia. Mi gafodd Peter hyd i waith ar ôl i ni briodi, er y bu'n rhaid i ni symud o gwmpas y wlad gryn dipyn i wella'n sefyllfa.'

'Fuoch chi'n gweithio'n rhywle, Mrs Farrell? Nyrsio'n rhywle arall ar ôl gadael Llundain, ar ôl i chi briodi? Mae nyrsio'n waith da y dyddiau yma.'

Naddo,' atebodd. 'Roedd Peter yn erbyn hynny. Y tŷ oedd fy lle i, medda fo.'

'Doedd dim problem ariannol yn *ddiweddar*, meddach chi.' Cododd Jeff ei aeliau i bwysleisio'r cwestiwn.

'Wel, doedd hi ddim yn hawdd yn y dechra, wrth gwrs, ond mi wellodd pethau rywfaint pan ddaethon ni i Lan Morfa i fyw – er ein bod ni wedi gorfod byw yn gynnil pan ddechreuodd Peter y busnes pysgota. Mae rhent y tŷ 'ma'n swm eithriadol bob mis. 'Dan ni yng nghanol tai haf 'dach chi'n gweld, ond mi oedd o'n cael ei dalu ar y dot bob mis, cofiwch. Yn ddiweddar, ac yn rhyfeddol, cafodd bob dim, pob dyled, ei thalu'n gyfan gwbl, hyd yn oed o flaen amser,' oedodd am ennyd, 'er na wyddwn i o ble roedd yn arian yn dod,' ychwanegodd.

'Be 'dach chi'n feddwl, yn rhyfeddol?'

'Mi oedd gan Peter fwy o arian nag a welais i ganddo erioed o'r blaen yn ystod y flwyddyn ddwytha 'ma, yn enwedig yn ystod y misoedd dwytha. Mwy o lawer nag y byswn i'n disgwyl iddo ennill drwy bysgota cimwch.'

'O ble roeddech chi'n meddwl ei fod o'n dod, Mrs Farrell?'

'Doedd gen i ddim syniad. Roedd Peter yn cadw pob dim iddo'i hun bob amser, mae gen i ofn. Dyna oedd y broblem fwyaf rhyngddon ni.'

'Y broblem fwyaf?' Neidiodd Jeff ar y cyfle i ofyn y cwestiwn.

'Roedd o wedi oeri'n ofnadwy tuag ata i yn ddiweddar, yn gyfrinachol bob amser, a doeddwn i'n cael dim sylw ganddo fo ... dim arwydd o gariad.'

'Mae'n ddrwg gen i, ond mae'n rhaid i mi ofyn i chi egluro ...'

'Dim agosatrwydd, a dim rhyw. Mi fydden ni'n cael rhyw ddwywaith neu dair yr wythnos, a Peter fyddai'n cymryd y cam cynta bob tro, ond yn sydyn, ac am ddim rheswm y gwyddwn i amdano, mi stopiodd o ddod yn agos ata i, fel petai rwbath wedi digwydd. Cofiwch, nid dangos ei gariad tuag ata i oedd o yn y gwely cyn hynny, – roedd hynny wedi darfod ers blynyddoedd. Cael gwared â'i chwant corfforol oedd o ers talwm, a dyna'r oll.'

'Pryd ddigwyddodd hyn, y rhyw yn darfod, dwi'n feddwl?'

'Fedra i ddim cofio'n iawn ... tri neu bedwar mis yn ôl ella? Dwi wedi bod yn trio cau'r peth allan o fy meddwl. Mae gen i ofn dychmygu bod ganddo fo rywun ...' Ni allai orffen y frawddeg.

'Oes ganddoch chi blant, Mrs Farrell?'

'Nag oes. 'Swn i wedi bod wrth fy modd yn cael llond tŷ, ond roedd Peter yn bendant. Dim plant, byth. Mi gafodd o fasectomi yn syth ar ôl i ni briodi, a hynny heb ddeud wrtha i. Roeddwn i'n methu'n glir â dallt pan nad oeddwn i'n beichiogi ac mi aeth hi'n goblyn o ffrae pen ffendiais i allan.'

'O ble roeddach chi'n meddwl bod yr arian 'ma i gyd yn dod?'

'Dim syniad. Yr unig beth wyddwn i oedd bod archeb sefydlog yn dod i mewn i'n cyfrif personol ni yn y banc bob mis ar gyfer taliadau'r tŷ. Ar ben hynny roedd arian parod yn cael ei dalu i mewn hefyd, a hynny'n fwy nag a welais i erioed o'r blaen. Roedd Peter yn gwario fel dwn i'm be ar bob math o betha, ac yn mynd allan i hel cwrw bron bob nos. Fedren ni ddim fforddio'r math yna o fyw tan yn ddiweddar.'

'O ble roedd yr archeb sefydlog i'ch cyfrif chi'n dod?'

'O gyfrif busnes Peter, am wn i.'

'Oes gennych chi hawl i'r cyfrif hwnnw?'

'Nag oes wir, dim peryg. Rwbath rhyngddo fo a Dic oedd hwnnw.'

'Dic?' edrychodd Jeff tuag at Rob Taylor, oedd yn codi ei ysgwyddau cystal â dweud nad oedd ganddo yntau syniad.

'Dic Edwards, ei bartner busnes o a chyd-berchennog y cwch. Ro'n i'n meddwl eich bod chi'n gwybod hynny.'

'Na,' meddai Rob Taylor y tro hwn, 'ond bydd yn rhaid i ni gael gair efo fo.'

'Oeddan nhw'n ffrindiau, ynteu mater o fusnes yn unig oedd hi rhyngddyn nhw?' gofynnodd Rob.

'Busnes dwi'n meddwl – na, dim byd cymdeithasol. Dyn busnes ydi Dic Edwards, dyn am y geiniog sy'n gwybod dim byd am bysgota cimwch na chychod. Ia, dyn am y geiniog, a'i beint hefyd.'

Nodiodd Jeff i gyfeiriad Rob Taylor a chododd ar ei draed i adael. 'Diolch i chi am fod mor agored efo ni, Mrs Farrell. Ond mae'n rhaid i mi ofyn un peth arall: oes ganddoch chi lun o Peter, os gwelwch chi'n dda?'

'Roedd o'n casáu cael tynnu'i lun, ond mae gen i un. Yr unig un fel mae hi'n digwydd bod.'

'Ga' i ei gadw fo am ychydig ddyddiau, plîs?'

'Cewch, ond mi faswn i'n lecio'i gael o'n ôl cyn gynted ag y byddwch chi wedi gorffen efo fo.'

Ar y ffordd allan, teimlodd Jeff ansawdd moethus y carped meddal o dan ei draed. 'Mae hwn yn garped drud iawn yr olwg,' meddai. 'Mi fuaswn i'n lecio taswn i'n medru fforddio rwbath fel hyn fy hun.'

'Un ail law ydi o. Off-cyt gafodd Peter o rywle ychydig fisoedd yn ôl.'

'O ble, 'dach chi'n gwybod? I mi gael gweld oes posib i mi gael un tebyg?'

''Sgin i'm syniad.'

'Ga' i weld os oes yna label arno fo sy'n dangos ei wneuthuriad?' Gwyrodd Jeff ar ei gwrcwd cyn iddi gael cyfle i wrthod a throdd gornel y carped drosodd. Wrth lwc yr oedd label ar y gornel honno. 'Fedra i'm dallt gair o hwnna,' meddai Jeff. 'Rhyw iaith dramor ydi o.'

'Mi oeddat ti yn llygad dy le, Rob,' meddai Jeff ar ôl gadael y tŷ. 'Mae 'na rwbath yn rhyfedd yn fan'na, mae hynny'n sicr.'

'Be ddiawl oedd y busnes 'na ynglŷn â'r carped?' gofynnodd Rob gan wenu.

'Does yna ddim llawer o rai fel hwnna o gwmpas yr ardal yma i ti. Mi sylweddolais yn syth mai carped o'r un math â'r rhai maen nhw'n eu gwneud yng ngwledydd Arabia oedd o, ac mi oeddwn i'n iawn. Mi gafodd hwnna ei gynhyrchu â llaw yn Oman, yn ôl y label.'

'Felly?' gofynnodd Rob yn ddryslyd.

'Mae'n rhyfedd pa mor aml mae nwyddau o wledydd y Dwyrain Canol yn ymddangos yng Nglan Morfa y dyddiau yma,' atebodd.

'Be ti'n feddwl?' gofynnodd Rob.

'Yn gynta, hances, yn ail, pibell *hookah*, a rŵan carped.' Nid oedd Rob yn deall.

'Oes gen ti awydd dod efo fi i weld Dic Edwards?' gofynnodd Jeff.

Pennod 20

Roedd hi'n tynnu am chwech o'r gloch erbyn i Jeff a Rob gael gafael ar Dic Edwards. Fe'i gwelsant yn gadael ei hen Jaguar XJ6 llwyd y tu allan i'r Rhwydwr, y dafarn agosaf at yr harbwr, lle byddai pysgotwyr yr ardal yn ymgasglu – yn ôl ei arfer, fel y deallai Jeff. Dechreuodd y dyn byrdew, canol oed, gerdded i gyfeiriad y dafarn ond pan welodd y dynion – Rob mewn iwnifform a Jeff yn ei ddillad ei hun – yn cerdded tuag ato, trodd ar ei sawdl.

'Gawn ni air bach cyflym efo chi, Mr Edwards?' gofynnodd Rob ar ôl dal i fyny hefo fo a chyflwyno'i hun a Jeff iddo.

'Be 'di'r broblem?' atebodd.

'Does 'na ddim problem,' atebodd Jeff. 'Edrych i mewn i'r ddamwain ddoe rydan ni, ac wedi cael ar ddallt mai chi oedd cyd-berchennog cwch Peter Farrell.'

'Dewch i mewn i 'nghar i,' atebodd y gŵr. 'Mi gawn ni rywfaint o lonydd yn y fan honno.'

Eisteddodd Edwards y tu ôl i'r llyw, Jeff yn y sêt flaen a Rob yn y cefn. Cychwynnodd Edwards yr injan yn syth.

'Awn ni i ben draw'r maes parcio, rownd y gongl. Mae yna ormod o ll'gada yn fa'ma.'

Tagodd Edwards yn nerfus wrth edrych o'i gwmpas a thynnodd yn nerthol ar y llyw gan anelu'r car mawr i'r cyfeiriad hwnnw. Roedd chwys yn amlwg ar ei wyneb ac ar ei wddf blonegog a oedd yn atal botwm uchaf y crys a wisgai o dan ei hen siwt ddu, flêr, rhag cau. Synnodd y ddau blismon ar y golwg oedd yn y car. Roedd bagiau bwyd wedi'u gwasgaru o dan y seti yma a thraw a hen oglau diflas pysgod a sglodion yn eu ffroenau. Arhosodd y car cyn belled â phosib o olwg unrhyw wylwyr. Edrychodd Jeff a Rob yn amheus ar ei gilydd.

'I ddechrau,' meddai Edwards, gan achub y blaen ar eu holi, 'doeddwn i ddim yn berchen ar ran o'r cwch. Mi brynodd Peter fi allan tua phythefnos yn ôl.'

'Rydach chi'n ddyn lwcus iawn felly, Mr Edwards,' meddai Rob o gefn y car. 'Does 'na ddim byd ar ôl ohono fo erbyn hyn.'

'Na Peter chwaith, yn ôl pob golwg,' atebodd Edwards. 'Be ddigwyddodd iddo fo, d'wch?'

'Dyna pam rydan ni yma, Mr Edwards,' esboniodd Jeff. 'Mae'n bwysig iawn ein bod ni'n cael yr holl hanes o bob ffynhonnell.'

'Wrth gwrs.'

'Wnewch chi egluro i ni sut un oedd eich perthynas fusnes chi â Peter Farrell, os gwelwch yn dda?'

'Wel, mae hi'n mynd yn ôl tua dwy flynedd.' Ochneidiodd Edwards yn uchel fel petai'n fyr o wynt. 'Fo oedd yn chwilio am waith pan gwrddais â fo am y tro cyntaf yn y Rhwydwr 'ma. Mi ddywedodd fod ganddo awydd dechrau fel pysgotwr yn yr ardal 'ma, ond ei fod o'n rhy brin o arian i brynu'r math o gwch roedd o'i angen, a doedd ganddo fo ddim ernes i gynnig i'r banc fel gwarant am fenthyciad. Felly mi wnes i gynnig iddo fo – y buaswn i'n rhoi'r gweddill o'r arian roedd o ei angen iddo am ran gyfartal yn elw'r busnes. A dyna fu tan tua phythefnos neu dair wythnos yn ôl pan ddaeth Peter ata i a chynnig fy mhrynu fi allan.'

'Sut dalodd o?' gofynnodd Jeff.

'Arian parod.'

'Faint?'

''Musnes i 'di hynny.'

Gadawodd Jeff y cwestiwn am y tro. 'Dwi'n dallt bod gynnoch chi'ch dau gyfrif ar y cyd yn y banc yn ystod eich partneriaeth.' Gwyddai Jeff ei fod o'n troedio ar dir peryglus gan nad oedd ganddo'r hawl i ddisgwyl ateb i'r fath gwestiwn o dan yr amgylchiadau.

'Wel, oedd,' atebodd Edwards. 'Ond wn i ddim be sydd gan hynny i'w wneud efo chi nag achos y ddamwain. Doedd hi 'mond yn iawn i mi gael hawl i weld y cyfrifon, gan 'mod i wedi rhoi gymaint o 'mhres i mewn yn y busnes.'

'Ydi'ch enw chi'n dal i fod ar y cyfrif hwnnw?' gofynnodd Jeff.

'Ydi, fel mae hi'n digwydd bod,' atebodd Dic. 'Chawson ni mo'r cyfle i ddiwygio mandad y cyfrif.'

'Siŵr iawn, Mr Edwards – bod eich enw chi ar y cyfrif, dwi'n feddwl,' cytunodd Jeff. 'Ond ymchwilio i farwolaeth Peter rydan ni rŵan, ac fel y dywedais i gynna, mae'n rhaid i ni fod yn drwyadl. Mi hoffwn i gael eich caniatâd chi i edrych ar fanylion y cyfrif os gwelwch yn dda.'

'Dwi ddim yn meddwl y bydd hynny'n bosib, Sarjant Evans,' meddai Edwards, yn chwysu mwy fyth. Edrychai fel petai o dan bwysau erbyn hyn.

'Mi oeddwn i'n meddwl y buaswn i'n gofyn i chi gynta, Mr Edwards, cyn i mi wneud cais swyddogol trwy'r llysoedd,' eglurodd Jeff. Gwyddai'n iawn nad oedd ganddo'r hawl i wneud y fath gais heb fod ganddo dystiolaeth bod trosedd wedi ei chyflawni, ond gobeithiodd nad oedd Edwards yn ymwybodol o hynny.

Nid atebodd Edwards ond roedd digon hawdd gweld ei fod yn ystyried y cais yn fanwl.

'Efallai y bydd canlyniad archwiliad ar y cyfrifon yn ein helpu ni i benderfynu ai damwain ddigwyddodd ddoe, ynteu hunanladdiad,' ychwanegodd Jeff.

'Hunanladdiad?' gofynnodd Dic Edwards, gan droi i wynebu Jeff. 'Ma'n ddowt gen i. Doedd Peter ddim yn ddyn fasa'n gwneud hynny.'

'Oeddech chi'n ei adnabod o'n dda felly, Mr Edwards?'

'Nag oeddwn, i fod yn berffaith onest. Oeddwn, mi oeddwn i'n ei weld o bob hyn a hyn yn y dafarn, ond doedden ni erioed yn ffrindiau mawr. Anaml iawn y bydda i'n gwneud ffrindiau efo rhywun dwi'n gwneud busnes â fo. Dydi'r ddau ddim yn cymysgu, 'dach chi'n gweld.'

'Fuoch chi ar fwrdd y cwch erioed?'

'Do, ddwywaith neu dair. Y tro cyntaf oedd ar ddechrau'r bartneriaeth, er mwyn i mi gael gweld be roeddwn i'n ei brynu, ac mi fûm unwaith neu ddwy wedyn hefyd. Mi es i â chriw o'm ffrindiau allan i'r bae i bysgota mecryll arno yr haf dwytha.'

'Oedd yna gyfleusterau i wneud paned a ballu ar y cwch?

'Oedd. Stôf a dwy botel nwy. Ac os 'dach chi'n gofyn i mi, mae bod y rheini wedi ffrwydro yn esboniad llawer iawn mwy tebygol am y ddamwain na hunanladdiad. Dyna'r stori sydd ar led yn y pentre 'ma heddiw, a dyna be dwi'n ei goelio hefyd.'

'Dwi'n gobeithio'ch bod chi'n iawn, Mr Edwards,' meddai Jeff. 'Ond rŵan 'ta, beth am arwyddo'r caniatâd 'ma i mi gael golwg sydyn ar y cyfrif. Fedra i ddim gweld pa reswm fyddai ganddoch chi i wrthwynebu hynny. Nid dyn y dreth incwm ydw i, a dwi'n addo na fydd unrhyw wybodaeth yn cael ei drosglwyddo i'r fan honno. Trystiwch fi.'

'Os 'dach chi'n deud, Mr Evans,' atebodd Edwards yn amheus. 'Dangoswch i mi lle i arwyddo. Ond cofiwch,' meddai wrth graffu i lygaid Jeff, 'ei fusnes o oedd hwn, dim byd i'w wneud efo fi. Fy unig ddiddordeb i oedd hanner yr elw, a dyna'r oll.'

Tynnodd Jeff ffurflen o'i boced.

'Un peth arall,' meddai Jeff cyn gadael y Jaguar. 'Fuoch chi yn nhŷ Peter erioed?'

'Naddo,' atebodd.

'Ychydig fisoedd yn ôl, mi gafodd Peter damaid o garped drud o rywle. Dwi'n dweud tamaid, ond mi oedd o'n ddigon i lenwi llawr ei lolfa o un pen i'r llall, ac mae'n rhaid felly bod y carped gwreiddiol yn anferth. Wyddoch chi o ble cafodd o fo?'

Edrychodd Dic Edwards arno'n gegrwth a methodd atal gwên wrth ystyried cwestiwn mor annisgwyl.

'Dim syniad,' meddai wrth yrru oddi yno heibio'r dafarn. Roedd gormod o blismyn o gwmpas heno iddo fedru yfed mwy a gyrru adref.

'Wnest ti sylwi ar yr oglau diod ar ei wynt o?' gofynnodd Rob Taylor wedi iddynt adael y car.

'Do,' atebodd Jeff.

'Mi fu bron iawn i mi roi'r bag iddo fo.'

'Mi wnest ti'n iawn i beidio,' atebodd y ditectif. 'Mi wneith hwnna fag da i ti unrhyw noson o'r wythnos, ond dim heno. Efallai y bydd gwybod hynny o fantais i ni ryw dro eto.'

Pan gyrhaeddodd Jeff yn ôl i'r swyddfa am hanner awr

wedi saith, clywodd fod y Ditectif Brif Arolygydd Irfon Jones wedi bod yn chwilio amdano, ac nad oedd hwyl dda arno o gwbl. Tarodd Jeff yn ysgafn ar ddrws ei swyddfa cyn cerdded i mewn.

'Rydach chi isio 'ngweld i?' gofynnodd.

'Stedda i lawr,' gorchymynnodd ei bennaeth, heb edrych i fyny. Heb os nac oni bai, roedd ei lais a'i ymarweddiad yn cadarnhau'r hyn a glywodd.

'Mi glywais dy fod ti wedi bod yn rhoi help llaw i Rob Taylor y pnawn 'ma.'

'Wel do, ond ...' Ni chafodd gyfle i esbonio.

'Be ddiawl wyt ti'n wneud yn gwastraffu dy amser yn delio efo damwain fel'na a chanddon ni ddau gorff ar ein dwylo a llond lle o dditectifs o bob rhan o ogledd Cymru yma'n ein cynorthwyo?'

'Arhoswch am funud, plîs, DBA. Dim ond dilyn fy nhrwyn oeddwn i, yn ôl eich gorchymyn chi.'

'*Dilyn dy drwyn?* Dilyn dy drwyn, wir. Mi ydw i'n gobeithio bod gen ti esboniad da y tro yma, Jeff. Wyt ti'n ymwybodol fod rhai o dy gydweithwyr di'n casáu'r ffaith fod gen ti gymaint o ryddid mewn ymchwiliad mawr fel hwn, a phawb arall yn cael tasgau penodol i'w gwneud bob diwrnod? Ac mi ddylet ti sylweddoli mai ar fy ysgwyddau i fydd popeth yn disgyn os bydd y tîm yn colli ffydd yndda i – ac maen nhw'n dechrau clebran yn barod. Ti'n gwybod be 'di'r drefn.'

'Ydw siŵr, dwi'n sylweddoli hynny. Ac oes, mae gen i reswm,' cyfaddefodd, 'er nad ydi o yn ymddangos yn un da, mae'n rhaid i mi gyfadda – dim eto beth bynnag.'

'Dwi'n gwrando,' atebodd Irfon Jones, ei lais yn swnio fymryn yn fwy amyneddgar. 'Wel, ty'd 'laen 'ta. Be sgin ti?'

Gwyddai nad oedd Jeff wedi cael y llysenw 'Yr Afanc' am ddim rheswm – roedd ganddo enw am gnoi ar rywbeth nes y byddai'n cael yr atebion a'r wybodaeth yr oedd o'i angen.

'Clywed wnes i fod gan Peter Farrell garped yn ei dŷ, a hwnnw wedi cael ei wneud, o bosib, rywle yn y Dwyrain Canol.'

Roedd yr olwg anghrediniol ar wyneb Irfon Jones yn bradychu'r ffaith ei fod o methu â choelio esgus mor dila.

'*Be?*'

'Arhoswch am funud,' plediodd Jeff. 'I ddechrau, yr hances boced honno y dois i o hyd iddi. O'r Dwyrain Canol y daeth hi ynte? Defnyddio *hookah* – arferiad o'r Dwyrain Canol, a dyna'r ail dro i'r rhan honno o'r byd gael ei amlygu yn ein hymchwiliad ni. Mae'r ail gorff o'r Dwyrain Canol yn ôl pob golwg, a rŵan, mae gan Peter Farrell, pysgotwr lleol a laddwyd ddoe ac a oedd yn dlawd fel llygoden eglwys tan yn ddiweddar, garped drud o'r Dwyrain Canol yn ei dŷ. O Oman, i fod yn fanwl gywir. Dyna'r pedwerydd, a dwi ddim yn coelio mewn cyd-ddigwyddiadau fel yna.'

'Ond mae'n ddigon hawdd prynu carpedi sydd wedi cael eu gwneud yn y Dwyrain Canol – neu unrhyw ran o'r byd tasa hi'n dod i hynny. Maen nhw ar gael mewn sawl siop yn y wlad 'ma dwi'n siŵr. Tria Amazon i weld.'

'Ella wir,' dadleuodd Jeff, 'ond dydi'r carped yma ddim yn gweddu yn nhŷ Farrell. Darn o garped mwy ydi o, er ei fod o'n garped eithaf mawr ynddo'i hun. Mae o'n un o ansawdd hynod o dda, a dwi'n bendant ei fod wedi cael gafael arno fo yn lleol.'

'Ond pa gysylltiad sydd rhwng Farrell a'n llofruddiaethau ni?' taerodd Irfon Jones.

'Dim ... dim hyd y gwn i, dim eto,' cyfaddefodd Jeff,

'ond gadewch i mi ddilyn fy nhrwyn ychydig ymhellach, wnewch chi? Wna i ddim eich siomi chi, coeliwch fi.'

'Duw a ŵyr be ddylwn i wneud efo chdi, Jeff Evans. Lle wyt ti'n meddwl mynd nesaf?'

''Gŵr a gwraig go dlawd oedd Mr a Mrs Farrell tan yn ddiweddar. Ond mae symiau o arian anarferol o fawr wedi dod i'w meddiant yn ystod y misoedd diwetha. Dwi wedi cael caniatâd i archwilio cyfrif busnes Farrell. Efallai y gwnaiff hynny ddatgelu rhywbeth defnyddiol.'

'Reit, caria 'mlaen am rŵan, ond myn diawl, Jeff, mi fydd dy ryddid di'n dod i ben yn sydyn iawn os na fyddi di'n dod o hyd i rywbeth yn go handi, neu os wyt ti'n dilyn y trwyn 'na heb gysylltu efo fi gynta. Wyt ti'n dallt?'

'Ydw, DBA. Diolch.'

Caeodd Jeff y drws ar ei ôl â gwên ddireidus ar ei wyneb.

Pennod 21

Teithiodd Jeff y saith milltir gyfarwydd tua'i gartref, y glaw mân yn taro ffenestr wynt y car yn ysgafn wrth iddo ystyried digwyddiadau'r diwrnod. Yr un hen lôn, yr un hen arferiad. Daria hi! Hanner awr wedi naw, ac roedd hi eisoes wedi hen dywyllu. Bu'r diwrnod yn un hir a phrysur ac nid oedd Jeff wedi cael cyfle i ffonio Meira. Ar ôl cyrraedd adref, deialodd rif ei ffôn symudol.

'Lle wyt ti? Adra?'

'Newydd gyrraedd. Mi stopiais am wydraid o win efo ffrind ar y ffordd o'r gwaith,' atebodd Meira.

Oedodd Jeff, a gwrthod y demtasiwn i ofyn pwy, a pha ryw, oedd y cyfaill. Pa hawl oedd ganddo?

'Mae'n ddrwg gen i na wnes i dy ffonio di'n gynharach,' ymddiheurodd. 'Mae hi wedi bod yn wyllt arna i heddiw ma' gen i ofn.'

'Dwi'n dallt,' atebodd Meira. 'Oes 'na unrhyw ddatblygiadau?'

'Oes, un neu ddau,' cadarnhaodd Jeff. 'Ond dim ffonio i drafod gwaith wnes i.'

'O? Be wyt ti isio'i drafod felly?' gofynnodd Meira'n bryfoclyd.

'Ti'n gwybod yn iawn. Pryd gawn ni gyfarfod nesa?'

'Wel, rŵan 'ta, gad i mi weld. Mi edrycha i yn fy nyddiadur.'

'Wyddwn i ddim fod gen ti natur mor chwareus, Meira Lewis. A finna'n trio siarad yn gall.'

'Chwareus? Dwyt ti ddim yn gwybod 'i hanner hi, mêt!'
Bachodd hithau ar y cyfle i beidio siarad siop hefyd. 'Mi
ddylat tithau ddysgu ymlacio mwy ar ôl gorffen dy waith,
Jeff. Fel y gwnest ti'r noson o'r blaen ... ti'n cofio?'

'Ydw. Dwi'n cofio'n iawn. Ond yn dy gwmni *di* oeddwn
i ar pryd yntê.'

Ac felly yr aeth y sgwrs yn ei blaen am yn agos i hanner
awr. Yn chwareus, yn ddifrifol, dipyn yn ddireidus, ond yn
deimladwy bob gair.

'Efallai y medrwn ni gyfarfod dros y penwythnos, pan
na fyddwn ni ar ddyletswydd,' awgrymodd Meira cyn cloi'r
sgwrs. 'Oes gen ti awydd tipyn o awyr iach y mynyddoedd
yn dy ffroenau ... hynny ydi, os wyt ti'n ddigon ffit.'

'Mi gei di weld pa mor abl ydw i, ngeneth i!'
chwarddodd Jeff. 'Mi gei di fy arwain i o gwmpas y llechi
'na sydd ganddoch chi yn y Blaenau os leci di – os na gawn
ni esgus i ni gyfarfod yn y gwaith yn y cyfamser. Ond mi
fydda i wedi siarad efo chdi eto cyn hynny.'

'Iawn, atebodd Meira. 'O, gyda llaw, y ffrind oedd efo fi
heno – er mwyn i ti gael gwybod – un o'r genod o Blaenau
oedd hi. Mae hi'n mynychu cwrs byr yn Lerpwl 'ma drwy'r
wythnos, ac mi gawson ni awran fach i ddal i fyny efo'n
gilydd. Hwyl tan fory,' ychwanegodd, cyn diffodd y ffôn.

'Mae hon yn medru darllen fy meddwl i'n barod,'
meddai Jeff wrtho'i hun.

Edrychodd Jeff ar ei oriawr. Roedd hi newydd droi deg a'r
cnoi yn ei fol yn cadarnhau'r ffaith ei fod ar lwgu.
Edrychodd yn yr oergell. Dau gan o gwrw a thipyn o gaws,
ond doedd ganddo ddim briwsionyn o fara yn y tŷ.
Dewisodd gerdded i dafarn y pentre am bastai a pheint.

Ar ei ffordd yno pasiodd yr eglwys a gweld y Tad O'Reilley yn taflu bag o sbwriel i'r bin tu allan.

'Helo Jeff,' meddai. 'Noswaith dda.'

'Noswaith dda, Father.'

'Mi oeddwn i'n falch o'ch gweld chi yn yr eglwys fore Sul,' meddai.

'Fedra i ddim esbonio'n iawn,' cyfaddefodd y ditectif, 'ond roedd 'na rwbath yn fy nhynnu fi yno.'

'Mae yma groeso i chi bob amser. Rydach chi'n gwybod hynny. Cychwyn am dro ydach chi?' gofynnodd.

'Mynd am bastai a pheint i'r Tarw ydw i, a deud y gwir wrthach chi, Father. Dwi wedi bod wrthi drwy'r dydd a heb gael cyfle i fwyta dim ers amser cinio. Ddowch chi efo fi, 'ta ydi gofyn i offeiriad ddod i dŷ tafarn yn annerbyniol?'

'Ddim y dyddiau yma, a chofiwch mai Gwyddel ydw i.' Chwarddodd y ddau. 'Arhoswch i mi nôl fy nghot.'

Archebodd Jeff beint o gwrw chwerw a'r bastai olaf yn y gegin iddo'i hun ac, yn ôl ei ddymuniad, hanner o Guinness i'r offeiriad. Aethant trwodd i'r ystafell fach yn y cefn.

'Siŵr na chymerwch chi ddim byd i'w fwyta?

Gwrthododd y Tad O'Reilley.

'Sut mae pethau ers y cynhebrwng, Jeff?' gofynnodd.

'Dwi'n diolch, i raddau, 'mod i mor brysur a deud y gwir wrthach chi. Busnes y llofruddiaethau 'ma sy'n fy nghadw fi i fynd i fod yn berffaith onest, er bod hynny'n swnio'n beth rhyfedd i'w ddeud. Ond fel y bysa rhywun yn disgwyl, mae un neu ddau o bethau'n anodd dygymod â nhw.'

'Tydw i ddim isio pwyso arnoch chi, Jeff, ond cofiwch mai dim ond hanner canllath i lawr y lôn ydw i, ac mae croeso i chi ddod am sgwrs unrhyw bryd.'

'Dwi'n ddiolchgar iawn, Father.' Dechreuodd Jeff daclo'r bastai a'r salad. 'Maddeuwch i mi, dwi bron â llwgu,' meddai.

'Cariwch chi 'mlaen.'

'Wyddoch chi be, Father, mae gwaith plismon yn anodd iawn weithia. Mae ganddon ni bwerau grymus yn yr heddlu 'cw, ac mae'n rhaid eu defnyddio nhw'n reit ofalus. Mae 'na adegau o dro i dro pan fydd eu defnyddio yn achosi niwed difrifol i bobol gwbl ddieuog.'

Nid atebodd Y Tad O'Reilley, ond cododd ei aeliau i gadarnhau ei fod yn barod i wrando ymhellach. Dyma ddyn oedd wedi hen arfer â phobl yn bwrw'u boliau o'i flaen.

'Cymerwch ddigwyddiadau'r dyddiau dwytha 'ma. Mi arestiais i ddyn, athro lleol, ar amheuaeth o lofruddio'r eneth honno y cafwyd ei chorff ar y lôn gefn bythefnos yn ôl. Dwi'n berffaith hapus 'mod i wedi ymddwyn o fewn y gyfraith, ond fel mae pethau wedi troi allan mae'n annhebygol iawn mai fo oedd yn gyfrifol. Pan oeddan ni'n archwilio'i dŷ, mi ddaethon ni ar draws deunydd pornograffig mae o wedi'i ffilmio ei hun – nid y math sy'n anghyfreithlon ydi o, ond oherwydd hynny, mae o'n debygol o golli ei swydd. Mae tri chwarter fy nghydwybod yn deud, wel rhyngddo fo a'i betha. Mae'r hyn wnaeth o yn anfoesol, o leia, os nad ydi o'n drosedd; ond nid fy lle i na neb yn yr heddlu ydi rheoli anfoesoldeb y byd. Diwedd y gân ydi bod hwn yn debygol o golli ei swydd heb dorri 'run drosedd yn llygad y gyfraith.'

Cododd y Tad O'Reilley ei wydr i'w geg a chymerodd lymaid bychan ohono cyn ateb. 'Wel, Jeff,' dechreuodd, 'mi ydw i'n cydymdeimlo efo chi i raddau. Er eich bod chi, yn eich swydd, yn gorfod barnu a gweithredu yn erbyn pobol yn ôl y gyfraith, mae'n rhaid i rywun yn fy safle i gynghori pobol yn ôl eu hymddygiad moesol hefyd. Nid eu barnu, cofiwch, dim ond eu cynghori. Mae gan bawb yn y byd yma ryddid i ymddwyn fel y mynnant. Mi ydw i'n credu bod pawb yn atebol am ei ymddygiad ryw dro, ond mae 'na adegau pan mae barn neu gred y cyhoedd yn hollol gywir, ac y dylai rhywun orfod ateb am ei ddrygioni hyd yn oed os nad oes trosedd wedi'i chyflawni. Ydw i wedi ateb eich cwestiwn chi?'

'Do, dwi'n meddwl.'

'Ond mae mwy na hynny ar eich meddwl chi, 'does?' Roedd hi'n amlwg bod y Tad O'Reilley yn feistr ar adnabod cymeriadau pobol.

Gwthiodd Jeff ei blât oddi wrtho heb orffen ei fwyd a meddyliodd yn galed a ddylai ateb ai peidio. Ni ddywedodd O'Reilley yr un gair ymhellach. Eisteddodd y ddau yn fud am rai munudau tra oedd Jeff yn ceisio penderfynu a ddylai godi'r pwnc a oedd ar ei feddwl. Ni chofiai iddo fod mor ansicr ohono'i hun erioed o'r blaen.

'Father,' meddai o'r diwedd. 'Mae 'na rywbeth annisgwyl iawn wedi digwydd i mi yn ystod yr wythnos ... y dyddiau dwytha 'ma.'

Syllodd y Tad O'Reilley arno heb ddweud gair.

'Mi ydw i wedi cyfarfod â rhywun na fedra i ei chael allan o fy meddwl. Geneth sengl – gweddw i fod yn fanwl gywir. Fedra i ddim anwybyddu'r ffordd dwi'n meddwl amdani, dim ots faint rydw i'n trio gwneud hynny. Ond dim ond tair wythnos sydd wedi pasio, yntê? Nid yn unig rydw i'n teimlo'n euog oherwydd fy nheimladau, ond dwi'n gweld bai arnaf fy hun hefyd. Es i ddim o fy ffordd i chwilio am neb, coeliwch fi, ond yn hollol annisgwyl, mae'r sefyllfa wedi 'nharo i. Er, mi faswn i'n lecio tasach chi'n cymryd fy ngair i nad oes 'na ddim byd wedi digwydd rhyngon ni.'

Cododd Y Tad O'Reilley ei law mewn arwydd iddo dawelu. 'Gwrandwch, Jeff. Mae pawb yn gwybod eich bod chi wedi bod yn ffyddlon i Jean, a hynny tan y diwedd ac o dan amgylchiadau anodd iawn. Mi wnaethoch chi bopeth o fewn eich gallu i'w helpu hi.'

'Ond mor sydyn! Dyna pam dwi'n teimlo mor euog.'

'Ydi, mae hi'n gynnar, ond mater i *chi* ydi hynny. Yr unig beth a ddyweda i ydi hyn: byddwch yn ofalus nad ydi'ch amgylchiadau chi'n eich arwain i wneud rhywbeth annoeth. Ond pwy ydw i i ddeud wrth rywun efo'ch profiad chi be sy'n ddoeth neu beidio?' Gwenodd arno.

'Mae hi wedi aros acw dros nos yn barod,' cyfaddefodd Jeff. Sylweddolodd oblygiadau'r hyn a ddywedodd yn syth pan welodd wyneb yr offeiriad yn newid. 'Coeliwch fi, ddigwyddodd dim byd. Dim ond y ffaith fod gen i gymaint o feddwl ohoni sy'n fy mhoeni hyd yn hyn. Ac mae hynny am fod pob dim wedi digwydd mor sydyn, ac annisgwyl.'

'Yr unig beth alla i ddeud, Jeff, yn fy marn bersonol i, ydi nad oes dim o'i le efo'r ffordd yr ydach chi'n teimlo tuag ati, na'r ffordd yr ydach chi'n ymddwyn. Ond peidiwch â gofyn i offeiriad am ei farn am gyfathrach rywiol y tu allan i gwlwm priodas.'

'Dyna ni 'ta,' meddai Jeff. 'Mae'r sesiwn gyfaddef 'ma drosodd. Ac mi ydach chi wedi clywed sawl un o'r rheini ar hyd yn blynyddoedd dwi'n siŵr,' meddai gan wenu.

'Do, wir,' atebodd yr offeiriad. 'Ond dyma'r tro cynta i mi wneud hynny yn nhafarn y Tarw efo hanner peint o Guinness yn fy llaw!'

Chwarddodd y ddau.

'Un arall, Jeff?' gofynnodd.

'Na, dim diolch. Rhaid i mi 'i throi hi.'

Cerddodd y ddau am adref heb ddweud mwy nes iddynt gyrraedd yr eglwys.

'Nos da, Jeff,' ffarweliodd yr offeiriad, 'a chofiwch ddod â'r eneth yna draw i mi gael ei chyfarfod hi pan fydd hynny'n gyfleus.'

'Mi fydda i'n siŵr o wneud. Meira ydi'i henw hi.'

Myfyriodd Jeff am y sgwrs weddill y daith adref. Be ddiawl oedd o'n ei wneud? Rhywbeth a oedd yn hollol groes i'w natur. Gofyn am ganiatâd oedd o? Synnodd ei fod o wedi bod mor ddiniwed. Ond cyn cyrraedd drws y tŷ, sylweddolodd ei fod wedi bod yn ysu am gael bwrw'i fol, ac mai'r unig beth rhyfedd oedd lleoliad y sgwrs.

'Dwi adra, Jean,' galwodd yn dawel wrth agor y drws. Peth rhyfedd fyddai stopio dweud hynny hefyd.

Aeth Jeff yn syth i'w wely, ac o'r fan honno gyrrodd decst byr i ffôn symudol Meira.

'Cysga'n dawel. x.' Teimlai reidrwydd i wneud hynny.

Ni ddaeth ateb. Cysgodd yntau'n dawel hefyd.

Pennod 22

Ffoniodd Jeff y banc cyn cychwyn yno er mwyn rhybuddio'r rheolwr, Mr Selwyn Humphreys, fod ganddo awdurdod i archwilio holl ddogfennau cyfrif ar y cyd Peter Farrell a Dic Edwards. Erbyn iddo gyrraedd, ddwyawr yn ddiweddarach, roedd popeth yn barod iddo.

'Mi oedd yn ddrwg gen i glywed am eich colled, Mr Evans,' cydymdeimlodd y rheolwr gan ysgwyd llaw Jeff yn gadarn a gafael yn ei fraich yr un pryd.

'Diolch, Mr Humphreys. Mae hi wedi bod yn gyfnod reit galed.' Ond nid dod yno i gymdeithasu wnaeth Jeff, ac roedd yn ysu i ddechrau ar y gwaith o archwilio'r cyfrif cyn gynted â phosib.

'Dewch trwodd i'r ystafell gefn,' cynigiodd Humphreys, gan ei arwain o'r dderbynfa.

'Ew, dwi erioed wedi cael cymaint o sylw rheolwr banc o'r blaen,' meddai Jeff, yn hanner ffraeth, wrth ryfeddu at y croeso.

'Doeddwn i ddim yn eich disgwyl chi mor fuan. Wyddwn i ddim bod pethau'n symud mor gyflym rhwng ein sefydliadau ni,' atebodd wrth agor y drws. Gwelodd Jeff fod yno ddyn ifanc yn eistedd wrth fwrdd yn gwarchod y papurau. Gadawodd hwnnw yr ystafell yn syth.

'Fy nisgwyl i mor fuan?' meddai Jeff, wedi synnu.

'Does 'na ddim ond ychydig ddyddiau ers i mi riportio symudiadau anarferol o fewn y cyfrif yma i bencadlys y banc yn Llundain, fel mae'n rhaid i ni wneud, fel y gwyddoch chi, i gydymffurfio â'r deddfau glanhau arian.'

Synnodd Jeff yn fwy byth.

'Fel mae hi'n digwydd bod,' meddai, 'awdurdod Dic Edwards sydd gen i, nid awdurdod y llys, ac mae hynny'n dilyn y ddamwain a laddodd Peter Farrell ddydd Sul.'

'Ar fwrdd ei gwch, yntê? Wel dyna gyd-ddigwyddiad, Mr Evans. Dim rhyfedd bod y CID yn ymchwilio i'r fath ddamwain. Diddorol iawn.'

Roedd yr olwg ar wyneb Jeff yn datgelu'n amlwg nad oedd o'n deall y goblygiad.

'Mi ddaw popeth yn eglur i chi ymhen munud neu ddau,' meddai. 'Efallai y buasai'n haws i mi'ch arwain chi trwy hanes y cyfrif,' cynigiodd.

'Wrth gwrs,' cytunodd Jeff.

Gwenodd y rheolwr wrth weld fod Jeff ar binnau erbyn hyn.

'Daeth Peter Farrell i fy ngweld i bron i ddwy flynedd a hanner yn ôl bellach, i chwilio am fenthyciad o ddeng mil o bunnau i brynu cwch pysgota a manion eraill er mwyn dechrau busnes pysgota cimychiaid a chrancod. Roedd ganddo rywfaint o arian ei hun, ond dim digon i mi ystyried rhoi benthyciad iddo, i fod yn berffaith onest.'

'Faint oedd ganddo fo?' gofynnodd Jeff.

'Dewch i mi weld,' meddai Humphreys, yn rhedeg ei fysedd trwy dudalennau cyntaf datganiadau'r cyfrif, 'ychydig dros bedair mil a hanner.'

'Oedd ganddo gwch mewn golwg?'

'Nag oedd,' atebodd. 'Ond nid dyna pam y bu i mi ei wrthod o. Roedd yr holl syniad braidd yn annelwig. Doedd yna ddim llawer ers iddo ddod i'r ardal, a doedd ganddo fo ddim profiad o bysgota na morio. Mi wyddoch chi eich hun,

Mr Evans, pa mor beryglus ydi'r moroedd o gwmpas yr arfordir yma. Mae pysgotwyr ifanc yr ardal yn dechrau dysgu'u crefft gan eu tadau a'u teidiau pan fyddan nhw oddeutu deuddeg oed. Ond yn fwy na hynny, doedd ganddo ddim gwarant ar gyfer yr arian. Rhentu tŷ oedd o a'i wraig ...'

'Y bwthyn uwchben yr harbwr?' torrodd Jeff ar ei draws. 'Ond mi fuasai'r banc wedi medru dal y cwch fel ernes.'

'Digon gwir. Ond mae hyn yn mynd yn ôl ddwy flynedd a hanner rŵan, a bryd hynny roedd y banciau o dan bwysau gan y llywodraeth i fod yn fwy gofalus ynglŷn â sut roedden ni'n benthyca arian. Ond mi oedd yna reswm arall hefyd, un na welwch chi ar bapur yn y ffeil yma.'

Cododd Jeff ei aeliau fel arwydd i Humphreys ymhelaethu.

'Doeddwn i ddim yn hoff iawn ohono. Dim llawer o ffydd ynddo.'

'A dyna pryd yr aeth o at Dic Edwards ma' raid.'

'Ia, ychydig wythnosau ar ôl hynny. Mr Richard Edwards – un o entrepreneuriaid mawr yr ardal,' meddai, gan rowlio'i lygaid a gwenu'n sinigaidd ar Jeff. 'Daeth y ddau i 'ngweld i. Nid i ofyn am ddim byd neilltuol, dim ond i adael i mi wybod eu bod nhw mewn partneriaeth â'i gilydd, a bod Dic wedi rhoi'r arian ychwanegol i Peter er mwyn prynu'r cwch. Eisiau cyfrif rhyngddynt i gynnal y busnes oedden nhw – un ar wahân i gyfrif personol Mr a Mrs Farrell.'

'Sut oedd y cyfrif yn cael ei redeg?' gofynnodd Jeff, yn siomedig nad oedd yr hyn a glywsai hyd yn hyn yn fwy diddorol.

'Iawn ... iawn,' atebodd Humphreys, ei lygaid yn gwibio dros y tudalennau o'i flaen. 'Roedden nhw'n mynd i fewn ac allan o'r gorddrafft a gytunwyd, ond dim mwy nag y buaswn i'n ei ddisgwyl o dro i dro mewn unrhyw fusnes newydd. Welais i ddim ceiniog o arian Mr Edwards yn dod i mewn i'r cyfrif er mwyn prynu'r cwch, felly does gen i ddim syniad beth oedd ei ran o. Mae'r rhan fwyaf o fusnes Mr Edwards yn cael ei gynnal mewn tŷ tafarn, ac mewn arian parod, fel dwi'n deall, ond defnyddiwyd y rhan helaethaf o'r arian a oedd yng nghyfrif personol Mr a Mrs Farrell yr adeg hynny – i brynu'r cwch am wn i.'

'Ac ar ôl hynny?'

'Ar ôl hynny, Mr Evans, mi welwch chi fod arian yn dod i mewn i'r cyfrif busnes yn gyson pan mae Farrell yn gwerthu ei ddalfa, ac mae arian yn mynd allan fel y disgwyl, peth ohono i gyfrif personol Mr a Mrs Farrell a chyfran, bob hyn a hyn, i gyfrif Dic Edwards. Mae yna daliadau rheolaidd hefyd am fanion fel cewyll, a thanwydd i yrru'r cwch.'

'Ond be wnaeth i chi dynnu sylw'ch pencadlys at y cyfrif felly?' gofynnodd Jeff.

Gwenodd Humphreys wrth wneud ei hun yn fwy cyfforddus yn ei gadair ledr.

'Yn ystod y chwe mis diwethaf, dechreuodd nifer o symiau anarferol ymddangos yn y cyfrif, y math o symiau mae'r banc yn eu canfod yn awtomatig ar ôl newidiadau i'r gyfraith sy'n ymwneud â glanhau arian ac enillion o ganlyniad i droseddu. I ddechrau, taliadau bychan o fanc yn Llundain oedd yn dod i'r cyfrif ond, yn fuan, tyfodd y rheini yn symiau llawer mwy. Ar ôl pob taliad, roedd rhywfaint ohono yn mynd i gyfrif personol Farrell a rhan fechan yn cael ei dynnu allan mewn arian parod. Tyfodd balans y cyfrif yn enfawr dros gyfnod byr iawn.'

'Am faint o arian rydan ni'n sôn, i gyd efo'i gilydd?'

'Dros ddau gan mil,' atebodd Humphreys.

'Wyddoch chi o ble daeth yr arian?'

'Does dim modd i mi fedru dweud wrthoch chi, Sarjant Evans. Yr unig beth y medra i ei gadarnhau ydi bod y taliadau wedi cyrraedd y gangen hon o gangen o'r Samba Bank yn Llundain. Mi wnes i rywbeth na ddylwn i fod wedi'i wneud – hynny ydi, cysylltu â'r banc hwnnw i holi am y taliadau. Gwyddwn fy mod i'n camu dros ffin yr ymddygiad sy'n ddisgwyliedig gan reolwyr banciau wrth wneud hynny, a'r unig ymateb gefais i oedd bod yr arian wedi dod o wlad dramor.'

'Be ydach chi'n ei wybod am y Samba Bank?' gofynnodd Jeff yn awyddus.

'Mae'r banc yn gweithredu ar hyd a lled y byd, ond dim ond yr un gangen hon sydd ym Mhrydain.'

'O ble mae'n nhw'n dod yn wreiddiol?'

'Mae'r pencadlys yn Riyadh, Sawdi Arabia.'

'Diddorol iawn,' atebodd Jeff, ei feddwl yn carlamu. 'Ydyn nhw'n arbenigo mewn unrhyw farchnadoedd neilltuol?'

'Marchnadoedd Islamaidd ar draws y byd, gyda phwyslais ar egwyddorion Shariah.'

'Bydd yn rhaid i ni rewi'r cyfrif a'r arian sydd ynddo fo,' datganodd Jeff.

'Peidiwch â gwastraffu'ch amser,' atebodd rheolwr y banc. 'Does yna ddim ceiniog ar ôl ynddo.'

'Sut felly?'

'Tynnwyd y cwbl allan bythefnos yn ôl – mewn arian parod, goeliwch chi!'

'Faint?'

'Ychydig dros gant tri deg mil o bunnau.'

'Pwy wnaeth hynny?'

'Peter Farrell.'

Rhoddodd Mr Humphreys gopïau o'r manylion mewn ffolder i Jeff.

'Dwi'n gobeithio bod hyn i gyd wedi bod yn rhywfaint o help i chi, Sarjant.'

'Gobeithio wir,' meddai Jeff, a diolchodd i Humphreys am ei amser.

Roedd meddwl Jeff yn troi i bob cyfeiriad ar ei ffordd yn ôl i'r swyddfa. Doedd dim cysylltiad uniongyrchol rhwng yr wybodaeth a gafodd yn y banc a'r ddwy lofruddiaeth – ond erbyn hyn roedd dau gysylltiad pendant rhwng Peter Farrell a'r Dwyrain Canol. Eto, efallai mai Jeff ei hun oedd yn trio gwneud i ddau a dau wneud pump. Gwyddai y dylai drosglwyddo'r wybodaeth i Irfon Jones yn ôl ei addewid, ond yn y cyfamser roedd rhywbeth arall yn pwyso'n drwm ar ei feddwl. Pam y bu i ddyn a oedd, yn ôl pob golwg, mor hoff o gael rhyw efo'i wraig yn rhoi'r gorau i'w chyffwrdd heb ddim rheswm? Roedd yn rhaid bod rheswm.

Bu Jeff Evans yn ffodus o fedru cael gafael ar Dr Prydderch, meddyg yr heddlu, a'i feddyg yntau fel yr oedd hi'n digwydd bod, cyn i sesiwn y pnawn ddechrau yn y feddygfa. Daeth y ddau i adnabod ei gilydd, a pharchu ei gilydd, yn ystod blynyddoedd olaf Jean.

'Sut ma' pethau, Jeff?' gofynnodd y meddyg, heb sôn yn uniongyrchol am sefyllfa bersonol y plismon.

'Yn eitha, diolch, Doctor. Ond nid yma ar fater personol ydw i.'

'O?'

'Peter Farrell.Y ddamwain echdoe.'

'Pam wyt ti'n holi amdano fo?'

'Ma' hi'n edrych yn debyg mai damwain oedd hi, ond efallai bod mwy i'r peth na hynny.'

'Sut fedra i dy helpu di felly?'

'Mi oeddwn i'n holi ei wraig o ddoe ynglŷn â'u perthynas, ac mi ddywedodd wrtha i yn reit agored bod eu perthynas rywiol wedi dod i ben yn sydyn beth amser yn ôl. Dwi'n dallt mai un o'ch cleifion chi oedd o?' Troediodd yn ofalus er mwyn gweld beth fuasai ymateb y meddyg. Oedodd yntau cyn ateb.

'Rwyt ti'n ymwybodol na fedra i ddatgelu gwybodaeth ynglŷn â fy nghleifion, yn dwyt, Jeff?'

'Ydw, o dan amgylchiadau arferol – ond y tro yma, mae'ch claf chi wedi marw. Wel, mi wn i nad ydi'r corff wedi dod i'r fei eto, ond mater o amser fydd hynny.'

'Pam y diddordeb yn ei fywyd rhywiol?'

'Dwi'm yn gweld rheswm dros guddio'r manylion oddi wrthach chi, Doc. Mae 'na ryw fân gysylltiadau rhyngddo fo â'r ddwy lofruddiaeth ddiweddar yng Nglan Morfa.' Eglurodd y cysylltiadau â'r Dwyrain Canol.

Meddyliodd y meddyg ymhellach cyn ateb. 'Mae'r cysylltiad yn un tenau iawn, mae hynny'n wir, ond mi ydw'n barod i ddatgelu ei fod o wedi bod yn fy ngweld i yn ddiweddar yn poeni am fater rhywiol.'

Syllodd Jeff arno heb ddweud gair.

'Roedd Peter Farrell yn poeni bod ganddo ryw fath o glefyd gwenerol, neu ei fod yn cario'r feirws HIV, a dyna pam nad oedd o wedi bod yn agos at ei wraig yn ddiweddar.'

'Wedi bod yn chwarae oddi cartra, 'dach chi'n feddwl?'

'Fedra i ddim deud, ond roedd hi'n edrych felly i mi. Doedd o mo'r cyntaf i fod yn y sefyllfa honno.'

'Nag oedd, dwi'n siŵr. *Oedd* 'na rwbath yn bod arno fo?'

'Wn i ddim. Mi oedd o i fod i ddod i'r feddygfa yr wythnos yma i gael tynnu'i waed er mwyn gwneud profion.'

'Wel, mae hi'n rhy hwyr rŵan,' meddai Jeff. 'Ddaru o ymhelaethu o gwbl? Pam roedd o'n amau'r fath beth, neu gan bwy roedd o'n amau y cafodd o'i heintio?'

'Naddo. A wnes innau ddim gofyn.'

Pennod 23

'Meira, fedri di ddod draw?' gofynnodd Jeff dros y ffôn yn hwyrach yr un prynhawn. 'Mae'n rhaid i mi fynd i weld Modlen Farrell eto, ac mae'r rheswm yn un reit sensitif. Byddai presenoldeb heddferch o fantais.'

'Mi ddo' i i lawr ar f'union,' atebodd. 'Mi geith y rhan o'r ymchwiliad dwi'n gweithio arno rŵan ddisgwyl.'

'Oes rhaid i ti gael caniatâd?'

'Nag oes – dwi 'di cael fy nhrosglwyddo yn llawn amser i'ch ymchwiliad chi, ti'n cofio?'

'Iawn felly. Mi welai di tua chwech, ac mi awn ni i'w gweld hi heno. Mi esbonia i ar y ffordd yno. Gyda llaw, oes yna unrhyw newydd am Michelle Raynor?'

'Na. Dwi 'di bod yn trio'i ffonio hi'n rheolaidd. Mae ei ffôn symudol hi ymlaen drwy'r dydd a'r nos ond mae hi'n gwrthod ei ateb o,' meddai Meira. 'Mi wna i ddal i drio. Tua chwech felly.'

Ni wyddai Jeff yn ei galon a oedd ei phresenoldeb yno'n angenrheidiol, ynteu fo oedd angen ei chwmni hi. Ta waeth am hynny, penderfynodd Jeff y buasai'n well iddo ddweud wrth y Ditectif Brif Arolygydd Irfon Jones beth oedd ei gynllun, rhag creu mwy o broblemau dianghenraid.

'*Be?*' gwylltiodd Irfon Jones yn syth. 'Rwyt ti'n dod â Meira Lewis yr holl ffordd yma o Lerpwl i wneud gwaith y buasai heddferch leol yn medru'i wneud? Ac yn fwy na hynny, dydi'r rheswm am ei galw hi i lawr yma yn ddim i'w wneud â'r ymchwiliad i lofruddiaeth Barbara McDermott, a dyna'r rheswm y cafodd hi ei throsglwyddo i ni.'

'Ond, DBA ...' dechreuodd Jeff. Ni chafodd gyfle i barhau.

'Ond dim. Wn i ddim be fysa gan Brif Gwnstabl Glannau Merswy i'w ddeud. Synnwn i ddim na fysa fo'n atal y cydweithrediad â ni yn syth. Wn i ddim be sydd wedi dod dros dy ben di, ddyn.'

'Gwrandwch arna i am funud bach, os gwelwch yn dda, DBA. Mi ydw i'n sicr yn fy meddwl fy hun bod y trywydd yma yn werth ei ddilyn. Fedra i ddim addo bod y ddamwain ar y cwch yn gysylltiedig â llofruddiaeth Barbara McDermott na'r dyn yn y bagiau plastig, ond mae yna fân gysylltiadau yn codi'u pennau bob dydd. Ar ben yr hyn 'dan ni wedi'i drafod yn barod mae yna ddau beth arall wedi dod i fy sylw ddoe a heddiw. Cyswllt arall efo'r Dwyrain Canol yng nghyfrif banc Peter Farrell ydi un, ac yn ôl Mrs Modlen Farrell, mi gafodd ei gŵr fasectomi flynyddoedd yn ôl. Dwi'n siŵr eich bod chi'n cofio nad oedd had yn un o'r samplau semen a gafwyd yng nghorff Barbara, a dydi hynny ddim ond yn golygu un peth i mi. A'r rheswm y gofynnais i Meira Lewis ddod i lawr i'm helpu i ydi bod ganddi fwy o wybodaeth am yr holl fusnes 'ma na neb arall. Mae hi'n treulio oriau bob dydd yn chwilio'r gronfa ddata ar gyfrifiadur yr ymchwiliad, ac yn chwilio am gysylltiadau rhwng ardal Glan Morfa a Lerpwl.' Gobeithiodd fod ei ddadl yn swnio'n argyhoeddiadol.

'Gad i mi ddeud gynta nad wyt ti wedi llwyddo i dawelu fy meddwl i. Ddim o bell ffordd. Dos yn dy flaen â'r gwaith, ond cofia adrodd yn ôl i mi, yn fwy cyson nag erioed o hyn ymlaen. Chdi a dy ryddid, wir! Wn i ddim be ddaeth drosta i.'

Trodd Jeff i adael y swyddfa.

'O, un peth arall. Ni sy'n talu costau'r Heddferch Lewis tra mae hi'n gweithio efo ni, ac allan o gyllideb yr ymchwiliad yma mae'r arian yn dod. Gofyn iddi gyflwyno ei chostau i mi yn wythnosol os gweli di'n dda.'

Gwenodd Jeff ar ei ffordd allan. Roedd o wedi ennill y dydd unwaith eto, ond gwyddai o brofiad y buasai'r frwydr yn parhau.

Teithiodd Jeff a Meira i fwthyn Modlen uwchben yr harbwr. Y tro hwn, roedd Jeff wedi ei ffonio ymlaen llaw. Yn ystod y daith cafodd gyfle i roi adroddiad o holl ddigwyddiadau'r ddau ddiwrnod blaenorol i Meira, gan nad oedd manylion y ddamwain cwch ar yr un system gyfrifiadurol â manylion y llofruddiaethau. Dim ond Jeff oedd wedi gwneud y cysylltiad – os oedd yna, yn wir, gysylltiad. Synnodd Jeff pa mor sydyn y deallodd Meira'r cyfan, a'i bod hithau mor benderfynol ag yntau i ddilyn y trywydd.

Arhosodd y car tu allan i'r bwthyn. Trodd Jeff at Meira.

'Mae'n dda gen i dy weld di eto mor fuan.'

'Hei, hei, Sarjant. Gwaith yn gynta,' meddai gan wenu.

Edrychai Modlen Farrell ychydig yn well na'r diwrnod cynt. Er ei bod hi'n gwisgo'r un dillad, roedd ei gwallt wedi'i gribo a daeth hanner gwên i'w hwyneb wrth eu gweld ar riniog y drws.

'Dewch i mewn,' meddai.

Cyflwynodd Jeff y ddwy ferch i'w gilydd.

'Mae'n ddrwg iawn gen i am eich colled,' meddai Meira. 'Ac mae'n wir ddrwg gen i fod yn rhaid i ni ddod yma eto i'ch poeni chi.' Yn ôl eu cynllun, Meira oedd yn arwain yr holi.

'Dwi'n siŵr eich bod chi'n sylweddoli nad oes llawer o obaith cael hyd i Peter yn fyw erbyn hyn, a hefyd eich bod yn dallt fod rhaid i ni ymchwilio i bob rhan o'i fywyd tan y bydd ei gorff yn dod i'r fei?'

'Ydw,' atebodd.

'Hyd yn oed gofyn pethau nad ydyn nhw, o bosib, yn ymddangos yn gysylltiedig â'r achos.'

'Dwi'n dallt. Gofynnwch be fynnoch chi.'

'Mae'n ymdangos bod rhywbeth wedi bod yn poeni Peter yn ddiweddar. Ydi hynny'n gywir?'

'Yn sicr. Ei ymddygiad o tuag ata i 'dach chi'n ei feddwl yntê? Yr oerni.'

'Ia, a diwedd eich perthynas gorfforol,' ychwanegodd Meira.

Sychodd Modlen ei dagrau. Rhoddodd Meira ddigon o amser iddi cyn gofyn y cwestiwn nesaf.

'Be ydach chi'n feddwl oedd y rheswm am hynny? Mae'n ddrwg gen i orfod gofyn.'

'Mae'n iawn. Dwi wedi cael digon o amser i feddwl am yr ateb, coeliwch fi.'

Gadawyd i'r distawrwydd llethol barhau am funud. Rhoi'r cyfle i Modlen ymateb yn ei hamser ei hun oedd yn bwysig. Daeth yr hances o'i phoced eto.

'Mae yna dri phosibilrwydd. Y cynta ydi bod ganddo fo rywun arall.'

Parhaodd y distawrwydd.

'Neu ...'

'Neu be, Modlen?' gofynnodd Meira'n ddistaw.

'Cofiwch mai nyrs oeddwn i, atebodd. 'Fedra i ddim peidio â meddwl ei fod o wedi dal rwbath ...'

'Fel?'

'Wel, dôs o rwbath gan rywun, wrth gwrs, be arall?'

'Pam 'dach chi'n meddwl hynny, yn hytrach na jyst dynes arall?'

'Am fy mod i'n dal i gredu ei fod o'n fy ngharu i, beth bynnag sydd wedi digwydd.'

'A'r trydydd posibilrwydd?'

'Ei fod o wedi bod yn poeni gymaint am rwbath yn ystod y misoedd diwetha, nes bod ei awydd am ryw wedi diflannu.'

'Rhaid i mi ofyn hyn.' Oedodd Meira. 'Be sy'n gwneud i chi feddwl bod hynny'n wir rŵan?'

'Ar ôl i chi, Mr Evans, a'r plismon arall yna ddod yma ddoe, mi es i'r banc yng Nglan Morfa heddiw i ofyn am ddatganiad ar gyfer ein cyfrif ar y cyd.'

'Pam?' gofynnodd Jeff.

'Am fy mod i wedi bod yn y twll yn y wal i dynnu arian allan, ac mi welais fod yna swm aruthrol wedi'i roi yn y cyfrif ers i mi ei ddefnyddio ddiwetha.'

'Faint?' gofynnodd Jeff eto.

'Can mil o bunnau. Mi ddywedon nhw wrtha i yn y banc mai Peter oedd wedi'i dalu o i'r cyfrif, mewn arian parod, bythefnos neu fwy yn ôl. Yn ôl pob golwg, mi dynnodd gant tri deg o filoedd mewn arian parod o'i gyfrif busnes, cyn mynd yn ei ôl i'r banc ymhen hanner awr a rhoi can mil ohono yn ein cyfrif personol ni.'

'Peth rhyfedd i'w wneud,' awgrymodd Meira. 'Pam na fasa fo wedi trosglwyddo'r arian yn syth o un cyfrif i'r llall?'

'Wyddwn i ddim bod ganddo fo'r fath arian,' meddai Modlen. 'Mae'n edrych fel petai wedi newid ei feddwl – ei fod yn bwriadu gwneud un peth efo'r arian, ond wedi newid ei feddwl a'i roi yn rhywle lle buaswn i yn gallu cael gafael arno fo. Dyna pam yr ydw i wedi dod i'r casgliad mai poeni am rywbeth oedd Peter. Dwi'n amau'n gryf erbyn hyn ei fod yn ofni y byddai rwbath yn digwydd iddo, a'i fod yn trio sicrhau y byddwn i'n iawn tasa hynny'n digwydd. Ella mai cael ei lofruddio ddaru Peter!'

'Pwy fasa'n gwneud y fath beth?' gofynnodd Jeff.

'Wn i ddim, wir.'

'Sgwn i be ddigwyddodd i'r deng mil ar hugain arall o'r arian parod? Mae'n debyg bod pum mil ohono wedi'i roi i Dic Edwards i dalu am ei siâr o'r cwch, ond mae 'na bum mil ar hugain arall ar goll.'

'Wel tydi o ddim yn y tŷ yma, mae hynny'n sicr. Mi ydw i wedi chwilio ym mhob man, coeliwch fi,' mynnodd Modlen.

'Oes 'na rywle arall?' gofynnodd Meira.

'Mae ganddo fo hen garej i lawr ar y cei lle roedd o'n cadw rhyw fanion, ond dwi ddim yn ei weld o'n cadw'r fath arian yn fan'no.'

'Gawn ni olwg ar y lle?'

'Cewch siŵr. Mae'n debyg bod yr allwedd yn ei boced neu yn y cwch pan aeth o i lawr, ond dwi'n siŵr bod un sbâr o gwmpas y tŷ 'ma.'

'Un peth arall, Mrs Farrell, os gwelwch chi'n dda. Mi hoffwn i gael darn o eiddo personol Peter. Crib, rasel neu hen ddilledyn heb ei olchi ...'

'Ewch i ddewis beth bynnag liciwch chi. Isio sampl DNA ydach chi, rhag ofn na fydd modd ei nabod o wedi iddo fod yn y môr cyhyd? Do, Sarjant Evans, mi ydw i wedi meddwl am hynny hefyd.'

'Modlen, rhag ofn bod eich ail ddamcaniaeth yn gywir,' meddai Meira yn dyner ar y ffordd allan, 'wnewch chi ystyried cael archwiliad meddygol eich hun ... dim ond i dawelu'ch meddwl?'

'Mi fues i fis yn ôl,' atebodd. 'Ac mi ydw i'n holliach, ond diolch i chi am feddwl amdana i. Dwi'n grediniol, yn enwedig ar ôl darganfod yr arian a adawodd Peter i mi, nad damwain oedd y ffrwydrad 'na.'

Gadawodd y ddau efo rasel eillio Peter, crib gwallt ac amryw o'i ddillad isaf nad oeddynt wedi cyrraedd y peiriant golchi.

'Pam na ddaru rheolwr y banc ddeud wrthat ti am yr arian a gafodd ei dalu i mewn i gyfrif Modlen tybed?' gofynnodd Meira.

'Am mai archwilio cyfrif busnes Peter oeddwn i, a doedd gen i ddim hawl i weld manylion y cyfrif ar y cyd oedd ganddo fo a'i wraig.'

'Be am y garej i lawr ar y cei?' gofynnodd Meira.

'Mae hi'n rhy hwyr a thywyll heno. Mi arhoswn ni tan fory,' atebodd Jeff. 'Ty'd i ni gael ymlacio. Awn ni allan am bryd mewn bar bach yn rhywle, ac ar ôl hynny mi a' i â chdi i'r un tŷ gwely a brecwast ag y buest ti'n aros ynddo y noson o'r blaen. Mi fwciais i stafell i ti yno gynna.'

Edrychodd Meira arno efo rhyw olwg hen ffasiwn.

'O – cyn i mi anghofio, mae'r Ditectif Brif Arolygydd isio i ti gyflwyno dy gostau iddo fo yn bersonol ac yn wythnosol.'

Gwenodd Meira arno i gadarnhau ei bod hi'n deall. 'Lle ti'n mynd â fi am bryd 'ta? Fi sy'n talu heno, gyda llaw, gan fod fy nghostau'n cael eu talu gan dy fòs di.'

'Rhywle hynod o gostus,' meddai yntau, gan chwerthin.

Diflannodd y wên oddi ar wyneb Jeff pan gofiodd bod cwestiwn pwysig arall wedi codi'i ben yn ystod y cyfweliad cynharach. Ai damwain a laddodd Peter Farrell ynteu rhywbeth llawer mwy sinistr?

Parhau i drafod materion yn gysylltiedig â'u gwaith ddaru'r ddau wrth fwyta yn un o dafarndai Glan Morfa y noson honno, er y buasai wedi bod yn hawdd iawn troi'r sgwrs at faterion mwy personol. Roedd y ddau yn ymwybodol o hynny, ond roedd Meira wedi dod i ddeall natur Jeff yn barod, ac yn sylweddoli nad oedd yn gwbl gyfforddus i fynd i lawr y trywydd hwnnw. Yn ogystal, yng Nglan Morfa roedden nhw, nid Lerpwl, a byddai sawl un yn barod iawn i wneud môr a mynydd o weld Jeff yn closio at ferch arall mor fuan ar ôl ei brofedigaeth.

Gadawodd y ddau ei gilydd yn nrws yr adeilad. Gwrthododd Meira ei gynnig i'w danfon i'w lety Gwely a Brecwast gerllaw. Gwrthododd yntau'r demtasiwn i ffarwelio â hi mewn ffordd fwy personol nag a wnaeth. Nid heno. Rhyw dro, efallai, ond nid heno.

Pennod 24

Rhan fechan o hen adeilad ar y cei oedd y garej a ddefnyddiai Peter Farrell i gadw'i daclau pysgota. Tybiai Jeff mai odyn oedd y lle yn wreiddiol, yn y cyfnod pan oedd cerrig o'r chwareli lleol yn cael eu poethi a'u gwneud yn frics cyn cael eu cludo ar longau o'r harbwr i bellafoedd byd.

Teimlai Jeff ei gydwybod yn dechrau pigo – doedd o ddim wedi dweud wrth y Ditectif Brif Arolygydd Irfon Jones beth roedd o'n bwriadu ei wneud, na'i fod yn gwario mwy o gyllideb yr ymchwiliad drwy gadw'r heddferch o Lannau Merswy yng Nglan Morfa i roi cymorth iddo. Câi'r DBA sioc fach arall hefyd pan sylweddolai fod Jeff wedi bod yn y swyddfa yn gynnar iawn y bore hwnnw ac wedi gwario llawer mwy o arian yr ymchwiliad drwy yrru eiddo Peter Farrell i'r labordy fforensig i archwilio'i DNA. Roedd costau'r labordy yn llawer iawn mwy pan fyddai cais am archwiliad cyflym, ond nid oedd Jeff yn bwriadu disgwyl eiliad yn hwy nag oedd raid am y canlyniadau – ac wedi'r cyfan, nid arian personol Jeff nag Irfon Jones oedd o. Dywedai ei reddf ditectif wrtho y byddai'r wybodaeth o fantais i'r ymchwiliad, er na wyddai'n iawn sut eto. Ta waeth, gyda lwc, fyddai'r pennaeth ddim yn sylweddoli beth roedd o wedi'i wneud nes y byddai hi'n rhy hwyr.

Tynnodd Jeff yr allwedd a roddodd Modlen Farrell iddo'r noson cynt allan o'i boced a throdd yn ôl i gyfeiriad Meira wrth iddo ddatgloi'r clo.

'Sgwn i pa drysorau welwn ni yn fa'ma,' meddai wrthi.

Treiddodd haul y bore trwy'r tywyllwch a'r llwch pan agorwyd y drysau mawr. Daeth arogl gweddillion pysgod i'w ffroenau yn syth. Tarodd Jeff ei fys ar y switsh wrth ochr y drws ac ar ôl fflachio unwaith neu ddwy goleuwyd y garej gan diwb golau llachar. Cerddodd Jeff a Meira i mewn.

Y syndod cyntaf oedd bod dau gar yno, ac wedi galwad sydyn i'r pencadlys o radio'r car, dysgodd Jeff mai car Peter Farrell oedd un ac mai dyn o'r enw Paul Dudley, a oedd yn byw bymtheng milltir i ffwrdd, oedd perchen y llall. Ar wahân i hynny, doedd dim allan o'r cyffredin yn y garej. Mwy o botiau cimwch, bwiau a rhaffau, ac offer yn aros am gael ei drwsio yn eistedd yn segur ar fainc bren yn y pen draw.

'Am beth yn hollol rydan ni'n chwilio?' gofynnodd Meira.

'Gweddill yr arian am wn i, ond Duw a ŵyr be arall,' atebodd Jeff. 'Mi fyddan ni'n gwybod os, neu pan, ddown ni ar ei draws o, mae hynny'n siŵr. Well i ni wisgo'r rhain,' ychwanegodd, yn tynnu dau bâr o fenig plastig di-haint o'i boced, 'jest rhag ofn.'

Treuliwyd y ddwyawr nesaf yn chwilio trwy bob twll a chornel o'r adeilad yn ofalus, ond heb ddarganfod dim o ddefnydd i'r ymchwiliad. Dechreuwyd chwilio'r ceir wedyn, gan ddechrau efo'r hen Ford Fiesta glas, rhif W 367 JCC, a oedd yn perthyn i Paul Dudley. Roedd Dudley yn ddyn eithriadol o dwt yn ôl pob golwg – roedd y car yn lân y tu allan a dim blewyn o'i le oddi mewn iddo chwaith. Sylwodd Jeff a Meira fod pedwar mis o drwydded y car ar ôl, a bod tocyn ar y ffenest flaen yn rhoi mynediad i faes parcio gweithwyr gorsaf bŵer Wylfa. Heblaw am fap ac atlas ffordd o Brydain, doedd yna ddim byd arall yn y car.

'Dim byd annisgwyl, a deud y gwir,' sylwodd Jeff.

'Be oedd Dudley'n ei wneud yn fa'ma, tybed?' gofynnodd Meira.

'Cadw'i gar yma, ella?' atebodd Jeff. 'Neu tybed oedd o ar y môr efo Peter Farrell pan ffrwydrodd y cwch? Mi fydd yn rhaid i ni drio darganfod a oeddan nhw'n ffrindiau, mae hynny'n sicr. Ty'd i ni gael golwg ar gar Farrell rŵan.'

Hen Peugeot Estate gwyrdd blêr oedd y llall ac, mewn cyferbyniad i'r car taclus arall, yn llawn o daclau pysgota a'r rheini'n drewi o bysgod a hen abwyd. Yr oedd y blwch menig yn llawn o bapurau yn ymwneud â busnes Peter Farrell – nifer o anfonebau am olew a diesel, bil am syrfis blynyddol injan y cwch ac anfonebau misol Peter Farrell ei hun yn manylu ar werthiant ei ddalfa bysgod, crancod a chimychiaid i gyfanwerthwyr bwyd môr yr ardal. Yr oedd ar rai ohonynt – yn llawysgrifen frysiog Farrell, yn ôl pob golwg – nodiadau a rhifau ffôn ac ati.

'Mae'n edrych yn debyg mai'r car 'ma oedd ei swyddfa,' meddai Jeff.

'Ydi,' cytunodd Meira wrth edrych yn fanwl trwy'r papurau.

Edrychodd Jeff arni'n cerdded i gyfeiriad y drws a'r awyr agored yn dal tamaid o bapur yn un llaw a'i ffôn symudol yn y llaw arall.

'Pwy ti'n ffonio?'

'Neb,' atebodd. 'Aros am funud,' meddai, gan rwbio'i bys canol yn erbyn sgrin y ffôn fel petai'n chwilio am rywbeth.

Gwelodd Jeff anghredinedd yn croesi wyneb Meira. Safai yn y drws yn gegrwth, yn edrych ar ei ffôn, at Jeff, ac yna yn ôl at y ffôn.

'Be sy'n bod?' gofynnodd Jeff.

'Mi oeddwn i'n meddwl 'mod i'n nabod y rhif ffôn yna,' meddai.

'Pa rif ffôn?'

'Yr un sydd wedi'i sgwennu ar yr anfoneb yma yn perthyn i Peter Farrell. Rhif ffôn symudol Michelle Raynor ydi o.'

'Argian! Wyt ti'n siŵr?' Rhuthrodd Jeff ati ar unwaith.

'Mi ddylwn i fod. 'Dwi 'di trio'i ffonio hi ddigon o weithiau yn ystod y dyddiau diwetha 'ma – ac yli, mae'r rhif ar fy ffôn i,' meddai, gan ddal ei ffôn i Jeff gael ei weld.

'Wel ar f'enaid i. O'r diwedd. Cysylltiad rhwng Farrell a ffrind gorau Barbara McDermott. Bingo!' Edrychodd Jeff eto ar y rhif wedi'i ysgrifennu ar yr anfoneb. 'Dwi'n siŵr mai llawysgrifen Farrell ydi hwnna. Mae'r un 'sgrifen i'w gweld ar weddill y gwaith papur.'

Doedd dim arall o ddiddordeb iddynt yn yr adeilad, ond roedd Jeff y fwy na hapus efo'r ychydig a gafwyd.

'Fedra i ddim disgwyl i ddeud wrth y DBA. Dydi'r hen drwyn 'ma byth yn fy ngadael i lawr,' broliodd. Nid oedd Meira'n deall yr arwyddocâd.

'Be nesa?' gofynnodd hithau.

'Mi fydd yn rhaid i'r DBA ddisgwyl ychydig am yr wybodaeth 'ma. Ty'd, mi awn ni draw i gael sgwrs efo'r Paul Dudley 'ma.'

Wedi cyrraedd y cyfeiriad lle roedd car Dudley wedi'i gofrestru, gwelodd Jeff a Meira mai mewn tŷ cyngor roedd Paul Dudley'n byw. Doedd dim ateb pan gurwyd ar ddrws y tŷ. Roedd cyrtens pob ffenestr wedi eu cau a doedd dim arwydd o fywyd yn unman. Yn ôl y wraig drws nesa, roedd

Dudley yn byw yno ar ei ben ei hun, yn ddyn distaw a phreifat, ac nid oedd hi wedi'i weld ers rhai dyddiau. Cadarnhaodd ei fod yn gweithio yng ngorsaf bŵer Wylfa. Teithiodd Jeff a Meira i'r pwerdy cyn mynd yn ôl i'r swyddfa a deall ei fod ar bythefnos o wyliau, ac nad oedd ei gyflogwyr yn ei ddisgwyl yn ôl am o leiaf wythnos arall.

Roedd yn tynnu at un o'r gloch erbyn i'r ddau gyrraedd yn ôl i orsaf heddlu Glan Morfa a gwnaethant eu ffordd yn syth am y cantîn cyn gwneud dim byd arall.

'Ditectif Sarjant Evans,' daeth llais uchel y Ditectif Brif Arolygydd o rywle.

Rowliodd Jeff ei lygaid.

'O, dwi wedi bod yn chwilio amdanoch chi,' cyfarchodd Jeff ef yn gelwyddog.

'I'm swyddfa i, *rŵan*. Ar dy ben dy hun.'

'Esgusoda fi,' meddai wrth Meira gan droi ei gefn ar Irfon Jones fel na allai ei bennaeth weld y wên ar ei wyneb. 'Fydda i ddim yn hir.'

'Mi ydw i'n gobeithio fod gen ti reswm da i egluro pam fod yr heddferch yma o Lerpwl yn dal i fod efo chdi heddiw.' Dechreuodd Irfon Jones ar ei bregeth cyn i Jeff gau'r drws, ond cyn iddo gael cyfle i ddechrau bloeddio'n iawn, torrodd Jeff ar ei draws.'

'Gwrandwch am funud, Syr.' Anaml roedd Jeff yn defnyddio'r teitl hwnnw wrth gyfarch neb. 'Mae gen i newyddion sydd o bwys i'r ymchwiliad yn gyffredinol.' Eisteddodd Irfon Jones yn ôl yn ei gadair. Mi oedd ganddo yntau ddigon o brofiad i wybod pan oedd gan Jeff Evans rywbeth arwyddocaol i'w ddweud. Treuliodd Jeff ddeng munud yn egluro'r cyfan, o'r cyfweliad gyda Modlen Farrell y noson cynt i'r hyn a ddarganfuwyd yn ystod y bore.

'Wel,' ochneidiodd y Ditectif Brif Arolygydd yn uchel. 'Mi ydw i'n cytuno bod darganfod y rhif ffôn yn rhoi rhywfaint o gyswllt rhwng Farrell a'n hymchwiliad ni, ond does yna ddim cysylltiad pendant rhyngddo fo a Barbara McDermott, nag oes?'

'Gyda llaw,' ymyrrodd Jeff unwaith eto. 'Faswn i ddim wedi medru gwneud y cysylltiad hwnnw ar fy mhen fy hun. Presenoldeb Meira Lewis oedd yn gyfrifol am hynny. Ac nid trwy lwc mwnci chwaith, ond am fod ganddi gof da a meddwl chwilfrydig, siarp, sy'n fendith i unrhyw ymchwiliad.'

Cododd Irfon Jones ei ddwy law i ddangos ei fod yn ildio. 'Digon teg,' meddai. 'Ond lle mae hyn yn ein gadael ni, Jeff?'

'Mae Mrs Farrell yn amau bod ei gŵr wedi cael ei lofruddio. Mae ganddon ni gysylltiad rhwng Farrell a'r grŵp o buteiniaid o Lerpwl yr oedd Barbara yn gysylltiedig â nhw; ac mae yna ddyn arall, Paul Dudley, nad ydi o wedi cael ei weld ers dyddiau – yn sicr ddim ers i Farrell a'i gwch ddiflannu.'

'Ac i ble mae dy drwyn di am dy arwain nesa, Jeff?' Gwenodd Irfon Jones arno unwaith eto.

'Mi hoffwn ffendio tarddiad yr holl arian gafodd ei dalu i mewn i gyfrif Peter Farrell,' meddai. 'Mae gen i syniad reit dda bod y diawl Dic Edwards 'na yn gwybod mwy nag y mae o'n 'i ddeud, ac mae hi'n hen bryd i mi bwyso ychydig bach mwy arno fo.'

'Ond mi ydan ni i gyd yn gwybod sut un ydi Dic Edwards. Dydi o ddim yn mynd i ddatgelu unrhyw wybodaeth ar chwarae bach – er, mae'n siŵr y byddai'r bygythiad o alwad gan bobol y dreth incwm yn help.'

166

'Dwi wedi defnyddio honna'n barod,' cyfaddefodd Jeff. 'Ond mae gen i gynllun arall ar ei gyfer o.'

'Dwi'm yn meddwl 'mod i isio gwybod,' meddai Irfon Jones.

'Ydi Rob Taylor ar ddyletswydd heddiw? Mi hoffwn i gael ei fenthyg o yn hwyrach ymlaen.'

'Dos o'ma, wnei di, Jeff! Cer yn dy flaen a gwna beth bynnag sydd angen, ond cofia adael i mi wybod be wyt i'n 'i wneud o hyn allan – o flaen llaw o hyn ymlaen, nid oriau ar ôl y digwyddiad. Ti'n dallt?'

Caeodd Jeff ddrws y swyddfa y tu ôl iddo, cyn cofio am un digwyddiad arall nad oedd o wedi sôn amdano hyd yn hyn. Agorodd y drws eto.

'Mae un peth arall ddylwn i 'i ddeud hefyd, DPA. Dwi wedi gyrru samplau o eiddo Peter Farrell i'r labordy'r bore 'ma er mwyn cael ei broffil DNA o, ac mi ydw i wedi mentro gofyn iddyn nhw am ateb brys.'

'Rargian, Jeff. Wyt ti'n gwybod faint mae hynny'n gostio? Be wnaeth i ti wneud y fath beth heb dystiolaeth bendant?'

'Dilyn fy nhrwyn o'n i.'

Ysgydwodd Irfon Jones ei ben mewn anobaith.

'Sut aeth pethau?' gofynnodd Meira ar ôl iddo ddychwelyd i'r cantîn.

'Dim problem yn y byd,' atebodd. 'Dwi'n amau y byddwn ni'n dau yn gweithio'n agos iawn am weddill yr ymchwiliad yma.' Rhoddodd winc iddi.

'Mi fedra i ddiodda hynny,' atebodd Meira, gan roi ei llaw yn ysgafn ar gefn llaw Jeff am ennyd.

Ychydig ar ôl saith o'r gloch y noson honno, eisteddai Jeff a Meira yn un o geir plaen yr heddlu yng nghornel bellaf maes parcio tafarn y Rhwydwr. I unrhyw un nad oedd yn gwybod yn well, edrychent fel dau gariad yn cuddio. O'r fan honno gallent weld yr hen Jaguar XJ6 wedi'i barcio yn ei le arferol, heb symud ers dwyawr a hanner. Yn sydyn, agorodd drws y dafarn ac fe ymddangosodd Dic Edwards, yn siglo'n braf. Disgynnodd ei allweddi ar y palmant wrth iddo'u tynnu o'i boced, ac ar ôl stryffaglu i blygu i'w codi, cerddodd bron wysg ei ochr am y car.

'Reit, Rob. Dyma ni,' sibrydodd Jeff i radio'r car.

Pan daniodd Dic Edwards injan y Jaguar, gwibiodd car yr heddlu rownd y gornel, y golau glas yn tynnu sylw pawb a oedd yn digwydd bod ar y stryd. Stopiodd Rob Taylor y car reit o flaen y Jaguar ac edrychodd Jeff a Meira ar yr heddwas yn camu'n gyflym tuag at ddrws y gyrrwr a'i agor. Ymhen dim, hebryngwyd Dic Edwards i gar Rob Taylor ac nid oedd yn rhaid dychmygu beth oedd yn mynd ymlaen yn y fan honno – na'r canlyniad.

Agorodd Jeff ddrws cefn car yr heddlu ac aeth i eistedd yn union y tu ôl i Dic. 'Wel, wel,' meddai. 'Be ti 'di bod yn wneud, Dic?'

'Y basdads,' atebodd Dic. Mi oeddach chi'n gwybod yn iawn be oeddach chi'n 'i wneud. Erledigaeth ydi peth fel hyn, a dim byd arall. Fedra i ddim fforddio colli 'nhrwydded.' Aeth i'w boced a thynnodd lond llaw o bapurau hanner canpunt, a rhai llai, allan. 'Ylwch, mae 'na tua phum can punt yn y fa'ma i chi anghofio'r cwbl.'

Cymerodd Jeff yr arian oddi arno a'i roi mewn amlen. Ysgrifennodd ar yr amlen cyn dangos y geiriau i Dic

Edwards. Roedd 'Arddangosyn "A" – Richard Edwards' wedi'i brintio'n fawr arni.

'Wel, mi wyt ti wedi'i gwneud hi rŵan, Dic bach,' meddai. 'Un peth ydi cael dy ddal yn gyrru o dan ddylanwad alcohol, ond peth arall, llawer mwy difrifol, ydi ceisio llwgrwobrwyo dau heddwas. Mi fyddi di'n siŵr o gael dwy flynedd am hyn.'

Dechreuodd y dyn o'i flaen anadlu'n gyflym ac yn afreolaidd. Trodd ei wyneb yn biws a gwyddai Jeff mai'r peth diwethaf roedd o ei angen o dan yr amgylchiadau oedd Dic Edwards yn farw yn y car.

'Gwranda, Dic,' meddai. 'Mi ydw i isio i ti gydweithredu â ni, ac fel tâl am y cydweithrediad hwnnw, mi ydw i'n barod i anghofio dy fod ti wedi trio'n breibio ni. Iawn?'

Nodiodd ei ben. Llyfodd Jeff yr amlen a'i chau, ac yna rhoddodd ei lofnod ar draws y sêl. Dywedodd wrth Dic am wneud yr un peth, ac yna Rob Taylor; a dyna a fu. 'Cymera 'ngair i, ac mi fydd y llwgrwobrwyo yn cael ei anghofio cyn belled â 'mod i'n cael dy gydweithrediad. Ond mae'n rhaid i ti fod yn atebol am yfed a gyrru. Dallt?'

'Ydw, ydw wir, dwi'n dallt. O diolch, diolch i chi'ch dau. Wn i ddim be ddaeth drosta i i wneud y fath beth. Mi wna i beth bynnag 'dach chi isio.'

Gwyddai Jeff Evans fod Dic Edwards, erbyn hyn, yng nghledr ei law.

Pennod 25

Am hanner nos y noson honno, agorodd Jeff ddrws y gell lle roedd Dic Edwards wedi bod yn sobri ar ôl mynd trwy'r broses swyddogol a ddangosodd fod ganddo ddwywaith y lefel gyfreithlon i yrrwyr o alcohol yn ei gorff. Yn ei law roedd yr amlen oedd yn cynnwys yr arian parod a roddodd Edwards iddo, y llofnodau dros y sêl yn tystio nad oedd neb wedi'i hagor yn y cyfamser.

Deffrodd Dic Edwards o'i drwmgwsg yn araf, gan grafu ei ben a dylyfu gên. Dewisodd Jeff eistedd ar y fainc wrth ei ochr er bod yr aer o'i gwmpas yn drewi'n ddiflas o hen gwrw erbyn hyn. Rhoddodd funud i'r carcharor ddod ato'i hun cyn chwifio'r amlen o flaen ei lygaid, a dechrau ar yr holi.

'Ydi'n cytundeb bach ni'n dal i sefyll?' gofynnodd.

'Does gen i ddim llawer o ddewis, nag oes?' atebodd Dic.

'Mae'n ddigon hawdd i ti newid dy feddwl, ac mi fyddai'r un mor hawdd i minna dy gyhuddo di o geisio llwgrwobrwyo dau blismon.' Roedd Jeff eisiau cadw'r pwysau yn gadarn arno. 'Wel?'

'Ia, iawn. Be 'dach chi isio'i wybod?'

'Y gwir i gyd, dyna'r cwbwl. A chofia, os fydda i'n meddwl dy fod ti'n cadw rwbath yn ei ôl, cael dy gyhuddo fyddi di, ac mi gei di edrych ymlaen at ddwy flynedd mewn cwt ci tywyll fel hwn.'

Ni allai ddychmygu'r fath beth. 'Dwi'n dallt,' meddai'n

ddistaw, heb edrych i lygaid y ditectif. Yr oedd Dic Edwards, benthyciwr arian ac *entrepreneur* yr ardal yn ddyn gwylaidd iawn erbyn hyn.

'Dwi'n dallt rŵan pam nad oeddet ti'n awyddus i mi gael gweld manylion y cyfrif oedd gen ti ar y cyd efo Peter Farrell. Mae 'na amryw o faterion sy'n codi cwestiynau.'

Nid atebodd Edwards.

'Dwi wedi dod i ddallt dy fod ti'n hollol gyfarwydd â'r cyfrif, ac yn cael copïau o'r datganiadau yn fisol.'

'Mi oeddwn i'n cael copïau, oeddwn. Ylwch, dwi'n meddwl 'mod i'n gwybod i ble mae hyn i gyd yn arwain, Sarjant Evans, ond doeddwn i ddim yn gwybod o ble roedd y taliadau mawr 'na'n dod.'

'Pa daliadau?'

'O, cym on rŵan. Peidiwch â 'nhrin i fel plentyn. Rydach chi wedi gweld y taliadau mawr 'na sy'n ychwanegol i'r incwm pysgota.'

'O ble roeddan nhw'n dod, Dic? Ma' raid dy fod ti'n gwybod.'

'Sgin i'm syniad, wir yr.'

'Dim syniad? Mae hynny'n anodd i'w lyncu. Mae'n anodd *iawn* gen i gredu bod dyn fel chdi'n anwybyddu taliadau fel hyn i gyfrif rwyt ti'n gyfrifol amdano.'

'Ol reit, ol reit. Mi ges i ffrae efo Peter pan ddechreuais i sylweddoli be oedd yn digwydd.'

'Be *oedd* yn digwydd?'

'Bod gan Peter rhyw fusnes bach ar y ciw-ti, a bod yr elw o hwnnw'n dod i mewn i'r un cyfrif. Mi oedd yn rhaid i mi feddwl amdanaf fy hun. Be 'tasa pobol y dreth incwm wedi dod i wybod, a finnau'n cael fy nal yn gyfrifol?'

'Be oedd canlyniad y ffrae, felly?'

Oedodd Dic Edwards cyn ateb, yn ceisio dewis y stori orau i'w dweud, ond yna gwelodd yr amlen ar lin Jeff ac fe'i hatgoffwyd o'i sefyllfa enbydus ei hun.

'Mi ddeudis i wrth Peter y dylwn innau gael rhan o'r elw os o'n i yn mynd i fod yn cymryd rhan o'r risg.'

'Rydan ni'n sôn am dros ddau gan mil o bunnau o elw.' Roedd ateb Jeff yn fwy o ddatganiad na chwestiwn.

'O, dim ond cant neu ddau oeddwn i'n 'i gael bob tro yr oedd yr arian yn dod i mewn i'r cyfrif.'

'O ble roedd yr arian 'ma'n dod?' gofynnodd Jeff. 'Dim syniad.'

'Be oedd y busnes bach arall 'ma, felly, oedd yn gwneud cymaint o arian i Peter?'

Oedodd Dic Edwards eto a symudodd yn anghyfforddus ar y fainc galed.

'Dydw i ddim yn gwybod i fod yn hollol onest, ond dwi'n amau'n gry ei fod o'n smyglo rwbath.'

'Be sy'n gwneud i ti feddwl hynny?'

'Roedd yn rhaid ei fod o'n rwbath i'w wneud â'r cwch. Dwi'n amau ei fod o'n dod â nwyddau o ryw fath i mewn i'r wlad yma.'

'Fel?'

'Cyffuriau, diodydd, sigaréts neu faco am wn i. Ond wrth ystyried y ffasiwn arian, mae'n debyg mai cyffuriau oedden nhw.'

'Ac yn teithio dramor i'w nôl nhw?'

'Na, 'swn i ddim yn meddwl. Doedd ei gwch o ddim yn ddigon mawr i deithio mor bell â hynny. Mae'n fwy tebygol ei fod o'n cyfarfod rhywun allan ar y môr 'na ac yn dod â beth bynnag oedd o i mewn efo'i ddalfa ddyddiol.'

'Gwybodaeth go iawn ydi hyn, 'ta dyfalu wyt ti?'

'Dim ond gadael i 'nychymyg redeg yn wyllt ydw i, Sarjant, onest – ond mae rheswm yn deud 'mod i'n reit agos at y marc.'

'Ac mi oeddet ti'n berffaith barod i'w helpu o i guddio'r elw? Waeth pa mor anghyfreithlon oedd y busnes?'

'Rhyngddo fo a'i betha. Do'n i ddim isio gwybod.'

'A phwy oedd yn talu'r holl arian yma iddo fo felly?'

'Fel y deudis i, 'sgin i ddim syniad. Pwy bynnag roedd Peter yn gwneud y ffafr iddo, am wn i, ond dyna'r oll dwi'n wybod, tasa Duw yn fy lladd i y munud 'ma. Argian 'swn i ddim yn deud celwydd, a finnau'n y sefyllfa yma naf'swn?'

O dan yr amgylchiadau, credai Jeff fod hynny'n wir.

'Faint ddaru ti fenthyca iddo er mwyn prynu'r cwch, Dic?' gofynnodd.

'Saith mil.'

'A faint gest ti'n ôl ganddo fo bythefnos yn ôl?'

'Pum mil. Mi oeddwn i wedi gwneud fy siâr.'

'Faint o elw wnest ti dros y ddwy flynedd?'

'Fedra i'm deud heb edrych,' atebodd. 'Digon i 'nghadw i'n hapus.'

'Un peth arall,' meddai Jeff. 'Ydi'r enw Paul Dudley yn golygu rwbath i ti?'

Meddyliodd Dic Edwards am funud cyn ateb. 'Paul Dudley? Dim fo 'di'r trydanwr – ffrind Peter – oedd yn mynd allan efo fo o dro i dro i'w helpu i ddal mecryll fel abwyd?'

'Oes 'na unrhyw bosibilrwydd ei fod o allan ar y cwch efo Peter ddydd Sul dwytha, pan ddigwyddodd y ddamwain?'

'Dim syniad,' atebodd. 'Ond mae hynny'n bosib, am wn i.'

'Pwy arall oedd yn mynd allan yn y cwch efo Peter, i ti fod yn gwybod?'

'Neb hyd y gwn i; dim ond yr hogyn 'cw, ryw hanner dwsin o weithiau pan oedd o allan o waith ychydig wythnosa'n ôl.'

'Ella bydd raid i mi gael gair efo yntau ryw dro,' mynnodd Jeff.

'Does gen i ddim gwrthwynebiad i hynny. Ga i fynd rŵan?' gofynnodd.

Cadarnhaodd Jeff y byddai'r amlen yn cael ei throsglwyddo'n ôl iddo pan fyddai'n cael ei ryddhau.

Aeth Jeff i fyny'r grisiau ac i'w swyddfa lle gwelodd Meira yno ar ei phen ei hun yn eistedd wrth ei ddesg ynghanol tomen o bapurau a bocsys.

'Mae hi'n hwyr iawn. Be ti'n 'i wneud yma o hyd?' gofynnodd â gwên ar ei wyneb.

'Ro'n i'n meddwl y baswn i'n cael ail olwg ar yr eiddo ddaeth o dŷ Emlyn Morris. Mae 'na dwn i'm faint ohono, a fedra i ddim bod yn siŵr ydi dy hogiau di wedi bod trwyddo fo i gyd. Neu ella nad ydyn nhw'n sylweddoli arwyddocâd bob dim ar ôl digwyddiadau ddoe a heddiw.'

'Ella ddim,' atebodd Jeff. 'Mae'n bosib hefyd na roddwyd pwyslais ar wneud hynny'n drwyadl gan nad ydi Morris dan amheuaeth o lofruddiaeth erbyn hyn. Ffeindiaist ti rwbath?'

'Do ... wel, dwi'n meddwl 'mod i,' meddai, yn falch o fedru dweud rhywbeth cadarnhaol ar ôl ei holl ymdrech. 'Dau beth.'

Eisteddodd Jeff i lawr wrth ei hochr – yn ddigon agos i allu arogleuo'i phersawr naturiol. Anadlodd yn ddwfn gan geisio rheoli ei emosiynau.

'Be sgin ti, felly?' Closiodd ati gan geisio cadw'i feddwl ar waith.

'Mi ydw i wedi bod yn edrych ar ddatganiadau cyfrif banc Morris, ac yn ystod y misoedd dwytha, mae arian wedi bod yn cael ei dalu i mewn yn gyson ac yn ychwanegol i'w gyflog misol gan yr Adran Addysg. Edrych, wyth deg punt bob wythnos, yn cael ei dalu i mewn ar ddydd Gwener.'

'Ers faint?

'Misoedd cyn belled ag y medra i weld.'

'Mae'n ddowt gen i ydi hyn yn gysylltiedig â'i fusnes pornograffi. Dwi'n meddwl ein bod ni wedi chwalu unrhyw obaith o elw cyn iddo fedru dechra gwerthu'i fudreddi. Be wyt ti'n feddwl all o fod, Meira?'

'Yr unig beth fedra i feddwl amdano fo ydi ei fod o'n gwneud gwaith tiwtora preifat ar ôl yr ysgol. Be ydi ei bwnc o?'

'Saesneg,' meddai Jeff. 'Wel, mae hynny'n gwneud synnwyr. Rhoi addysg i blant yn amser ei hun mae o, ond fedra i'm gweld sut mae'r darganfyddiad yma'n berthnasol i'n hymchwiliad ni.'

'Aros i ti gael gweld be arall dwi wedi dod o hyd iddo fo. Mi ydw i wedi gadael y gorau tan y diwedd.'

Agorodd un o'r bocsys ar y llawr wrth ei hochr a thynnodd lun ohono a'i ddangos i Jeff. Edrychodd Jeff arno'n gegrwth am rai eiliadau. Syllodd i wyneb Meira ac yna'n ôl at y llun o Emlyn Morris yn eistedd ar soffa grand mewn ystafell foethus yr olwg, a dau fachgen pryd tywyll, tua naw ac un ar ddeg oed, un bob ochr iddo. Ar y bwrdd o'u blaenau roedd pibell *Hookah* fawr, dal, a'r hyn a edrychai fel mwg yn codi ohoni.

'Wel ar f'enaid i, Meira. Mi fydd yn rhaid i ni gael gair bach arall efo Mr Morris eto fory dwi'n meddwl.'

Edrychodd Jeff ar Meira'n eistedd wrth ei ochr, ei llygaid yn serennu a'i gwallt du yn disgyn yn gyrls o gwmpas ei gwddf noeth. Sylwodd nad oedd dwy awr ar bymtheg o waith caled wedi amharu ar ei phrydferthwch o gwbl. Rhoddodd ei law ar ei chefn a throdd hithau i'w wynebu. Edrychodd y ddau ar ei gilydd yn hir cyn i Jeff, heb adael iddo'i hun ailfeddwl a dadansoddi, wyro tuag ati a'i chusanu. Cusanodd Meira ef yn ôl yn dyner ac yn hir, a theimlodd Jeff rywbeth yn mudferwi yn ei grombil. Tynnodd yn ôl oddi wrthi. Edrychodd arni drachefn, a heb i'r un ohonynt orfod yngan gair, gwyddai yn ei galon fod yr un emosiwn wedi gafael ynddi hithau hefyd.

'Ty'd, mae hi'n noson braf. Mi gerdda i di yn ôl i dy westy heno. Dwi'n gobeithio bod gen ti oriad... ma' hi wedi mynd braidd yn hwyr.'

Cerddodd y ddau law yn llaw ar hyd lôn y traeth yn oriau mân y bore, yn edrych ar y llwybr llaethog, yn gytûn ac yn fodlon, yn rhan o'r greadigaeth o'u hamgylch.

Gafaelodd Jeff ynddi unwaith eto yn nrws y gwesty.

'Tan fory, Meira, 'nghariad i.'

Pennod 26

Doedd dim ateb yn nhŷ Emlyn Morris pan gurodd Jeff a Meira'r drws am ddeg o'r gloch fore trannoeth. Beth fyddai athro wedi'i wahardd dros dro yn ei wneud yn ystod y dydd, tybed? Efallai ei fod o'n cuddio tu ôl i'r cyrtens, ond nid oedd gan Jeff warant yn ei boced i'w alluogi i ymchwilio ymhellach. Gwyddai'r ddau nad fel un o dan amheuaeth yr oeddynt eisiau ei weld y tro hwn ond, o bosib, fel tyst. Ystyriodd Jeff gadw golwg ar y tŷ a disgwyl amdano, ond cafodd alwad ar ei ffôn symudol yn gofyn iddo ddychwelyd i'w swyddfa – roedd y Ditectif Brif Arolygydd Irfon Jones eisiau ei weld ar unwaith.

Pan gyrhaeddodd y ddau, roedd Irfon Jones ynghanol cynhadledd efo prif swyddogion eraill yr ymchwiliad a galwyd Jeff a Meira yno ar eu hunion.

'Dyma fo'r dyn sy'n gwario cyllideb yr ymchwiliad heb ganiatâd drwy yrru samplau i'r labordy heb gysylltu â mi yn gyntaf,' datganodd y Ditectif Brif Arolygydd er mwyn y gweddill pan gerddodd Jeff a Meira i mewn i'r ystafell.

'Dyma ni eto,' meddai Jeff o dan ei wynt. 'Mwy o feirniadaeth – yn gyhoeddus y tro yma.' Teimlodd y blew ar ei war yn codi'n anghyfforddus, ond yna, sylwodd ar y wên na allai'r Prif Arolygydd ei mygu.

'Wel, Jeff, mae dy drwyn di'n haeddu clod unwaith eto. Eisteddwch i lawr, eich dau.'

Esboniodd y Ditectif Brif Arolygydd ei fod wedi cael galwad ffôn o'r labordy a bod canlyniad y profion ar ddillad isaf Peter Farrell yn dangos fod ei DNA yn cyd-fynd ag un o'r samplau DNA a gafwyd y tu mewn i fagina Barbara McDermott. Nid oedd yr un DNA yn bresennol yn y semen a gafwyd yn ei rectwm.

Ni wyddai Jeff a ddylai fod yn falch o glywed y ffasiwn newydd ai peidio: roedd y canlyniad mor adeiladol i'r ymchwiliad ac yn cyfiawnhau'r hyn a wnaeth, ond ar y llaw arall, allai o ddim peidio â meddwl am yr holl drais a ddioddefodd yr eneth cyn ei marwolaeth. Meddyliodd hefyd am y boen y byddai Modlen Farrell yn siŵr o'i deimlo pan fyddai hithau'n dod i wybod y newydd hwn.

'Mae hynny'n esbonio pam yr aeth o at y meddyg i ofyn iddo'i brofi am glefydau rhywiol,' meddai Jeff.

'A pham nad oedd o'n cael rhyw efo'i wraig,' ychwanegodd Irfon Jones.

'Mae'n deud un peth arall hefyd,' meddai Meira, yn ansicr mewn ystafell o uwch-swyddogion dieithr. 'Os ga' i roi fy marn.'

'Yn sicr. Ewch ymlaen,' meddai Jones.

'Doedd Mr a Mrs Farrell ddim wedi bod yn mwynhau rhyw efo'i gilydd ers rhai misoedd. Mae hynny'n deud, neu yn awgrymu o leia, ei fod o wedi bod yn cael rhyw efo Barbara McDermott neu buteiniaid eraill hefyd am gyfnod o fisoedd.'

'Yn hollol,' cytunodd Jeff. 'Ond lle mae'r dyn yn y bagiau plastig duon yn dod i mewn i'r busnes; dyn a oedd, yn fwy na thebyg, yn bresennol pan gafodd Barbara McDermott ei lluchio allan o'r car? Ai dyna pam y cafodd o'i fwrdro a'i dorri'n ddarnau?'

'Dwi'n dechrau credu bod yr ateb gan Michelle Raynor, y butain arall, lle bynnag mae hi,' meddai Irfon Jones. 'Mi ddylet ti, Jeff, a Meira ganolbwyntio ar ddod o hyd iddi hi cyn gwneud dim byd arall.'

'Iawn,' cytunodd Jeff a nodiodd Meira hefyd. 'Ond mae 'na un digwyddiad arall sydd wedi dod i'r amlwg neithiwr.' Dywedodd Jeff bopeth wrth y swyddogion – yr hyn a ddarganfuwyd ymysg yr eiddo a ddygwyd o dŷ Emlyn Morris a'i sgwrs yntau gyda Dic Edwards yn y gell.

Gwyddai pawb erbyn hyn fod yr ymholiadau'n dechrau dwyn ffrwyth, ond mai'r cam pwysicaf nesaf oedd cael gafael ar Michelle Raynor. Penderfynwyd y byddai'n well i Jeff a Meira, yn hytrach nag unrhyw blismyn eraill, ailymweld ag Emlyn Morris, ond dim ond ar ôl iddynt wneud pob ymdrech i gael gafael ar Michelle Raynor yn gyntaf.

Gwnaeth Meira ddwy alwad ffôn cyn iddi hi a Jeff gychwyn ar y daith i Lerpwl, a chyn cyrraedd y ddinas cafodd air i ddweud bod cwmni ffôn symudol Michelle Raynor wedi cadarnhau bod ei ffôn hi wedi cael ei ddefnyddio yn y cyfamser. Roedd y trywydd yn eu harwain i gyfeiriad Penbedw – dair milltir o'u lleoliad ar amser yr alwad.

'Be ydan ni'n wybod am y lle?' gofynnodd Jeff.

'Tŷ diogel ydi o sy'n cael ei ddefnyddio gan RASA North West.'

'Be ydi RASA?'

'*Rape and Sexual Abuse*. Canolfan ydi hi lle mae merched sy'n cael eu cam-drin yn mynd am gymorth. Mae'n cael ei rhedeg gan wirfoddolwyr – neu, i fod yn berffaith gywir, gwirfoddolwragedd yn yr achos yma. Maen nhw'n gwneud gwaith da ar y cyfan ond dydyn nhw ddim yn cydweithredu efo'r heddlu bob amser. Mae un peth yn sicr, Jeff,' meddai. 'Chei di ddim mynd ar gyfyl y lle, chdi nag unrhyw ddyn arall. Dyna eu rheolau nhw.'

Parciodd Jeff y car gyferbyn â'r adeilad, o flaen caffi digon di-raen yr olwg efo llieiniau plastig ar y byrddau.

'Mi a' i i fa'ma am banad,' meddai wrth Meira. 'Gwna di be fedri di.'

Edrychodd ar Meira'n cerdded ar draws y ffordd, yn curo'r drws, dangos ei cherdyn swyddogol a sgwrsio gyda'r ddynes a agorodd y drws. Ymhen dim caewyd y drws yng ngwyneb Meira ond trodd rownd i wynebu Jeff a chodi ei bawd, cystal â dweud fod popeth yn iawn. Ymhen ychydig funudau, agorwyd y drws eto gan yr un ddynes ac fe wahoddwyd Meira i mewn.

Ni fu Jeff yn un da am ddisgwyl erioed. Yr oedd wedi stopio ysmygu rôls yn ystod y flwyddyn flaenorol, ond mi fuasai'n rhoi'r byd am un bach rŵan. Aeth allan a cherddodd i fyny'r stryd i brynu papur newydd, ac yna yn ei ôl i'r caffi. Pasiodd awr, awr a hanner, a chafodd ei hun yn edrych ar ei oriawr bob deng munud. Yn sydyn, agorodd drws y tŷ diogel ac ymddangosodd Meira yng nghwmni geneth yn ei hugeiniau cynnar a'r ddynes a agorodd y drws iddi yn gynharach. Cerddodd y tair ar draws y ffordd ac i mewn i'r caffi. Cododd Jeff ar ei draed.

'Mi oeddach chi'n iawn,' meddai'r eneth wrth Meira, 'dydi o ddim yn edrych yn debyg i dditectif o gwbl yn y gôt ddyffl flêr 'na.'

Gwenodd Jeff.

'Michelle ydi hon,' meddai Meira. 'Mi ydw i wedi'i pherswadio hi i ddod allan o'r tŷ diogel i gael gair bach efo chdi. Ond mae hynny ar yr amod bod Rita yn y fan yma yn cael aros yn ystod ein sgwrs.'

Gwnaeth Meira bwynt o ddefnyddio'r geiriau 'ein sgwrs' yn hytrach na 'ei chyfweliad', a deallodd Jeff yn syth pa mor sensitif oedd y sefyllfa. Roedd o eisiau siarad â Michelle lawer iawn mwy nag yr oedd hi eisiau siarad hefo fo.

'Panad?' gofynnodd i'r merched.

Aeth Jeff at y cownter i'w harchebu a daeth Meira ar ei ôl.

'Bydda'n hynod o wyliadwrus sut rwyt ti'n ei thrin hi, Jeff. Mae hon ofn trwy'i thin,' meddai o dan ei gwynt.

Ni wyddai Jeff yn union beth i'w ddisgwyl, ond doedd Michelle Raynor yn ddim byd tebyg i'r darlun a fu ganddo yn ei feddwl ohoni, nag yn debyg i Barbara McDermott chwaith. Nid oedd Michelle yn gwisgo dillad cystal â'r rhai a welodd yn nhŷ Barbara, ac nid oedd yn eneth hanner mor brydferth â Barbara chwaith. Roedd ei gruddiau'n llwyd ac yn denau a'i gwallt heb lawer o steil iddo. Ond, ystyriodd wedyn, efallai mai poenau'r dyddiau a'r wythnosau blaenorol oedd achos hynny. Tybiai y byddai hi'n edrych yn hollol wahanol allan ar y strydoedd yn chwilio am waith, yn wahanol iawn i'r eneth ddihyder, ansicr, a gymerodd y baned oddi ar yr hambwrdd o'i blaen. Diolchodd Jeff iddi hi a Rita am ddod draw i'w gyfarfod a chadarnhaodd nad oedd ganddi ddim i'w ofni drwy siarad â fo. Gwelodd ar ei union fod Rita yn cymryd sylw manwl o bob gair a ddywedai ac yn astudio pob un o'i symudiadau, yn arwydd ei bod hi'n ddynes brofiadol yn y maes. Sylwodd hefyd na allai Michelle edrych i'w lygaid.

'Y rheswm yr ydan ni wedi dod yma i'ch gweld chi heddiw ydi bod eich rhif ffôn chi wedi cael ei ddarganfod mewn papurau sy'n perthyn i ddyn sy'n byw yng Nglan Morfa,' dechreuodd Jeff.

'Lle ddiawl ma' fan'no?' gofynnodd yr eneth.

'Yng ngogledd Cymru. Pysgotwr cimwch oedd o. Dyn o'r enw Peter Farrell.'

Cododd Michelle ei phen yn araf ac edrychodd ar Jeff heb ddweud gair.

'Rydan ni'n gwybod ei fod o wedi cael rhyw efo Barbara ychydig cyn iddi hi gael ei lladd.'

Nid atebodd Michelle.

'Gwrandwch arna i plîs, Michelle. Nid fo oedd yr unig un a gafodd ryw efo hi cyn iddi farw. Does ganddon ni ddim syniad pwy oedd y lleill ond dwi'n amau mai chi ydi'r unig un a all ein helpu ni i gael yr ateb, oherwydd bod Peter Farrell wedi marw yn y cyfamser. Damwain ar fwrdd ei gwch. Fedar o ddim eich brifo chi eto, mae hynny'n sicr.'

'Ddaru o, Peter, ddim fy mrifo fi erioed. Doedd o ddim y teip. Dyn neis oedd o. Nid fo na'i ffrindiau roeddwn i eu hofn – ac mi ydw i'n dal i fod ofn y lleill o hyd. Choeliwch chi byth bobol mor anghynnes ydyn nhw. Pobol y tŷ dwi'n feddwl.'

Edrychodd Jeff a Meira ar ei gilydd ac ar Rita. Roedd yn hanfodol fod Michelle yn parhau â'i stori, ac yn bwysicach, yn ymddiried ynddyn nhw.

'Dechreuwch o'r dechra, plîs, Michelle. Sut ddaru hyn i gyd gychwyn?'

'Trwy Barbara. Mae hi a fi wedi bod yn ffrindiau ers blynyddoedd.' Dechreuodd wylo a rhoddodd Meira hances bapur iddi. 'Yn sydyn, roedd ganddi hi, Babs, faint fynnir o bres. Mwy o lawer nag oedd yn bosîb ei wneud yn dawnsio yn Y Parot Gwyrdd neu drwy gerdded y strydoedd – er, welais i rioed mo Babs yn gwneud hynny. Mi oedd ganddi hi ormod o *class*. Mi ddywedodd wrtha i eu bod nhw isio merch arall yn yr un lle ag yr oedd hi'n mynd – y tŷ – wel, pam lai, meddyliais. Am y math yna o bres, pwy fysa'n gwrthod?'

Cymerodd lymaid o'i the cyn rhoi'r gwpan yn ôl ar y soser yn grynedig.

'Penderfynais fynd yno efo hi un noson, a dyma'r car mawr 'ma'n dod i'n nôl ni. Mercedes mawr du efo bar ynddo fo a digon o le i ddawnsio yn y cefn tasach chi isio. Fues i erioed yn y fath gar o'r blaen. Seti lledr a phob dim, a chyrtens glas tywyll ar draws y ffenestri cefn a'r gwydr oedd yn rhannu'r cefn oddi wrth y seti blaen. Daeth dyn pryd tywyll allan ohono a'n tywys ni i gefn y car. Dwi'n meddwl mai Twrc oedd o, dyn o'r enw Khan; dyna glywais i Barbara'n ei alw. Welais i mo'r gyrrwr. Unwaith yr oeddan ni i mewn, caeodd Khan y cyrtens i gyd fel nad oedd yn bosib i ni weld lle roeddan ni'n mynd. Teimlais yn syth fod hynnny i gyd chydig yn amheus, ond wnes i ddim ystyried be oedd o 'mlaen i.'

'Am faint o amser deithiodd y car cyn dod i ben y daith?' gofynnodd Jeff.

'Anodd deud. Dwyawr, tair ella. Rhoddodd Khan ddiod i ni o'r bar er na chymerodd o un ei hun. Chwaraeodd fiwsig i ni – miwsig tramor nad oeddwn i wedi clywed dim byd tebyg iddo fo cyn hynny.'

'Lle oedd pen y daith?' Gofynnodd Rita y cwestiwn oedd ar wefusau Jeff yn ei hacen Sgows gref, ond roedd y ditectif yn ddigon bodlon iddi chwarae ei rhan.

'Dim syniad, 'mond 'i fod o'n balas o le. Arhosodd y car a chlywais ddynion yn siarad efo'r gyrrwr mewn iaith dramor – doeddwn i rioed wedi clywed honno o'r blaen chwaith. Yna, mi glywais sŵn fel drysau mawr yn agor, a gyrrodd y car rhwng cant a dau gan llath cyn aros eto. Agorodd y gyrrwr y drws a synnais ei weld o'n gwisgo iwnifform dywyll a chap â phig. Yng ngoleuadau'r lampau o gwmpas yr adeilad gwelais ddynion yn y cefndir, yn debyg i soldiwrs, a'r rheini'n cario gynnau. Mi oeddwn i wedi dychryn, ond dywedodd Barbara wrtha i am beidio â phoeni. Poeni o ddiawl – mi oedd fy nerfau i'n rhacs!'

'Disgrifiwch y tŷ,' gofynnodd Meira.

'Dim tŷ oedd o. Palas neu blas anferth wedi'i ddodrefnu'n foethus, fel set ffilm. Ond welis i ddim llawer ohono. Arweiniwyd fi a Barbara i fyny'r grisiau yn syth, er ei bod hi'n amlwg i mi fod Barbara yn gwybod ei ffordd o gwmpas yn barod. Mi wyddwn yn syth fod yna bobol – dynion – eraill yn y tŷ, ond welais i ddim o'r rheini ac mi oedd 'na arogl smygu rhyfedd yno, fel tasa fo'n bersawrus.

Daeth yr *hookah* i feddwl Jeff a Meira yn syth.

'Dywedodd Barbara wrtha i am fod yn barod i blesio a buasai pob dim yn iawn. Dim ond gwneud yr hyn roeddwn i wedi arfer 'i wneud, ond bod yn hynod o eiddgar, os 'dach chi'n dallt be dwi'n feddwl. A dyna wnes i. Mi ddaeth pedwar gwahanol ddyn ata i yn ystod y noson honno.'

'Unrhyw broblemau?' gofynnodd Rita.

'Dim o gwbl. Roeddan nhw i gyd yn wŷr bonheddig. Pob un yn dywyll ei groen ... nid dynion duon ond o'r Dwyrain Canol 'swn i'n deud.'

Edrychodd Jeff a Meira ar ei gilydd eto.

'Mi ges i frecwast y bore wedyn cyn mynd adra, brecwast o wahanol ffrwythau, ond welais i mo Barbara y diwrnod hwnnw. Ma' raid ei bod hi wedi aros yno.'

'Sut aethoch chi adra?' gofynnodd Jeff.

'Yn yr un car,' atebodd. 'Yng nghwmni Khan a'r cyrtens

wedi eu cau eto. Tynnodd bentwr mawr o arian parod o'i boced, ond cyn ei roi i mi agorodd ei falog a 'ngwthio i ar fy ngliniau o flaen ei goesau agored.'

'Oedd hynny yn erbyn dy ewyllys di?' Torrodd Rita ar ei thraws, yn gobeithio cael rhyw wybodaeth a fuasai'n cyfiawnhau ei phresenoldeb.

'Dim o ddifrif, er ei fod o wedi dal fy mhen yno a gwneud i mi lyncu. Ond mi oedd y pum can punt yn eitha iawndal, a hynny am un noson o waith. Pwy 'sa'n cwyno – er bod yn gas gen i be wnaeth o? Mi ges i fy ngollwng ynghanol Lerpwl a rhoddais rif fy ffôn symudol i Khan.'

'Ond be ddigwyddodd i wneud i chi eu hofni?' gofynnodd Jeff.

'Mi ges i alwad gan Khan ymhen yr wythnos. Yr un car, yr un daith, yr un ddiod a'r un miwsig, ond roedd o isio blo-job ar y ffordd i lawr y tro yma. Pan wrthodais, gafaelodd yn fy ngwallt a 'nhynnu fi i lawr ato. Roedd o'n ddyn cryf a doedd gen i ddim digon o nerth i'w gwffio. Bron iddo wneud i mi dagu.'

'Ac ar ôl cyrraedd y tŷ?' gofynnodd Rita eto.

'Newidiodd y math o ryw. Dau neu dri dyn ar y tro, pob un i mewn yndda i ar unwaith, os ydach chi'n dallt be dwi'n feddwl. Digwyddodd hynny sawl gwaith yn ystod y nos ac erbyn y bore mi o'n i wedi colli cownt o faint o ddynion fu efo fi. Oedd, mi oedd yn gas gen i hynny, ond mi gynyddodd yr arian hefyd ac mi o'n i'n fodlon derbyn y driniaeth am y ffasiwn dâl. Mi gynyddodd y bryntni hefyd fel aeth yr amser heibio. Roedd rhai o'r dynion am fy rhwymo fi a fy rhoi i mewn bob math o offer er mwyn eu bodloni nhw, a stwffio cadach i mewn i 'ngheg i fel na fedrwn i anadlu tra oeddan nhw wrthi'n fy nhrin i.'

'Dydach chi ddim wedi sôn am Peter Farrell eto,' awgrymodd Jeff.

'Roedd o'n ŵr bonheddig o'i gymharu â'r Arabs 'ma. Fedra i'm dallt pam roedd o yno – dim ond rhyw arferol roedd o a'i ffrind isio. Dyna pam y rhois i fy rhif ffôn iddo fo. Dwi'n ei gofio fo'n ei sgwennu i lawr ar damaid o bapur a'i roi o'n ei boced. Na, fedra i'm dallt pam roedd o yno. Doedd o ddim yn rhan o beth bynnag arall oedd yn mynd ymlaen yn y tŷ, ond eto mi oeddwn i'n cael arian am ei fodloni yntau hefyd.'

'Oeddech chi mewn cysylltiad â Barbara?' gofynnodd Meira.

'Mi welais i hi yno unwaith wedyn yn ystod y tri neu bedwar mis yr o'n i'n mynd yno, ond mi oedden ni'n siarad efo'n gilydd ar y ffôn. Roedd hitha'n mynd drwy'r un driniaeth, ond doedd hi ddim i weld yn gwrthwynebu cymaint â fi, cyn belled â bod yr arian yn dal i ddod i mewn. Ond yn y diwedd mi oedd y driniaeth yn ormod i mi. Fy rhwymo, fy mrifo a'r math o ryw nad oeddwn i hyd yn oed yn gallu'i ddiodda. Yr holl ddynion, efo'i gilydd ac un ar ôl y llall, a Khan yn mynnu cael ei ffordd ei hun ar y siwrne yno ac yn ôl ... ac yn mynnu mwy bob tro. Collodd ei dymer efo fi yn y car wrth ddod yn ôl adra un tro am fod sawdl uchel fy esgid i wedi mynd trwy ddefnydd to'r Mercedes. Slapiodd fi ar draws fy wyneb ddwy neu dair gwaith nes i mi gleisio a chael llygad ddu. Dyna pryd y penderfynais na fyswn i'n mynd yno eto, waeth faint o bres roedd o'n ei gynnig, ac mi ddeudis i wrtho ar y ffôn y tro nesaf y galwodd o fi. Mi aeth yn lloerig a bygwth fy nghuro fi go iawn ... deud y bysa fo'n cael hyd i mi lle bynnag oeddwn i, a delio efo fi os na fyddwn i'n cydweithredu. Mi wnaeth o fy ffeindio fi, a 'nhaflu i mewn i'r car, ond mi fedrais ddianc ar ochr Birkenhead i'r twnnel a dod yn syth i fa'ma. Yna, ymhen rhai dyddiau, clywais fod Barbara wedi'i mwrdro. Heddiw ydi'r tro cynta i mi gerdded allan o'r tŷ.' Roedd Michelle yn wylo go iawn erbyn hyn.

Closiodd Rita ati, a gafael amdani.

'Fuasech chi'n medru adnabod Khan?' gofynnodd Jeff.

'Dwi ddim yn mynd yn agos iddo fo na'r un lein-yp i chi na neb arall. Mae o'n gwybod lle dwi'n byw ac mi geith o hyd i mi, mae hynny'n sicr.'

'Edrychwch ar hwn, plîs, Michelle?' gofynnodd Jeff mor dyner ag y gallai, gan dynnu llun o'i boced – y llun a dynnwyd gan y camerâu CCTV o'r meddyg ffug yn yr ysbyty lle cafodd Iolo Pugh y pigiad *sodium pentothal*.

Edrychodd Michelle arno. 'Ia, dyna fo'r basdad. 'Dach chi'n gwybod pwy ydi o felly.'

'Na – dim ond y llun yma sydd ganddon ni. Oedd ganddo fo unrhyw farciau ar ei gorff yn rhywle? Nid ar ei ben, ond rhywle ar ei gorff?

Gwenodd Michelle am y tro cyntaf. 'Mi oedd ganddo fo graith fawr, lydan, ar draws canol gwaelod ei fol. Dyna'r oll fedra i 'i gofio.'

'Sut gwyddoch chi hynny?' gofynnodd Jeff.

'Am mai dyna'r unig beth a welwn i pan oedd ei goc o yn fy ngheg i.'

Gwridodd Jeff.

'Mae un peth yn sicr, Michelle,' meddai ar ôl dod ato'i hun. 'Wneith y dyn Khan 'ma ddim eich brifo chi byth eto. Mae rhywun wedi'i fwrdro yntau hefyd.'

Edrychodd Michelle a Rita ar ei gilydd yn fud, a gwelodd Jeff nad oedd Meira ei hun wedi gwneud y cysylltiad chwaith.

'Pam nad ewch chi'n ôl at eich mam?' awgrymodd Meira. 'Mae hi'n poeni'n ofnadwy amdanoch chi.'

Edrychodd Michelle i gyfeiriad Rita.

'Mae hynny i fyny i chdi,' meddai honno.

'Mae gen i ofn o hyd – er bod Khan wedi marw. Dwi'n siŵr bod ganddo fo ddynion y tu ôl iddo fo fysa'n ddigon hapus i gael gwared arna inna hefyd os oes angen.'

'Pwy?' gofynnodd Jeff.

'Roedd Khan yn atebol i rywun pwysig. Wnes i rioed ei gyfarfod o na'i weld o, ond mi glywais Khan yn ei alw'n Saheed un tro ar y ffôn.'

'Gwnewch eich gorau i fynd yn ôl at eich mam. Cysylltwch efo hi i adael iddi wybod eich bod chi ar dir y byw, wnewch chi?' plediodd Jeff. 'A chadwch eich ffôn ymlaen er mwyn i Meira fedru cael gafael arnoch chi, ac er mwyn i chitha fedru cysylltu efo ni, unrhyw adeg o'r dydd neu'r nos. Ydi hynny'n iawn, Rita?'

Amneidiodd ei chydsyniad.

'Sut wyt ti mor siŵr mai Khan ydi'r dyn yn y bagiau plastig du?' gofynnodd Meira ar ôl gadael y ddwy.

'Y graith ar ei fol,' atebodd yntau, 'Dyna un o'r ffeithiau amdano na chafodd ei throsglwyddo i'r wasg na neb arall, rhag i hynny amharu ar y broses o'i adnabod pan ddeuai'r amser, ac mae Michelle yn gwybod am y graith o brofiad.'

'Reit,' meddai Meira. 'Mae hi bron yn saith o'r gloch. Ty'd adra efo fi ac mi wna i blatiad iawn o *spaghetti bolognaise* i ti.'

'Ardderchog,' meddai. 'Wnei di ddreifio er mwyn i mi gael ffonio'r DBA? Well iddo fo gael gwybod hyn heno, neu dim ond cwyno fydd o bora fory.'

Pennod 27

Cerddodd Jeff i lawr y stryd i brynu potel o win coch i fynd efo'r cinio tra oedd Meira'n coginio'r saws *bolognaise* a'r pasta. Dychwelodd i'r tŷ yn ymwybodol y byddai rhannu'r botel win yn rhoi terfyn ar unrhyw fwriad i yrru'n ôl i Lan Morfa y noson honno, ond gwyddai hefyd nad oedd yn *rhaid* iddo yfed diferyn. Llifodd yr hen deimlad ansicr, anghyfarwydd, trwyddo unwaith yn rhagor. Amser a ddengys, meddyliodd. Ia, amser a ddengys.

Erbyn iddo gyrraedd yn ôl gwelodd fod Meira wedi newid o'i dillad gwaith i bâr o jîns a siwmper wlân lac. Edrychai fel petai wedi ymlacio'n llwyr ac wedi anghofio problemau diwrnod hir arall.

'Mae croeso i ti ddefnyddio'r gawod yn y llofft,' meddai. 'Mae Sarah i ffwrdd ar hyn o bryd – mi gei di lonydd. Dwi 'di gadael tywel i ti.'

Pan ddychwelodd i lawr y grisiau, adnabu Jeff lais Tudur Huws Jones yn canu'r gân 'Angor', a sylwodd fod câs y CD *Dal i Drio* yn agored wrth y system sain. Roedd Meira eisoes wedi agor y botel win a rhannu'r rhan helaethaf ohoni rhwng dau wydr mawr.

'Peth rhyfedd ein bod ni'n dau mor hoff o'r un gerddoriaeth yntê? Mae ganddo fo steil digon tebyg i Eric Bogle, ti'm yn meddwl?'

Anwybyddodd Meira'r sylw a rhoddodd un o'r gwydrau yn llaw Jeff.

'Iechyd da,' meddai.

'Ti'n ymwybodol na fedr yr un ohonon ni ...'

Ni adawodd Meira iddo orffen y frawddeg. Rhoddodd ei bys yn dyner ar ei wefus.

'Yfa fo,' gorchmynnodd. 'Ac ymlacia.'

Edrychodd Jeff i fyw ei llygaid oedd yn dawnsio ac yn fflachio'n sionc.

'Wyt i'n fwytäwr mawr?' gofynnodd. Ond doedd meddwl Jeff ddim ar y bwyd.

'Ddim heno,' atebodd, â gwên swil. Synnai ei fod yn teimlo braidd fel glaslanc nerfus.

'Ty'd trwodd,' meddai. 'Neu mi fydd y pasta'n gorwneud.'

Edrychodd y ddau ar ei gilydd wrth fwyta'n hamddenol. Nid oedd angen dweud gair. Cyffyrddodd eu dwylo ar draws y bwrdd droeon yn ystod y pryd. Peth estron iawn i Jeff Evans oedd teimlo'n brin o eiriau, ond gwyddai nad oedd wedi troedio'r llwybr hwn ers amser maith. Yn gymysg â'i deimladau tuag at Meira roedd elfen o euogrwydd; ond er ei bod hi'n ymwybodol o hynny ac yn deall ei sefyllfa, ei bryder mwyaf oedd y buasai hynny'n amharu ar beth bynnag allai fod o'u blaenau, boed hynny y noson honno neu yn y dyfodol.

Ar ôl gorffen bwyta a chlirio'r platiau, awgrymodd Meira iddo fynd trwodd i'r lolfa. Dilynodd hithau funud yn ddiweddarach yn cario dau wydryn o frandi ac eisteddodd ar y soffa wrth ei ochr.

'Waeth i ni orffen y pryd mewn steil ddim,' meddai. 'Ac fel yr awgrymaist ti, does 'run ohonon ni am fynd tu ôl i lyw car heno.'

Pwy fyddai'n cymryd yr awenau, myfyriodd? A pha awenau? Ni wyddai Jeff yn sicr sut i ymateb. Closiodd ati ar y soffa, rhoddodd ei fraich o amgylch ei hysgwyddau a symudodd hithau yn gyfforddus i'w gesail. Eisteddodd y ddau yng nghwmni'i gilydd yn gwrando ar y gerddoriaeth ddistaw yn y cefndir, eu meddyliau'n crwydro. Siarad siop oedd y peth diwethaf ar feddwl y ddau, ond sylweddolodd Jeff nad oedd meddyliau cudd yn ddigon chwaith. Gwyddai fod yr eneth dlos, gynnes wrth ei ochr yn ymwybodol o sut roedd o'n teimlo yn ei chwmni. O dan amgylchiadau eraill, mi fuasai ... wel, pwy a ŵyr beth fuasai canlyniadau noson mor hyfryd; y ddau wedi ymlacio mor rhwydd yng nghwmni ei gilydd ac effaith y diodydd yn llifo'n braf trwy'u gwythiennau. Ystyriodd a ysgogwyd ei deimladau gan farwolaeth Jean – rhyw ryddid newydd wrth ddianc o fywyd caeth? Cariad dwfn, ond cariad dan glo fu ganddo ers blynyddoedd. Na, roedd ei deimladau'n ddiffuant, a gwyddai na ddylai eu cuddio. Er hynny, teimlai fod rhaid iddo roi eglurhad iddi. Roedd hi'n haeddu hynny, o leiaf.

Synnodd fod yn agos i hanner awr wedi mynd heibio heb air rhyngddynt a'r brandi wedi cynhesu yng nghledr ei law.

'Meira, dwi'm yn siŵr sut i ddeud hyn,' mentrodd Jeff o'r diwedd.

Trodd hithau ei phen tuag ato, ei gwallt yn rhwbio'n ysgafn yn erbyn ei foch, ond ni ddywedodd air.

'Rwyt ti wedi troi 'mywyd i wyneb i waered yn ystod y dyddiau diwetha 'ma, ond dwi'n teimlo na fedra i ... Wnes i erioed ...'

Nid adawodd Meira iddo orffen.

'Does dim rhaid i ti, Jeff. Cofia 'mod inna'n gwybod yn iawn be ydi colled. Dwi wedi cael llawer iawn mwy o amser na chdi i ddod i delerau â'r peth, ond creda di fi, dwi'n ymwybodol iawn o'r hyn rwyt ti'n mynd trwyddo. A dydi'r golled byth yn dy adael di yn gyfan gwbl, 'sti.'

'Roeddach chi'ch dau yn agos iawn i'ch gilydd.'

'Oeddan – y tri ohonon ni, mewn ffordd.'

'Tri?'

'Mi gollais i blentyn hefyd. Ro'n i'n feichiog ar y pryd – ychydig dros dri mis, ond roedd Simon a finna'n teimlo bod y babi yn rhan o'n teulu bach ni yn barod. Roeddan ni mor hapus ac yn edrych ymlaen gymaint. Mi gollais y babi ddau ddiwrnod ar ôl y ddamwain a laddodd Simon. Dywedodd y doctoriaid mai'r sioc oedd yn gyfrifol.'

Rhoddodd Jeff ei wydryn i lawr ar y bwrdd a thynnu Meira'n nes ato.

'Mae'n wir ddrwg gen i, Meira bach. Dyma fi, yn meddwl amdanaf fy hun, a chditha wedi mynd trwy gymaint mwy na fi.'

'Y peth ydi, Jeff, nad oes neb arall wedi bod yn fy mywyd i yn y cyfamser. Tan rŵan. Felly, mi weli di fod hyn yn beth newydd iawn i minna hefyd. Yr unig reswm dwi'n deud hyn ydi i drio gwneud i ti sylweddoli 'mod i'n dallt sut rwyt ti'n teimlo.' Oedodd Meira am ennyd. 'Dwi'n meddwl bod yr hen job 'ma wedi fy helpu fi i ddod yn ôl ataf fy hun, 'sti. Mae 'na rai adegau, fel y gwyddost ti, pan nad oes gen ti amser i ofidio.'

'Oes,' atebodd Jeff. 'Dyna oedd fy mwriad innau hefyd, ond wnes i erioed ddychmygu byswn i'n syrthio mewn cariad ynghanol yr ymchwiliad cynta!'

'Cym' bwyll, Jeff. Paid â rhuthro i ddefnyddio'r gair yna. Does dim rhaid i ti.'

'Dwi mor falch ein bod ni'n dallt ein gilydd,' atebodd.

'Rŵan ta.' Roedd llais Meira yn gadarn ac yn bwrpasol

siriol er mwyn newid yr awyrgylch. 'Ma' hwn wedi bod yn ddiwrnod hir a dwi am fynd i 'ngwely. Mae'r llofft sbâr yn barod i ti – dwi'n meddwl bod bob dim y byddi di ei angen yno ... heblaw pyjamas,' ychwanegodd yn ddireidus.

'Paid â phoeni am hynny,' atebodd Jeff. 'Fydda i byth yn eu gwisgo nhw.'

Jeff ddaeth i lawr y grisiau gynta am saith y bore canlynol wedi cael cawod ac yn teimlo'n ffres. Clywodd Meira'n canu yn y gawod a gwnaeth baned i'r ddau ohonyn nhw. Pan gerddodd Meira i'r gegin cofleidiodd Jeff hi'n dyner, a'i chusanu ar ei boch.

'Paid â phoeni am frecwast,' awgrymodd Jeff. 'Mi gawn ni rôl gig moch yn y garafán 'na ar allt Rhuallt ar y ffordd yn ôl. Sut fasa hynny'n dy siwtio di?'

'Mynd â fi allan am frecwast? Neis iawn.'

'Meddwl o'n i y basa'n well i ni gael rwbath sylweddol yn ein stumogau cyn clywed be sy' gan Emlyn Morris i'w ddeud ynglŷn â'r *hookah* 'na.

Pennod 28

Y tro hwn, cafwyd ateb pan gurodd y ddau dditectif ar ddrws ffrynt tŷ Emlyn Morris, ond derbyniad llugoer, bron yn elyniaethus, a gawsant pan agorwyd y drws. Nid oedd Jeff yn disgwyl llai o dan yr amgylchiadau. Gwyddai y byddai perswadio Morris i roi cymorth iddynt, ar ôl y driniaeth a gafodd gan yr heddlu ychydig ddyddiau ynghynt, yn galw am gryn dipyn o ddiplomyddiaeth. Nid oedd Jeff yn un am ddefnyddio'r dull hwnnw o blismona.

'Be 'dach chi isio?' gofynnodd Morris yn swta.

'Gair bach, dyna'r cwbwl,' atebodd Jeff.

'Lle mae'ch gwarant chi?'

'Does gynnon ni 'run. Gawn ni ddod i mewn?' gofynnodd.

'Na chewch. Dim heb warant.'

'Reit,' meddai Jeff. 'Cofiwch un peth, Mr Morris. Ar hyn o bryd, rydach chi ar fechnïaeth i ymddangos yng ngorsaf yr heddlu yng Nglan Morfa. Mae gen i hawl i newid y trefniant hwnnw a mynd â chi i mewn i'ch holi chi eto os lecia i, ac mi ydw i'n fodlon gwneud hynny'r munud 'ma ... os oes angen.'

Dyna ddiplomyddiaeth i lawr y draen yn barod, meddyliodd Meira.

'Ond gan mai chwilio am gymorth rydan ni ar hyn o bryd, mi fasa'n well gan Ms Lewis a finna drafod y mater yn rhywle lle rydach chi'n fwy cyfforddus – neu gartrefol os liciwch chi,' meddai.

Meddyliodd Emlyn Morris am ennyd cyn ateb.

'Ddylwn i ofyn i 'nghyfreithiwr ddod draw?' gofynnodd.

'Mae hynny i fyny i chi, Mr Morris, ond isio gwybodaeth rydan ni heddiw, nid chwilio am dystiolaeth na'ch holi chi ynglŷn ag unrhyw drosedd. Coeliwch fi.'

'Well i chi ddod i mewn 'ta.'

Cerddodd y tri trwodd i'r lolfa. Eisteddodd Jeff a Meira ar y soffa a Morris ar gadair gyferbyn â nhw.

'Pam ddylwn i'ch helpu chi?' gofynnodd Morris yn anghyfforddus. 'Dwi wedi cael fy ngwahardd dros dro o'r ysgol fel y gwyddoch chi, ma' siŵr, ac mae pawb yn y dre 'ma'n gwybod erbyn hyn be oeddach chi'n ei wneud yma y bore o'r blaen.'

'Eich gweithredoedd chi eich hun oedd yn gyfrifol am hynny, Mr Morris, a neb arall,' datganodd Jeff yn blwmp ac yn blaen. 'Ond gwrandwch arna i rŵan. Diwedd y gân ydi bod merch ifanc wedi'i llofruddio, ac mae 'na ddyletswydd arnon ni i ddod o hyd i bwy bynnag a'i lladdodd hi. Ydych chi'n cydweld â hynny, o leia?'

'Wrth gwrs,' cytunodd.

'Rŵan 'ta, mae Ditectif Gwnstabl Lewis eisiau gofyn un neu ddau o gwestiynau i chi ynglŷn â'ch eiddo chi – y pethau sydd ganddon ni i lawr yng ngorsaf yr heddlu.'

Roedd y ddau wedi trefnu o flaen llaw mai Meira fyddai'n arwain yr holi oherwydd tybiai Jeff y byddai Morris yn fwy parod i ymateb i blismones – neu unrhyw ferch pe bai'n dod i hynny. Byddai'n ddigon hawdd iddo fo ailymuno yn y sgwrs pe byddai angen rhoi mwy o bwysau arno. Yr hen drefn – *good cop, bad cop* – a oedd wedi gweithio mor dda iddo mor aml.

'I ddechra,' meddai Meira, gan wenu arno'n addfwyn

er mwyn cael ei holl sylw. 'Hoffwn i chi edrych ar ddatganiadau eich cyfrif banc ac esbonio be ydi'r taliadau cyson yma i mewn i'r cyfrif, y rhai sy'n ychwanegol i'ch cyflog chi.'

'Mi oeddwn i'n meddwl mai isio gofyn cwestiynau am rywun arall oeddach chi, nid fy holi fi am fy incwm, sy'n fater cyfrinachol,' atebodd.

'Mae hynny'n wir,' cadarnhaodd Meira. 'Mi ddaw petha'n eglur cyn bo hir. Mae'n edrych yn debyg eich bod chi wedi bod yn gwneud gwaith ar wahân i'ch gwaith yn yr ysgol.'

'Mater i mi ydi hynny.'

'Sut fath o waith?' Croesodd Meira ei choesau gan ddangos mwy o gnawd ei chlun nag oedd yn briodol. Bachodd Morris yr abwyd. 'Peidiwch â phoeni am bobol y dreth incwm, Emlyn,' ychwanegodd. 'Dydi'r heddlu byth yn cydweithredu efo nhw, a fydd manylion yr achos yma ddim yn mynd yn bellach na Glan Morfa. Rŵan 'ta, wnewch chi ddeud wrtha i, plîs, sut fath o waith?'

'Tiwtora yn yr iaith Saesneg i ddau fachgen bach nad ydyn nhw'n dod i'r ysgol.'

'Pwy ydyn nhw?' gofynnodd Meira.

'Fedra i ddim deud,' meddai.

'Pam?'

'Am fy mod i wedi arwyddo cytundeb cyfrinachol sy'n fy ngwahardd rhag gwneud.'

'Dyna beth rhyfedd.'

'Rwbath i wneud â'u haddysg nhw, a'r ffaith nad ydyn nhw'n mynychu'r ysgol fel plant eraill yr ardal. Dwi ddim yn hollol sicr ydi hi'n gyfreithlon iddyn nhw beidio cael addysg lawn heb ryw fath o ganiatâd gan y llywodraeth,' esboniodd Morris.

'Ai'r hogia yma ydyn nhw?' gofynnodd Meira, gan ddangos y llun ohono yn eistedd rhwng y ddau fachgen, a'r *hookah* o'u blaenau.

'Lle gawsoch chi hwn?' Roedd ei syndod yn amlwg.

'Ymhlith eich eiddo chi, Emlyn.'

'Na ... na, na,' meddai Morris. 'Fedra i ddim deud mwy wrthach chi. Rhaid i mi ofyn i chi fynd rŵan.'

'Edrychwch ar y llun yma, os gwelwch yn dda, Emlyn.' Gwyrodd Meira tuag ato gan wneud yn siŵr ei fod wedi gweld i lawr ei blows. Dangosodd y llun CCTV o'r ysbyty iddo, yr un ddangoswyd i Michelle Raynor y diwrnod cynt.

Edrychodd Morris arno.

'Ydach chi'n ei nabod o?' gofynnodd Meira.

'Ydw. Does 'na ddim pwynt i mi wadu, nag oes? Mae'n ymddangos i mi eich bod chi'n gwybod yr atebion cyn gofyn i mi. Eu tad nhw ydi hwn. Mr Khan.'

Edrychodd Jeff a Meira ar ei gilydd.

'Na, Emlyn. Dydan ni ddim yn gwybod yr atebion i gyd. Ond mae'n eithriadol o bwysig ein bod ni'n cael gwybod pwy ydi'r dyn yma a lle mae o'n byw.'

Oedodd Morris cyn ateb. 'Ydi Mr Khan wedi gwneud rwbath o'i le?' gofynnodd.

'Dwi'n siŵr eich bod chi wedi clywed a gweld yn y papurau newydd am y corff a ddarganfuwyd mewn darnau mewn bagiau plastig duon bythefnos yn ôl.'

'Do.'

'Rydan ni'n amau mai Mr Khan ydi o, ond yn anffodus, doedd y pen ddim efo'r corff a does ganddon ni ddim modd o gadarnhau hyd yn hyn pwy ydi o na ble mae o'n byw. Am hynny a wyddwn ni, chi ydi'r unig un all roi'r ateb i ni.'

'Wela i.' Erbyn hyn roedd Morris yn sylweddoli pwysigrwydd y drafodaeth. 'Mae Mr Khan yn un o'r staff ym Mhlas y Fedwen. I'r fan honno roeddwn i'n mynd i ddysgu Saesneg i'r hogia ddwywaith yr wythnos, ar nos Lun a nos Iau. A dyna i chi beth rhyfedd – mi ges i fy ngyrru oddi yno ddechra'r wsnos dwytha. Y stori ges i oedd bod Mr Khan a'i deulu wedi gorfod gadael y wlad yn annisgwyl. Yr wythnos cyn hynny oedd y tro olaf i mi eu gweld nhw.'

'Lle mae Plas y Fedwen?' gofynnodd Jeff.

'Hen blasty mawr wedi'i guddio yn y coed tua phymtheng milltir oddi yma,' esboniodd Morris. 'Mae o rwbath i'w wneud â llywodraeth un o'r gwledydd Arabaidd 'ma, wn i ddim pa un.'

'Sawl gwaith fuoch chi yno, Mr Morris?' gofynnodd Jeff.

'Nifer o weithia.'

'Sut le ydi o?'

'Moethus dros ben. Eithriadol o foethus a deud y gwir. Mae 'na wal gerrig ugain troedfedd o daldra o amgylch y lle efo llechi ar ei phen a weiren bigog ar hyd y top. Synnwn i ddim nad oes 'na wifren drydan ar ei hyd hi hefyd. Mae'r lle yn cael ei warchod gan filwyr arfog a does dim ond un ffordd i mewn ac allan, a swyddog yn gwarchod y fynedfa honno ddydd a nos.'

'Welsoch chi rywun arall lleol yno erioed?' gofynnodd Jeff eto.

Meddyliodd Morris am funud. 'Dim ond masnachwr pysgod yn danfon crancod a chimychiaid. Fedra i ddim cofio'i enw fo ar hyn o bryd.'

'Peter Farrell?'

'Ia dyna fo, Pete Farrell, ond dim ond unwaith oedd hynny.

'Be am Barbara McDermott?' gofynnodd Meira. 'Yr eneth fu'n dawnsio ar eich glin chi yn Y Parot Gwyrdd yn Lerpwl. Welsoch chi hi yno?'

'Naddo wir, ac ma' hynny'n ffaith i chi.'

Cododd Jeff a Meira ar eu traed a diolch iddo cyn gadael.

'O, gyda llaw,' meddai Jeff ar y ffordd allan. 'Fuoch chi'n smygu'r *hookah* yno?'

'Do, dim ond unwaith. Wel dyna i chi beth afiach,' ychwanegodd. 'Ond mae'n rhan bwysig iawn o'u diwylliant nhw, mae'n amlwg. Dim ond ffrindiau penna sy'n cymdeithasu efo'i gilydd ac yn rhannu'r mwg o'r *hookah*, ac mae'n fraint cael cynnig – ac yn bechod mawr i wrthod.'

Cerddodd Jeff a Meira oddi yno yn hapus eu bod wedi cael mwy o wybodaeth na'r disgwyl. Ond mewn mwy nag un ffordd, roedd Emlyn Morris wedi ymglymu ei hun yn agosach at yr achos, gan ei fod wedi cyfaddef i fod yn yr un plasty â'r eneth a lofruddiwyd, a'i fod yn adnabod Khan hefyd.

'Hogan ddrwg wyt ti, Meira Lewis,' meddai Jeff ar y ffordd i'r car.

'Be ti'n feddwl?' gofynnodd yn ddiniwed.

'Defnyddio dy gorff fel'na er mwyn cael gwybodaeth. Mi welais i chdi.'

'Er mwyn fy ngwaith roeddwn i'n gwneud,' meddai.

'O ia, dwi'n cofio. Dwi wedi cael blas ar hynny yn barod, yn do?'

Chwarddodd y ddau.

Yn y car, dechreuodd meddwl ditectif Jeff ar ei waith. Pa gyfrinachau oedd wedi'u cuddio yn yr hen blasty tu ôl i'r waliau tal a'r weiren bigog? Pam roedd yn rhaid gwarchod y lle mor ofalus?

Pennod 29

Ar ôl cyrraedd gorsaf yr heddlu ffoniodd Jeff Swyddfa'r Gofrestrfa Dir yn Abertawe. Gwyddai y byddai siarad â chyswllt yn y fan honno yn llawer haws a chynt na defnyddio'r rhyngrwyd neu lenwi ffurflenni maith. Y lleia'n y byd o waith papur oedd yna, gorau'n y byd o safbwynt Jeff. Wedi gwneud hynny, aeth Meira ac yntau i swyddfa'r Ditectif Brif Arolygydd i roi eu hadroddiad arferol.

'Does dim modd gwybod be sydd tu ôl i'r waliau 'na, na faint o adnoddau fyddai eu hangen arnon ni i sicrhau mynediad,' cynigodd Jeff.

'Dwi'n cytuno,' meddai Irfon Jones. 'Mi hoffwn petaet ti'n gwneud chydig mwy o ymholiadau cyn mentro cymryd y cam hwnnw – yn y cyfamser, be am i ni grynhoi'r holl wybodaeth sydd ganddon ni hyd yn hyn?'

'Fel hyn rydw i'n gweld petha,' dechreuodd Jeff. 'Mae corff Barbara McDermott yn cael ei adael ar y lôn mewn amgylchiadau sy'n awgrymu damwain, gan Khan yn ôl pob golwg. Mae hi wedi cael ei hambygio'n rhywiol gan fwy nag un dyn. Un o'r rhai sy'n gyfrifol ydi Peter Farrell ac mae yntau'n farw erbyn hyn hefyd.'

'Damwain, neu wedi'i lofruddio,' ychwanegodd Meira. 'A does dim modd cadarnhau ar hyn o bryd a oedd ei gyfaill, Paul Dudley, efo fo.'

'Yn hollol,' cytunodd Jeff. 'Mi fedrwn gasglu'n hyderus mai ym Mhlas y Fedwen y lladdwyd Barbara McDermott am ddau reswm. Mae Michelle Raynor yn gallu cadarnhau ei bod yn arfer mynd yno, ac mae Emlyn Morris yn gallu cysylltu Khan â'r un lle. Khan, wrth gwrs, ydi'r un boi â'r doctor a geisiodd ddarganfod be oedd Iolo Pugh wedi'i weld noson y ddamwain. Mae amheuaeth bod Peter Farrell wedi bod yn smyglo rwbath i mewn i'r wlad, a'i fod wedi cael ei dalu'n dda am wneud. Cyffuriau fyswn i'n meddwl, o ystyried maint y taliadau oedd yn cyrraedd ei gyfrif banc. Ydi'r plasty'n cael ei ddefnyddio i ddosbarthu cyffuriau, d'wch?'

'Ac yna mae Farrell yn cael ei ladd – oedd o'n gwybod gormod tybed?' awgrymodd Jones, yn taro'i bensel ar y ddesg o'i flaen fel pe bai hynny'n ei helpu i feddwl. 'Yn sicr, mae popeth yn ein harwain ni yn ôl at y plas 'na. Petai hwn yn dŷ ynghanol Glan Morfa, mi fyswn i'n rhoi gorchymyn i chwilio'r lle ar unwaith. Ond fysa hynny ddim, o anghenrhaid, yn deud wrthon ni pwy oedd yn gyfrifol am lofruddio Barbara McDermott, Khan na Farrell. Ac mae'n rhaid gofyn pam roedd angen lladd Farrell, os mai hynny ddigwyddodd, a Khan yn enwedig.'

Yr eiliad honno, canodd y ffôn ar ddesg y DBA. Atebodd yr alwad a gwrando. Pasiodd y ffôn i Jeff. 'I ti mae o.'

Gwrandawodd Jeff gan wneud nodiadau, a rhoddodd y derbynnydd yn ei grud.

'Cafodd Plas y Fedwen ei brynu gan gwmni o'r enw Gulf Property Investments Ltd bedair blynedd yn ôl. Cwmni wedi'i gofrestru yn y wlad yma ydi hwnnw, ond cwmnïau eraill yn Oman sy'n berchen arno. Mae hynny'n golygu nad oes modd cael gwybod pwy ydi'r unigolion sy'n gyfrifol am y cwmni heb fynd trwy'r awdurdodau yn y wlad honno – a waeth i chi drio chwibanu i fyny'ch tin ddim. Sori, Meira,' meddai, gan droi ati gyda gwên.

'All un ohonoch chi awgrymu sut y medrwn ni ddarganfod mwy am beth bynnag sy'n digwydd yn y plas cyn mentro ar y cam mawr nesaf?' gofynnodd y DBA.

'Mae gen i syniad. Mi a' i yno ar fy mhen fy hun, dim ond i ofyn un neu ddau o gwestiynau bach dibwys, ac mi wna i Golumbo arnyn nhw.'

Chwarddodd Jones. Roedd yn gwybod o brofiad am allu Jeff i efelychu'r ditectif teledu ffuglennol drwy actio'n dwp a di-glem wrth lyncu pob manylyn, ond roedd yn rhaid esbonio i Meira. Gwenodd hithau'n ddrygionus ar ei phartner newydd.

'Reit, Jeff. Mi wnawn ni hynny,' cadarnhaodd y DBA. 'Yn y cyfamser, Meira, wnewch chi ddychwelyd i Lerpwl, os gwelwch yn dda, i gymryd datganiad llawn gan Michelle Raynor? Mi fydd hynny'n hanfodol os ydan ni'n bwriadu gwneud cais am warant i chwilio'r plas. Pwy a ŵyr – efallai bydd hynny'n digwydd yn gynt na'r disgwyl.'

Aeth Jeff a Meira i lawr i'r cantîn am ginio er nad oedd llawer o awydd bwyd ar y naill na'r llall. Pan wagiodd y lle, symudodd Meira ei llaw ar draws y bwrdd tuag at law Jeff.

'Bydda'n ofalus yn y plas 'na, wnei di?'

'Paid â phoeni,' atebodd. 'Nid fi sy'n mynd yno, ond Liwtenant Columbo!'

Pennod 30

Dewisodd Jeff y butraf a'r hynaf o geir di-farc y ditectifs a oedd ar gael y prynhawn hwnnw a gwnaeth ei ffordd i Blas y Fedwen, hen dŷ mawr oedd, yn ôl ei ymchwil, wedi'i adeiladu'n wreiddiol yn yr Oesoedd Canol. Roedd y tŷ allan o olwg y mwyafrif o breswylwyr yr ardal ond, yn wahanol i sawl eiddo lleol, roedd wedi llwyddo i gadw'i enw Cymraeg drwy gyfnod sawl perchennog. Edrychodd ar y waliau cerrig uchel o amgylch tir yr ystad a phenderfynodd nad oedd yn bosib gweld i mewn o unrhyw gyfeiriad. Gwelodd y weiren bigog fygythiol wedi'i rholio ar hyd pen y wal, yn rhoi neges glir i unrhyw un oedd â'r bwriad o geisio'i dringo. Y tu ôl i honno, roedd weiren arall yn dynodi rhyw fath o system ddiogelwch. Doedd dim ond un peth amdani felly.

Gyrrodd ar hyd berimedr y waliau nes iddo ddod at yr unig fynedfa – dorau pren mawr cadarn efo picellau miniog haearn ar hyd y top. Parciodd y car yn y llain lydan rhwng y ffordd fach wledig a'r dorau mawr a cherddodd tuag at y fynedfa, ei gôt ddyffl wedi'i gadael yn agored i ddangos y crys blêr a fyddai, fel arfer, yn ei wisgo i arddio. Cyn iddo allu canu'r gloch, agorodd drws bychan yn y dorau mawr. Camodd yr Arab mwyaf a welodd Jeff erioed allan ohono mewn lifrai milwrol a bleiddgi ar dennyn yn cyfarth yn ffyrnig wrth ei ochr.

'Duw, be sy' matar efo'r ci bach 'ma?' gofynnodd Jeff. 'Dach chi'm yn rhoi digon o fwyd iddo fo?'

'Be 'dach chi isio? Cerwch o 'ma. Sgynnoch chi'm busnes yma,' arthiodd y dyn yn Saesneg gydag acen dramor gref.

'Jeff Evans ydw i. Polîs. Heddlu Glan Morfa. Isio siarad efo'r perchennog. Ydi o yna, os gwelwch yn dda?' Dangosodd ei gerdyn swyddogol i'r milwr.

'Arhoswch. Arhoswch yn fan hyn!' Roedd y dyn fel petai'n gweiddi gorchymyn milwrol, a phrin roedd Jeff yn ei ddeall.

Trwy'r drws bach yn y dorau mawr gwelodd Jeff y dyn yn codi ffôn mewn caban bychan pren gerllaw, ond ni allai glywed y sgwrs na gweld llawer mwy oherwydd bod y bleiddgi yn dangos ei ddannedd ac yn cyfarth pan oedd o'n mentro cymryd cam yn ei flaen. Edrychodd Jeff i fyny ar y camera oedd yn anelu i lawr arno, gan wybod bod rhywun yn syllu arno'r eiliad honno wrth wneud y penderfyniad.

Ymhen ychydig funudau daeth dyn arall trwy'r drws. Arab arall, tybiodd Jeff, dyn yn ei bum degau efo mwstas du lawn cymaint â'r un a wisgai'r dyn cyntaf. Ond roedd hwn wedi'i wisgo mewn siwt pinstreip lwyd, crys gwyn a thei las, ffurfiol. Roedd ei lygaid wedi'u cuddio y tu ôl i sbectol fawr, dywyll, er ei bod hi'n ddiwrnod cymylog, di-haul.

'Does gan yr heddlu na neb arall hawl i ddod i'r fan hyn heb wahoddiad,' meddai mewn Saesneg da a fradychai addysg Brydeinig neu goleg tramor safonol. 'Mae'r adeilad a'r tir yma wedi'u diogelu gan imiwnedd diplomyddol.'

Er bod ei lais yn ddistaw ac yn bwyllog, roedd yn ddigon hawdd synhwyro'r elyniaeth ynddo, a gwyddai Jeff ar ei union ei fod yn ddyn awdurdodol a dylanwadol yn ei gymuned.

'Ond dim ond isio gair bach efo perchennog y tŷ ydw i, os gwelwch yn dda. Chi ydi hwnnw?' gofynnodd.

'Faint o weithiau sydd yn rhaid i mi ddeud wrthoch chi?' gofynnodd y dyn. 'Does â wneloch chi ddim â'r tŷ yma, a does gan yr heddlu na'r un llywodraeth arall ym Mhrydain yr hawl i ddod i mewn yma i'm holi i na neb arall o'r staff.'

Yn sydyn daeth Rolls Royce gwyn hynod o fawr rownd y gongl a throi i mewn am y dorau. Ymddangosodd tri dyn arall o rywle ar unwaith, ac fe agorwyd y dorau. Cerddodd yr un a fu'n siarad â Jeff at ddrws cefn y car gwyn ac ymgrymodd yn barchus pan agorwyd ffenestr y car.

Dyma 'nghyfle i, meddyliodd Jeff, a chamodd yn frysiog i gyfeiriad y car.

'Jeff Evans ydw i, o heddlu Glan Morfa. Chi ydi perchennog Plas y Fedwen, syr? Holi ydw i am lofruddiaeth yn yr ardal a hoffwn gael gair efo chi, os ydi hynny'n iawn.'

Ceisiodd y milwr cyntaf a'r ail ddyn yn y siwt afael ynddo a'i dynnu ymaith, ac ynghanol yr holl firi dechreuodd y ci gyfarth yn fwy swnllyd nag erioed.

'Rhowch y gorau iddi'r munud 'ma, neu mi ddo' i â digon o blismyn yma i arestio'r cwbl lot ohonach chi,' gwaeddodd Jeff wrth frwydro yn erbyn y ddau gawr.

Nid dyna oedd ei fwriad, ac yn sicr nid dyna beth fyddai'r Ditectif Brif Arolygydd yn ei ddymuno chwaith. Llanast eto! Yn annisgwyl, agorodd drws cefn y Rolls Royce gwyn a chamodd gŵr yn ei saith degau allan ohono. Edrychai'n eithriadol o urddasol yn ei wisg Arabaidd draddodiadol wen a oedd yn cyferbynnu yn erbyn yr *hijam* aur oedd am ei ganol a'r *igal*, y cortyn blew camel o'r un lliw o amgylch gwisg ei ben.

Cododd ei law a gollyngodd yn ddau Jeff ar unwaith. Ysgydwodd Jeff ei hun a gwnaeth sioe o rwbio'r llwch oddi ar ei gôt flêr.

Ymgrymodd y gŵr bonheddig o'i flaen, a gwnaeth Jeff yr un fath gan ymestyn ei law tuag ato. Gwenodd y gŵr arno ac, yn amharod, ysgydwodd ei law. Ni wyddai'r ditectif ddim am draddodiadau'r Dwyrain Canol na sut y dylai rhywun ymddwyn ymysg boneddigion y gwledydd hynny.

'Jeff Evans, syr, heddlu Glan Morfa.' Dangosodd ei gerdyn unwaith eto.

'Seik Amit Bin Ahamed,' cyflwynodd ei hun. 'Mae'n rhaid i mi ymddiheuro, mae gen i ofn.' Sylwodd Jeff fod Saesneg y dyn hwn, eto, yn gampus. 'O dro i dro, mae fy nghynorthwywyr yn fwy brwdfrydig nag sydd raid,' parhaodd. 'Beth fedra i ei wneud i chi?'

'Holi ydw i ynglŷn â chorff dyn a ddarganfuwyd yng nghyffiniau Glan Morfa.'

'Mater difrifol felly,' meddai Seik Ahamed. 'Nid y math o beth y dylen ni ei drafod allan yn y fan hyn. Dilynwch fi yn eich car, os gwelwch yn dda. Cawn fwy o lonydd i drafod y mater yn y tŷ.'

Cododd Jeff ei law ar y dyn yn y siwt pan yrrodd trwy'r dorau a llygadodd hwnnw ef yn ôl yn fygythiol. Teimlai Jeff fel codi'i fys canol i'w gyfeiriad ond ni fuasai hynny wedi gwneud y tro o gwbl, o dan yr amgylchiadau. Yn ystod y daith fer at y plasty gwelodd Jeff fod y gerddi yn arbennig o daclus a thybiodd fod arian mawr ac oriau maith yn mynd i gadw'r lle yn y fath gyflwr. Ni wyddai ar y pryd fod gwell i ddod.

Roedd y tŷ yn werth ei weld. Wrth edrych i fyny arno sylwodd Jeff fod cyrtens sidan lliw mwstard, i gyd o'r un patrwm wedi eu rhwymo efo cortyn coch, ym mhob un o'r dwsinau o ffenestri a welai ar y tri llawr o'i flaen. Agorwyd y drws gan was mewn siwt ddu a ymgrymodd o'u blaenau. Un arall pryd tywyll â mwstas trwchus. Ni chymerodd y Seik sylw ohono, felly dilynodd Jeff ei esiampl. Dilynodd Jeff y gŵr bonheddig trwy'r fynedfa i ganol y cyntedd mwyaf a welodd erioed. Sychodd ei draed yn ôl ei arferiad cyn troedio ar y carped trwchus, a chofiodd yn sydyn am y darn carped yn nhŷ Modlen Farrell. Gwelodd soffas lliw aur moethus ar hyd dwy wal efo clustogau coch tywyll a phiws bob yn ail yn gorwedd arnynt. Uwch eu pennau roedd nifer o baentiadau olew – gwerth cannoedd o filoedd o bunnau mae'n siŵr – wedi'u hongian yn daclus.

'Te, neu rywbeth i'w fwyta?' gofynnodd y Seik.

'Te, diolch,' atebodd Jeff. Fel arfer buasai wedi gofyn am lefrith a dim siwgr, ond y tro yma disgwyliodd i weld beth oedd arferiad y tŷ.

Fflicioddd y Seik ei fysedd o flaen y gwas heb edrych i'w gyfeiriad a diflannodd hwnnw o'r golwg i baratoi'r lluniaeth.

Sylweddolodd Jeff fod y dyn mewn siwt a welodd yn gynharach wedi dod i mewn, a'i fod yn eu dilyn ar hyd y cyntedd. Agorodd y Seik un o'r drysau ym mhen draw'r cyntedd ac arwain Jeff i mewn i ystafell fawr, oedd yr un mor foethus â'r hyn a welsai eisoes. Swyddfa oedd yr ystafell hon, ond ni welsai Jeff erioed swyddfa fel hon o'r blaen. Roedd clamp o ddesg yn un pen i'r ystafell â chyfrifiadur arni, dwy soffa gyferbyn â'i gilydd wrth ymyl y lle tân a bwrdd coffi derw a thop gwydr arno rhyngddynt. Yn y pen arall roedd bwrdd derw a oedd, tybiodd Jeff, yn ddigon mawr i ddeuddeg person eistedd o'i amgylch ar y cadeiriau lledr gwyn. Nid oedd golau i'w weld yn y nenfwd ond roedd nifer o lampau o amgylch yr ystafell yn taflu goleuni lled awgrymog ac artistig. Ar un o'r waliau roedd paentiad olew o *dhow* traddodiadol yn morio allan o ryw harbwr ac oddi tano, *khanjar* mawr – y cleddyf seremonïol â llafn llydan, cam, a oedd yn arwydd o goethder dynol.

Caewyd drws yr ystafell gan y dyn a'u dilynodd drwy'r cyntedd, a safodd hwnnw oddi mewn i'r drws.

Cododd y Seik ei law tuag ato. 'Dyna'r cyfan ar hyn o bryd, diolch, Saheed,' meddai.

Hwn oedd Saheed, felly, nododd Jeff; bòs Khan. Edrychodd o'i gwmpas a daeth rhyw deimlad o edmygedd drosto, ond ochr yn ochr â hynny teimlai ryw anesmwythder na allai ei egluro. Sylwodd fod y carped o dan ei draed yn union yr un patrwm â'r tamaid carped yn nhŷ Peter Farrell.

'Carped da ... dwi'n siŵr eich bod chi wedi talu arian mawr am hwn,' meddai Jeff, yn union yr un fath ag y buasai Liwtenant Columbo wedi'i ddweud.

'Ydi, mae hwn yn garped gwerthfawr. Cefais ei fewnforio yr holl ffordd o Oman ychydig fisoedd yn ôl.'

'Welais i erioed dŷ mor neis yn fy nydd,' parhaodd Jeff. 'Chi sydd berchen ar y lle?' gofynnodd.

'Nage wir,' atebodd y Seik. Eiddo Llywodraeth Swltaniaeth Oman ydi o. Un o swyddogion y llywodraeth ydw i.'

'Mae'n rhaid eich bod chi'n ddyn uchel ac awdurdodol iawn felly, os ca' i ddeud.'

Gwenodd y Seik.

'Gobeithio ei bod hi'n iawn i mi ofyn,' parhaodd Jeff.

'Ond i be mae Llywodraeth Swltaniaeth Oman isio tŷ fel hwn yng nghanol cefn gwlad gogledd Cymru?'

'Cwestiwn da,' meddai'r Seik, yn dal i wenu. 'Fel y gwyddoch chi, mae'r Dwyrain Canol yn rhan digon trwblus o'r byd, ac mae pwysau gwaith diplomydd yn faich o dro i dro, a dweud y lleiaf. Mae harddwch a heddwch y rhan yma o'ch gwlad chi yn rhoi cyfle am seibiant i staff y llysgenhadaeth yn Llundain, a thu hwnt. Rhywle i ymlacio. Ond mae'n cael ei ddefnyddio hefyd er mwyn cynnal cynadleddau ar faterion y Dwyrain Canol. Mae uwch swyddogion y gwledydd hynny sy'n allforio petroliwm, OPEC, wedi cyfarfod yma fwy nac unwaith.'

'Mae'n siŵr bod yma wledda da felly,' awgrymodd Jeff, yn dal i bysgota am fwy o wybodaeth.

Gwenodd y Seik mewn ymateb i ddiniweidrwydd ymddangosiadol y ditectif lleol. 'Oes yn wir. Er ein bod ni'n mewnforio'r rhan helaeth o'n bwyd o'r Dwyrain Canol, trwy faes awyr Caernarfon fel arfer, rydyn ni'n defnyddio cymaint o fwydydd lleol ag sy'n bosib, yn enwedig pysgod cragen ffres a llysiau.'

'Beth am lafur lleol?'

'Na. Rydan ni'n cyflogi ein pobol ein hunain. Mae'n rhaid diogelu'r uwch-swyddogion pwysig sy'n defnyddio'r cyfleusterau yma, a dyna pam mae angen y milwyr a welsoch chi ynghynt i warchod y lle.'

Daeth cnoc ar y drws.

'Dewch,' galwodd y Seik.

Daeth y gwas i mewn yn cario hambwrdd ac arno bot o de a phowlen o ffrwythau, a'i roi ar y bwrdd coffi. Gwahoddwyd Jeff i eistedd ar un o'r ddwy soffa ac eisteddodd Seik Amit Bin Ahamed ar y soffa arall gyferbyn â fo. Tywalltodd y gwas y te i ddwy gwpan fechan, ymgrymu, a'u gadael heb ddweud yr un gair. Nid oedd golwg o lefrith na siwgr yn unman, ac o'r holl ffrwythau a welai Jeff yn y bowlen o'i flaen, grawnwin oedd yr unig un oedd yn gyfarwydd iddo.

Ystumiodd y Seik ei law tuag at y ffrwythau. 'Os gwelwch yn dda,' meddai.

Cymerodd Jeff rawnwinen a llymaid o'r te cryf, melys.

'Sôn am y bobol sy'n gweithio yma roeddan ni,' meddai. 'Y rheswm yr ydw i yma heddiw ydi bod corff dyn a gafodd ei lofruddio wedi'i ddarganfod nid nepell oddi yma. Mae ein gwyddonwyr fforensig wedi cadarnhau mai gŵr o'r Dwyrain Canol oedd o.'

Ni ddangosodd y Seik unrhyw arwydd o gynnwrf.

'Oes yna un o'ch staff chi wedi diflannu yn ddiweddar?'

'Fedra i ddim dweud wrthoch chi, Sarjant Evans. Newydd ddychwelyd yma ydw i ar gyfer cyfarfodydd pwysig yn ddiweddarach yn yr wythnos,' meddai. 'Mae yna lawer yn gweithio yma, a llawer yn ymweld â'r lle – ac maen nhw'n mynd a dod yn gyson. Saheed sy'n edrych ar ôl rheolaeth y tŷ o ddydd i ddydd, a'r gweithwyr hefyd.'

'Bydd yn rhaid i mi ei holi fo a gweddill y staff felly,' awgrymodd Jeff.

Yn bwyllog, cymerodd y Seik lymaid o'i de a thamaid o un o'r ffrwythau dieithr cyn ymateb.

'Mae'n ddrwg gen i, tydi hynny ddim yn bosib,' meddai. Edrychodd i fyw llygaid Jeff gan gnoi'r ffrwyth yn hamddenol a diemosiwn. 'Gadewch i mi esbonio,' parhaodd. 'Y peth diwethaf rydw i eisiau ei wneud yw rhwystro eich ymholiadau chi, gallwch fod yn sicr o hynny. Ond rydych chi wedi troedio i mewn i fyd arall heddiw,

Sarjant Evans. Byd y Dwyrain Canol ydi hwn, byd Arabaidd lle mae'r arferion a'r traddodiadau yn wahanol iawn i'ch byd Prydeinig chi. Ac oherwydd natur y trafodaethau a'r cwmni a fydd yn cyfarfod yma, mae'r tŷ, y tir, y swyddogion a'r gweithwyr – yn wir, pawb sy'n dod yma i drafod materion y Dwyrain Canol – yn dod o dan fantell imiwnedd diplomyddol sy'n ymestyn o lysgenhadaeth Swltaniaeth Oman yn Llundain. Deallwch os gwelwch yn dda, nad oes gen i wrthwynebiad o gwbl i chi gael yr wybodaeth yr ydych chi ei hangen, ond – ac mae hwn yn ond mawr, Sarjant Evans – mae imiwnedd diplomyddol yn rhywbeth sydd yn rhaid ei barchu, ei barchu gan Swltaniaeth Oman, eich llywodraeth chi ym Mhrydain ac, yn wir, bob gwlad trwy'r byd. Dyna sut mae pethau'n gweithio.'

'Ond ymchwiliad i lofruddiaeth sydd gen i dan sylw,' meddai Jeff, 'ac mae hynny'n fater difrifol.'

'Mi ydw i'n cytuno â chi, Sarjant. Ond ydych chi'n cofio digwyddiadau'r ail ar bymtheg o Ebrill 1984, pan lofruddiwyd heddferch yn Sgwâr Sant Iago, Llundain gan rywun oddi mewn i lysgenhadaeth Libya? Ni fentrodd yr heddlu i mewn i'r adeilad oherwydd imiwnedd diplomyddol ac yn y diwedd fe gafodd pob un o'r swyddogion oedd yn yr adeilad eu cludo'n ôl i Libya yn saff. Dyna yw nerth imiwnedd diplomyddol. Mae traddodiad y byd Arabaidd a natur y gwaith a'r trafodaethau sy'n cael eu cynnal yn y tŷ yma yn golygu y buasai Swltaniaeth Oman yn colli parch drwy adael i'r heddlu ddod yma i wneud eu hymholiadau. Ac mae parch yn beth pwysig iawn yn ein byd ni. Ond,' ychwanegodd gan godi ar ei draed, 'fel arwydd o ewyllys da, mi wna i, yn bersonol, orchymyn fod ymholiadau mewnol yn cael eu cynnal, ac os bydd rhywbeth sydd o ddefnydd i chi yn dod i'r amlwg, mi wna i gysylltu â chi.'

'O dan yr amgylchiadau, fedra i ddim gofyn am fwy,' atebodd Jeff. 'Un cwestiwn arall,' mentrodd. 'Oes yna ferched yn dod yma i gymdeithasu â'r ymwelwyr?'

Gwenodd y Seik. 'Byd gwrywaidd ydi'n byd ni, Sarjant. Mae'r swyddogion a'r gwahoddedigion sy'n defnyddio'r cyfleusterau yma i ffwrdd oddi wrth eu gwragedd, am amser hir weithiau, ac wrth gwrs mae yna ... anghenion corfforol. Ydi hynny'n ateb eich cwestiwn chi?'

'Y rheswm dwi'n gofyn,' meddai Jeff, 'ydi bod merch ifanc wedi'i llofruddio yn yr ardal yma yn ddiweddar hefyd.'

Gwrandawodd y Seik arno'n astud.

'Ac mae yna gysylltiad, o bosib, rhyngddi hi a'r dyn arall a lofruddiwyd.' Nid oedd yn barod i ymhelaethu mwy.

'Mae'n ddrwg iawn gen i glywed am hynny,' atebodd y Seik. 'Fel yr oeddwn i'n dweud, mi wna i fy ymholiadau fy hun, a chewch fy ngair y byddaf yn cysylltu â chi os caf unrhyw wybodaeth. Ac yn awr,' meddai, 'rhaid i mi ofyn i chi ymadael.'

'Campus, felly.' Rhoddodd Jeff ei gerdyn cyswllt personol iddo.

Cerddodd y ddau yn ôl trwy'r cyntedd moethus ac allan trwy'r drws ffrynt lle gwelodd Jeff gar Mercedes mawr du nad oedd wedi'i weld ar y ffordd i mewn i'r tŷ.

'Dew, dyna gar handi,' meddai. Gwnaeth Liwtenant Columbo ymddangosiad arall. 'Welais i rioed gar fel'na o'r blaen.' Wrth gerdded tuag ato gwnaeth nodyn o'r rhif: 226 a oedd yn dynodi'r wlad, Oman, D yn y canol yn dynodi imiwnedd diplomyddol a'r rhif 316 i ddiweddu.

'Car arbennig sy'n cael ei ddefnyddio i gludo ein gwesteion bonheddig ydi o,' meddai'r Seik wrth ei ddilyn.

'Dim ond mewn ffilmiau dwi wedi gweld car mor fawr. Ga i eistedd ynddo fo?' gofynnodd. 'Cha i byth gyfle eto, dwi'n siŵr.' Sylwodd Jeff fod teiars rwber pob olwyn yn newydd sbon.

'Â chroeso,' meddai'r Seik, yn amlwg yn cael ei ddifyrru gan antics Jeff. Nid oedd wedi gweld yr un plismon, ym Mhrydain nac yn unman arall, yn ymddwyn fel hyn o'r blaen.

Agorodd y Seik ddrws y gyrrwr.

'Na, na,' meddai Jeff. 'Yn y cefn os gwelwch yn dda, fel y gŵyr bonheddig.'

Chwarddodd y Seik ac agor iddo.

Eisteddodd Jeff ar y sedd ôl a syllodd ar foethusrwydd y cerbyd, y cwpwrdd coctel, y teledu a'r cyrtens. Gwelodd awgrym o'r atgyweiriad yn nefnydd y to, yn union lle dywedodd Michelle Raynor fod ei sawdl uchel wedi mynd trwyddo. Symudodd ei ben ôl ar hyd defnydd y sedd, ac yna gwnaeth yr un peth ar y seddi gyferbyn gan ddatgan pa mor bleserus oedd y profiad. Aeth ar ei liniau ar y carped tew gan rwbio pen-gliniau ei drowsus gymaint ag y gallai ar hyd y llawr. Dewisodd ddod â'r sioe i ben cyn i'r Seik golli ei amynedd, a gwelodd ei fod yn chwerthin llond ei fol ar y plismon twp. Edrychodd Jeff heibio i Seik Amit Bin Ahamed a gwelodd Saheed yn y cefndir yn astudio'r holl ddigwyddiadau yn fanwl. Yr oedd yn ddigon hawdd gweld ei fod yn lloerig.

Diolchodd Jeff i'r Seik am ei groeso a'i haelioni, gan ychwanegu y byddai'n edrych ymlaen at glywed canlyniad yr ymchwiliad mewnol.

Gyrrodd yn syth adref a newidiodd o'i drowsus a'i gôt ddyffl, a rhoi'r ddau ddilledyn mewn bag plastig di-haint o fŵt y car.

'Dyma'r tro cyntaf i mi orfod gyrru 'nillad fy hun i'r labordy,' meddai wrtho'i hun.

Pennod 31

Pan gyrhaeddodd Jeff orsaf heddlu Glan Morfa fin nos, gwelodd nad oedd y Ditectif Brif Arolygydd Irfon Jones wedi mynd adref. Cnociodd ar ddrws ei swyddfa ac aeth i mewn.

'Wel dyma ti yn dy ôl. Ma' raid dy fod ti wedi gwneud argraff ddiawledig ym Mhlas y Fedwen. Ma' hi 'di bod fel ffair yma ers dwyawr!'

'Sut felly?'

'Mae'r pencadlys ym Mae Colwyn, y Gangen Arbennig a'r Prif Gwnstabl ei hun wedi bod ar y ffôn, myn diawl.'

'O?'

'Does neb i fynd ar gyfyl Plas y Fedwen eto, dim am unrhyw reswm, meddan nhw. Rwbath i'w wneud ag imiwnedd diplomyddol.'

'Does 'na ddim ond dwyawr ers i mi adael y lle. Ma' raid bod newyddion yn teithio'n gyflym iawn heddiw. Sut gafodd y pencadlys wybod mor handi?'

'Mi gawson nhw alwad o Lundain, yn ôl pob golwg – gan rywun reit ddylanwadol, mae'n amlwg. Deud wrtha i be ddigwyddodd yno. Mae'n swnio'n debyg i mi dy fod ti wedi tynnu blewyn o drwyn rhywun ... eto.'

'Do a naddo,' atebodd Jeff. 'Mi welais i'r prif ddyn yno, ac mi oedd o'n ŵr bonheddig go iawn. Mi adewais i ar delerau ardderchog, mae'n rhaid i mi ddeud. Mi faswn i'n synnu petai o wedi troi'n ein herbyn yn barod. Ar y llaw arall, mi gwrddais â dyn o'r enw Saheed sy'n edrych ar ôl y tŷ o ddydd i ddydd, a dwi'n siŵr ei fod o'n rheoli'r lle efo llaw gadarn. Os oes rhywun yno efo rwbath i'w guddio, fo ydi hwnnw.'

'Be am y meistr, felly?

'Rêl gwr bonheddig fel ro'n i'n deud, ond dydi o ddim yno ar hyd yr adeg. Os ydi 'mhrofiad i o ddarllen pobol yn o agos ati, 'swn i'm yn meddwl ei fod o'n gysylltiedig ag unrhyw droseddu – nag yn ymwybodol o hynny chwaith.'

Treuliodd Jeff hanner awr yn rhannu'r hyn a ddysgodd ym Mhlas y Fedwen â'r Ditectif Brif Arolygydd.

Ar ôl i Jeff orffen siarad eisteddodd Irfon Jones yn ôl yn ei gadair a dechrau cnoi ei bensel.

'Wel, mae'n amlwg ein bod ni'n edrych yn y lle iawn, Jeff, 'ond i ble dylen ni fynd nesa, ti'n meddwl?' gofynnodd.

'Mi anfonaf fy nillad i'r labordy cyn gynted â phosib,' meddai Jeff. 'Efallai y cawn ni fwy o dystiolaeth fforensig berthnasol.'

'Cynta'n y byd, gorau'n y byd,' cytunodd y Ditectif Brif Arolygydd. 'Mi drefna i gar i fynd â nhw yn ystod y nos heno er mwyn iddyn nhw gael eu harchwilio'r peth cynta yn y bore. Ond hyd yn oed efo'r dystiolaeth orau yn y byd fedrwn ni ddim eu cyhuddo nhw oherwydd y blydi imiwnedd diplomyddol yma sy'n hongian dros ein pennau ni.'

'Gawn ni weld,' atebodd Jeff. 'Chaiff llwyth o Arabs ddim troi gogledd Cymru'n orllewin gwyllt, na deud wrtha i be i'w wneud neu beidio'i wneud a finna'n ymchwilio i achos o lofruddiaethau ar fy nhir fy hun. Ydach chi'n cytuno, DBA?' Roedd yn rhaid iddo wybod ar ba ochr i'r ffens y byddai ei fòs yn disgyn pan fyddai'r amser yn dod i dalu'r bil.

'Fy ymchwiliad i ydi hwn, Jeff, a fy nyletswydd i ydi dod o hyd i bwy bynnag lofruddiodd Barbara McDermott a'r dyn Khan 'ma, pwy bynnag ydi o. Ond bydda'n ofalus, wnei di, a phaid â gadael i dy drwyn arwain dy ben.'

Er nad oedd Jeff yn hollol hyderus o gefnogaeth y DBA pe byddai amgylchiadau'n troi'n eu herbyn, aeth Jeff i'w swyddfa ei hun i ffonio Meira. Newydd gyrraedd adref oedd hi ar ôl treulio oriau hir yng nghwmni Michelle Raynor.

'Dydw i ddim wedi dechra cymryd datganiad ffurfiol ganddi hi eto,' meddai. 'Mae hi'n rhy fuan – er ei bod hi'n ymddiried dipyn mwy yndda i erbyn hyn, dwi'n meddwl. Mi wnes i ei pherswadio hi i fynd adra i weld ei mam, ac mae hi wedi dewis aros yno heno. Mi a' i yn ôl yno ben bore fory a threulio'r diwrnod efo nhw er mwyn gweld sut bydd petha'n troi allan.'

'Ti'n swnio fel tasa rwbath yn dy boeni di.'

'Fedra i ddim rhoi 'mys arno'n iawn eto, ond mae 'na rwbath yn deud wrtha i nad ydi hi'n deud y gwir i gyd. Mae hi'n dal i guddio rwbath ond wn i ddim be ydi o ar hyn o bryd. Efallai y gwneith diwrnod arall yn fy nghwmni ei gwneud hi'n fwy agored.'

Dywedodd Jeff wrthi am ei ddiwrnod ei hun, gan ofyn am farn Meira ar ôl iddo orffen adrodd hanes y plas.

'Dydw i erioed wedi dod ar draws amgylchiadau fel hyn o'r blaen.'

'Na finna chwaith. A deud y gwir wrthat ti, dwi'n ystyried gwthio'r cwch i'r dŵr er mwyn gweld be ddigwyddith. Eu cyffroi nhw'n lân er mwyn gweld be ddaw o hynny.'

'Argian, wyt ti'n siŵr, Jeff?'

'Dyna'r unig ffordd i gael at ffynhonnell yr holl

ddirgelwch, Meira. Cael gwybod pwy sy'n tynnu'r gwifrau a pham.'

'Bydda'n ofalus wnei di, 'nghariad i.'

'Gwna ffafr fach â mi, Meira. Ffonia'r switsbôrd yn swyddfa heddlu Glan Morfa, a deud bod rhywun wrthi'n dwyn defaid wrth ymyl ffarm o'r enw Tyddyn Drain, ac yna rho'r ffôn i lawr heb roi mwy o fanylion.'

'Tyddyn Drain? Lle mae fan'no?'

'Yn terfynu ar Blas y Fedwen wrth gwrs,' atebodd Jeff.

Cyrhaeddodd Jeff dderbynfa'r orsaf fel yr oedd y swyddog oedd ar ddyletswydd yn ateb galwad Meira. Pan orffennodd, aeth Jeff ato.

'Be sgin ti?' gofynnodd yn ddiniwed.

'Galwad ddienw, rhyw ferch yn riportio bod rhywun yn dwyn defaid o gwmpas Tyddyn Drain, ond Duw a ŵyr lle mae fan'no.'

'O, mi wn i. Mi a' i draw yno i gadw golwg. Gwna lòg ar y cyfrifiadur, wnei di, a nodi 'mod i'n mynd yno. Os fydda i isio help, mi ro' i floedd ar y radio.'

Wrth gerdded allan o brif fynedfa gorsaf yr heddlu, doedd dim modd i Jeff wybod pa mor beryglus fyddai canlyniadau ei gynllun.

Defnyddiodd yr un car ag a ddefnyddiodd yn gynharach y diwrnod hwnnw i ymweld â Phlas y Fedwen. Erbyn i Jeff gychwyn roedd y wlad yn dywyll, ac nid Liwtenant Columbo oedd yn gyrru'r car y tro hwn chwaith. Cyrhaeddodd waliau uchel Plas y Fedwen ychydig cyn hanner awr wedi deg. Edrychodd i fyny ar y weiren bigog droellog yng ngolau'r lleuad lawn a synnodd gymaint mwy bygythiol yr edrychai'r lle liw nos. Gyrrodd y car yn ei flaen a pharcio mewn encilfa ar ochr y ffordd wledig heb wneud unrhyw ymdrech i'w guddio. Tybiai ei fod yn agos i gefn y stad, yn ddigon pell o ddorau mawr y plas. Roedd ias oer yn yr awyr a gresynai nad oedd ei gôt ddyffl hoff ganddo i'w gadw'n gynnes. Roedd honno ar ei ffordd i'r labordy erbyn hyn. Gwisgodd ei esgidiau cerdded cryfion a phâr o legins plastig a fyddai'n cadw'i goesau'n sych cystal ag unrhyw bâr o welintons. Rhoddodd glo ar ddrws y car a dechreuodd gerdded ar hyd glan afon fechan a fyddai, fe wyddai, yn ei arwain tuag at y wal. Dewisodd beidio â defnyddio'i dortsh rhag iddi rybuddio rhywun o'i bresenoldeb, ond roedd hynny'n golygu ei fod yn baglu ac yn disgyn yn aml, a bod brigau'r coed cyll yn ei daro'n boenus yn ei wyneb o dro i dro. Ymhen deng munud cyrhaeddodd y wal. Yr un wal, a'r un weiren bigog droellog, ond yn y weiren arall a welsai yng ngolau dydd yn gynharach yr oedd ei ddiddordeb heno – yr un a dybiai Jeff oedd ynghlwm â diogelwch y lle. Chwiliodd o'i amgylch a daeth ar draws cangen grin o'r hyd a'r pwysau delfrydol ar gyfer yr hyn a fwriadai ei wneud.

Defnyddiodd ei holl nerth i daflu'r gangen mor uchel ag y gallai i ben y wal a gwyddai ar ei union ei bod wedi taro'r man cywir. Gwelodd fflach fechan ac, yn syth wedyn, adlewyrchiad o olau llachar oddi mewn i'r wal a sŵn larwm yn aflonyddu ar y distawrwydd draw i gyfeiriad y plas. Dyna'r rhan gyntaf o'i gynllun wedi'i gyflawni – ond gwyddai Jeff nad oedd ganddo unrhyw reolaeth dros yr hyn a fyddai'n digwydd nesaf. Troediodd yn ofalus yn ôl tua'r car ond cyn iddo gyrraedd synhwyrodd eu bod nhw wedi cyrraedd yno o'i flaen o.

Wrth iddo agosáu at y giât a arweiniai i'r lôn fach wledig teimlodd ergyd ar ochr ei ben a disgynnodd i'r ddaear.

Gwnaeth pwysau baril gwn yn erbyn cefn ei ben yn sicr na fyddai'n gallu symud, a theimlodd droed yn ei sathru'n frwnt hanner ffordd i lawr ei gefn, gan sicrhau na allai godi ei foch o'r baw. Dallwyd ef gan belydr cryf o olau. Wrth wrando ar y drafodaeth o'i amgylch, tybiai fod o leiaf dri neu bedwar o ddynion yno – er na allai ddeall gair o'u hiaith estron. Gafaelwyd ynddo a'i lusgo i gyfeiriad Land Rover a oedd wedi ei pharcio wrth ochr y lôn. Sylweddolodd fod y dynion yn gwisgo lifrai milwrol a bod pob wyneb ynghudd y tu ôl i falaclafa du. Dim ond eu llygaid oedd i'w gweld o dan eu capiau. Ceisiodd ysgwyd ei hun yn rhydd a bloeddio mai heddwas oedd o, ond ymddangosai nad oedd y rhai a'i cadwai'n gaeth yn ei ddeall. Trawyd ef yn frwnt ar draws ei foch gyda stoc y gwn peiriant yn llaw un o'r dynion er mwyn ei ddistewi, yna fe'i lluchiwyd i gefn y Land Rover. Gyrrwyd y cerbyd at ddorau mawr y plas, lle llusgwyd Jeff ohono nes iddo ddisgyn i'r llawr yng ngolau'r porth.

Edrychodd Jeff drwy lygaid gwaedlyd ar y dwsin o filwyr a safai uwch ei ben, a'r un dyn yn eu plith a oedd yn gwisgo siwt. Cododd Jeff ar ei draed yn llesg a gafael yn ochr ei ben.

'A, Mr Saheed,' meddai'n sinigaidd wrth y dyn yn y siwt. 'Ches i ddim cyfle i ffarwelio â chi'n gynharach.'

'Beth oeddech chi'n ei wneud yn tresbasu o gwmpas y plas?'

'Tresbasu o ddiawl. Dwi ddim wedi bod ar gyfyl eich tir chi. Ymateb i alwad ynglŷn â dwyn defaid oeddwn i pan ddaru'ch gorilas chi ymosod arna i. Mi fydd 'na helynt rŵan i chi. Pobol yn cario gynnau heb awdurdod.'

Gwyliodd Saheed yn cerdded yn araf at y dorau ac yn ôl,

ei fysedd yn rhwbio'i ên wrth iddo geisio penderfynu ar ei gam nesaf. Gwyddai'r Arab mai cam bychan fyddai cael gwared â'r ditectif busneslyd unwaith ac am byth, ond byddai hynny'n debyg o amharu ar ei gynlluniau'n enfawr. Ynteu a oedd hi'n bosib gwneud i'w farwolaeth ymddangos fel damwain? Gwyddai fod car Jeff wedi ei barcio ar ochr y lôn gerllaw. Beth oedd y peth gorau i'w wneud? Beth oedd y cam callaf?

Atebwyd ei gwestiwn mewn chwinciad pan wibiodd car yr heddlu rownd y gongl, ei oleuadau glas yn fflachio. Daeth Cwnstabl Rob Taylor allan o sedd y gyrrwr. Roedd y dychryn ar ei wyneb yn amlwg pan welodd yr olygfa o'i flaen: yr holl filwyr, yr holl ynnau a Jeff wedi'i anafu yn eu plith.

Heb oedi ymhellach, rhoddodd Saheed orchymyn i'r gweddill yn ei iaith ei hun a bagiodd pob un i gyfeiriad y dorau, eu gynnau'n dal i anelu i gyfeiriad y ddau blismon. Gyrrwyd y Land Rover drwy'r dorau hefyd a chaewyd hwy'n glep pan ddiflannodd yr olaf o'r dynion trwyddynt. Diffoddwyd y llifoleuadau pwerus. Yng ngolau lampau car yr heddlu, aeth Rob at Jeff er mwyn astudio'r briw ar ochr ei ben.

'Wyt ti'n iawn, mêt? Well i mi yrru am bac-yp yn syth.'

'Na, na, paid. Does 'na ddim achos i wneud hynny rŵan. Ond mi droist ti i fyny jyst mewn pryd i f'achub i. Be wyt ti'n 'i wneud yma beth bynnag?'

'Mi ddeallais i dy fod ti wedi dod yma i chwilio am ladron defaid ar dy ben dy hun. Rêl Jeff, medda fi wrthaf fy hun. Doedd hynny mo'r peth doethaf i'w wneud, felly dyma fi'n penderfynu dod ar dy ôl di. Be ddiawl oedd yn digwydd, a phwy oedd y rheina i gyd?'

'Diolch i'r nefoedd dy fod ti wedi dod,' meddai. ' Dyna'r cwbwl ddeuda i. Ond anghofia am y peth am rŵan, Rob, a phaid â phoeni. Ga' i lifft yn ôl at y car gen ti?'

Pennod 32

'Tyrd i'r swyddfa 'ma ar dy union.' Llais y Ditectif Brif Arolygydd Irfon Jones oedd yn gweiddi dros y ffôn ar Jeff Evans am wyth o'r gloch fore trannoeth.

'Be sy'?' gofynnodd, yn amau ei fod yn gwybod beth oedd wedi cynhyrfu ei fòs, ac yn sylweddoli fod y gwysion hyn yn mynd yn ddigwyddiadau mwy cyffredin wrth i'r ymchwiliad fynd rhagddo.

'Dydi o ddim yn fater y medra i ei drafod dros y ffôn,' atebodd yn swta cyn rhoi'r ffôn i lawr, heb roi'r cyfle i Jeff ofyn mwy.

Roedd hwyliau drwg ar Irfon Jones a dweud y lleiaf, ond dewisodd Jeff gymryd ei amser a chael brecwast iawn cyn gwneud dim arall. Cofiodd fod hanner dwsin o wyau yn y cwpwrdd er pan fu Meira'n aros. Edrychodd ar ei wyneb yn y drych wrth eillio a chyffyrddodd ei foch biws, boenus, yn ysgafn efo'i fysedd. Nid hwn oedd y tro cyntaf, meddyliodd, ac nid hwn fyddai'r tro olaf chwaith, mae'n siŵr, iddo gael stîd iawn.

Awr yn ddiweddarach cerddodd drwy gyntedd gorsaf yr heddlu gan godi ei law ar y derbynnydd ar ddyletswydd.

'Maen nhw'n disgwyl amdanat ti,' meddai hwnnw gan wenu.

'Pwy 'dyn *nhw*?' gofynnodd Jeff.

'Rhyw bobol fawr yn ôl pob golwg.' Cododd ei ysgwyddau a gwneud ystumiau a awgrymai nad oedd yn gwybod mwy na hynny.

Am unwaith, disgwyliodd Jeff am ateb ar ôl cnocio ar ddrws swyddfa'r Ditectif Brif Arolygydd.

'Dewch i mewn,' galwodd y llais cyfarwydd.

Agorodd Jeff y drws a gwelodd Irfon Jones yn eistedd tu ôl i'w ddesg fel arfer. Yn eistedd ar ddwy sedd yn erbyn y wal ar y chwith iddo roedd dau ŵr nad oedd o'n eu hadnabod. Ar gongl desg ei bennaeth roedd hambwrdd ac arno bot o goffi a'r llestri gorau a welodd Jeff yn y swyddfa erioed; rhai a oedd yn cael eu cadw ar gyfer achlysuron arbennig, mae'n rhaid. Bradychai hynny gryn dipyn.

'Dewch i mewn,' meddai Jones wrtho'n ffurfiol, a deallodd Jeff yn syth beth oedd arwyddocâd hynny hefyd. 'Comander Toby Littleton, o Gangen Arbennig New Scotland Yard, ydi'r gŵr bonheddig yma.'

Safodd y dyn ar ei draed i gyfarch Jeff. Dyn yn ei bum degau cynnar oedd o, tybiai Jeff; dyn tal, tua chwe throedfedd a hanner, a'i wallt trwchus yn glaer wyn ac wedi'i gribo yn ôl gyda rhesen wen unionsyth ar hyd un ochr i'w ben. Gwisgai siwt lwyd dywyll a gwasgod, a thei-bo mawr, lliwgar, yr oedd yn amlwg wedi'i glymu ei hun. Er ei fod o'n cario dipyn o bwysau, roedd o'n edrych yn ddyn smart a'i lygaid yn treiddio i rai Jeff. Dyn pwysig, meddyliodd Jeff, gan estyn ei law dde tuag ato. Gwnaeth y Comander yr un fath gan geisio gwasgu llaw Jeff yn dynn, ond roedd Jeff wedi cael gafael dda ac ni chafodd un fantais dros y llall.

'Bore da,' meddai Jeff. 'Mae'n bleser cyfarfod â chi.' Doedd neb, fel arfer, yn cael gwell cyfarchiad na hynny ganddo nes i Jeff gael cyfle i'w fesur yn iawn. Fyddai hynny ddim yn broses hir.

Nodiodd y Comander ei ben heb ddweud gair.

Cododd y gŵr arall o'i sedd – dyn iau, yn ei dri degau cynnar, ychydig o dan chwe throedfedd ac yn gwisgo siwt felfaréd frown ac esgidiau cryf swêd o'r un lliw. Llaw lipa oedd ganddo fo.

'A Mr Barrington-Smythe ydi'r gŵr yma,' meddai Irfon Jones.

'O ble?' gofynnodd Jeff, er y gwyddai'n iawn o ba sefydliad roedd o'n dod.

'O Lundain,' atebodd Barrington-Smythe, a dyna'r oll yr oedd o'n bwriadu ei ddweud.

Roedd Jeff wedi cael ei gyflwyno i un neu ddau o bobol Llundain oedd yn gwisgo esgidiau yr un fath â hwn yn y gorffennol, ac roedd yn hoffi meddwl fod pâr neu ddau yn cael eu rhoi i bob un o staff yr adeilad crand hwnnw ar lannau'r Tafwys ar eu diwrnod cyntaf.

'Damwain, Ditectif Sarjant – neu wedi bod yn ymladd?' gofynnodd y Comander Toby Littleton wrth astudio'r llanast ar ochr ei wyneb.

'Dim llawer i boeni amdano,' atebodd Jeff yn gynnil.

'Rŵan 'ta,' meddai Irfon Jones. 'Mae'r gwŷr bonheddig hyn wedi hedfan yma o Lundain mewn hofrennydd y bore 'ma yn un swydd i'n gweld ni. I'ch gweld chi a minnau'n bersonol, Ditectif Sarjant.'

'Mae'n swnio'n fater pwysig felly,' atebodd Jeff, yn eistedd heb wahoddiad, gan wybod bod hynny'n groes i'r protocol.

'Ydi, mae o'n fater pwysig a difrifol,' cadarnhaodd y Comander.

Yn oerni'r awyrgylch cododd y Comander ar ei draed eto er mwyn manteisio ar ei daldra a dechreuodd gamu'n araf o amgylch yr ystafell a'i ddwy law wedi eu huno y tu ôl i'w gefn.

'Fe gawsoch chi eich dau orchymyn brynhawn ddoe i beidio â mynd yn agos i Blas y Fedwen ar ôl i chi, Sarjant, ymweld â'r lle'n gynharach yn y dydd. Cywir?' Cododd ei law i atal unrhyw ymateb gan yr un ohonynt. 'Ffaith,' parhaodd. 'Yn lle gwrando, be wnaethoch chi ond mynd yn ôl yno neithiwr, a bu bron iawn i chi achosi cythrwfl o bwys rhyngwladol.' Edrychodd tua'r llawr gan ochneidio'n uchel.

'Mynd i'r ardal i ymchwilio i adroddiad o ddwyn defaid wnes i,' mynnodd Jeff.

'Mae cyfrifiadur canolog yr orsaf 'ma'n cadarnhau hynny,' ategodd Irfon Jones.

'Peidiwch â disgwyl i mi goelio hynny,' atebodd y Comander. 'Mae'r tric yna o greu esgus er mwyn mynd i rywle i fusnesa yn hen fel pechod.'

Nid oedd pwynt protestio.

'Rŵan 'ta,' parhaodd y gŵr mawr. 'Sut i ddelio â hyn? Eich cyhuddo chi'ch dau o anufuddhau i orchymyn y Prif Gwnstabl, a'ch gwahardd chi'ch dau tra bydd ymchwiliad yn cael ei gynnal, efallai?' awgrymodd.

'Arhoswch am funud,' plediodd Jeff. 'Doedd y Ditectif Brif Arolygydd yn gwybod dim 'mod i'n bwriadu mynd yn ôl yno. Fy nghyfrifoldeb i ydi hyn i gyd,' mynnodd. Edrychodd i gyfeiriad ei fòs.

'Mae Jeff Evans yn blismon da, Comander,' meddai Irfon Jones, 'sy'n haeddu cael fy nghefnogaeth i – ac mi ddyweda i hyn wrthoch chi. Os oedd gan Jeff Evans reswm i ddychwelyd i ardal Plas y Fedwen neithiwr, mi greda i fod hwnnw'n rheswm da.'

'Dyma'n union oeddwn i'n ei ddisgwyl ym mherfeddion cefn gwlad fel hyn,' meddai'r Comander. 'Un dyn dall yn cefnogi'r llall. Reit, mae gen i ddewis arall, yn hytrach na'ch cyhuddo chi. Mae yna reswm da dros i chi beidio â mynd yn agos i Blas y Fedwen eto.' Trodd i gyfeiriad y gŵr arall wrth ei ochr. 'Mr Barrington-Smythe, y papurau os gwelwch chi'n dda,' gofynnodd.

Estynnodd hwnnw ddwy ffolder o'i frîffces lledr a rhoddodd un bob un i'r ddau dditectif lleol.

'Darllenwch y rhain yn ofalus ac yna arwyddwch nhw,' gorchmynnodd Comander Toby Littleton.

'Be ydyn nhw?' gofynnodd Jeff.

'Datganiad o dan y Ddeddf Cyfrinachau Swyddogol. Efallai eich bod chi wedi arwyddo un yn y gorffennol ond does gen i ddim amser i fynd i edrych beth oedd lefel hwnnw. Mae'r datganiad hwn yn un digon uchel i mi fedru trosglwyddo'r hyn sydd gen i i'w ddweud wrthoch chi heddiw.'

Darllenodd y ddau gynnwys y ffolder a'i arwyddo. Arwyddwyd y papurau gan Mr Barrington-Smythe fel tyst hefyd.

'Nawr, dyma'r sefyllfa,' dechreuodd y Comander, gan ddechrau troedio'r ystafell eto. 'Mi wyddoch chi erbyn hyn mai llywodraeth Swltaniaeth Oman sy'n berchen Plas y Fedwen, a bod yr adeilad, y tir o'i amgylch a'r rhan fwyaf o'r staff sy'n gweithio yno yn cael eu gwarchod gan imiwnedd diplomyddol – estyniad o'r imiwnedd diplomyddol sydd mewn grym yn y llysgenhadaeth yn Llundain. Gyda llaw, mae hynny'n cynnwys y ceir sy'n cael eu defnyddio i gludo'r swyddogion hefyd,' ychwanegodd, i sicrhau fod y plismyn gwledig yn deall.

Oedodd am ennyd i wneud yn berffaith sicr fod y maen wedi taro'r wal.

'Dwi'n cymryd eich bod chi'ch dau yn ymwybodol ble yn union mae Oman,' meddai.

Bu bron i Jeff ddweud y byddai'n well iddo ganolbwyntio ar yr hyn oedd ganddo i'w ddweud yn hytrach nag ymhyfrydu yn ei bwysigrwydd ei hun a rhoi darlithoedd daearyddiaeth.

'Mae rhan helaeth o'r wlad yn eistedd i'r de o'r Emiradau Arabaidd Unedig a Sawdi Arabia, ac i'r dwyrain o Yemen. Ond mae darn bychan o'r wlad ar wahân i'r fan honno, i'r gogledd o'r Emiradau Arabaidd Unedig rhwng Gwlff Persia i'r gogledd a Gwlff Oman i'r de, yn union gyferbyn â Chulfor Hormuz. Llecyn o fôr dim mwy na deng milltir ar hugain o led ydi Culfor Hormuz. Ar yr ochr arall iddo mae Iran. Ydych chi'n fy nilyn i mor belled?' gofynnodd.

Nodiodd y ddau i gadarnhau eu dealltwriaeth.

'Mae pedwar deg y cant o'r olew sy'n cael ei gludo ar y môr ledled y byd yn symud trwy Gulfor Hormuz. Dwy filiwn ar bymtheg o gasgenni bob dydd.' Oedodd eto i bwysleisio ei bwynt.

'Fel y gwyddoch chi, mae Iran yn ceisio gwneud bom niwclear, er eu bod nhw'n mynnu mai cyfoethogi wraniwm maen nhw i ddibenion heddychlon, megis creu tanwydd i bwerdai trydan. Does neb yma yn y gorllewin yn credu hynny, wrth gwrs. Cofiwch am eu perthynas ansefydlog efo Israel a'u haddewid i ddinistrio'r wlad honno. Ers peth amser mae'r mwyafrif o wledydd y byd, dan arweinyddiaeth yr Unol Daleithiau, a thrwy'r Cenhedloedd Unedig, wedi gosod sancsiynau ar Iran sy'n amharu ar economi'r wlad. Oherwydd hyn, mae Iran wedi bygwth cau Culfor Hormuz. Er bod y llecyn hwn o'r môr, fel y dywedais ynghynt, bron yn ddeng milltir ar hugain ar draws, yn nyfroedd Oman mae'r dŵr dwfn sy'n angenrheidiol i'r llongau mawr sy'n cario'r olew allu hwylio. Does dim ond sianel ddwy filltir ar draws i'r llongau deithio i'r gogledd yn wag trwyddi, a sianel arall o'r un maint iddyn nhw hwylio yn ôl tua'r de yn llawn olew.'

'Sut mae hyn yn berthnasol i Blas y Fedwen?' gofynnodd Jeff.

'Disgwyliwch,' meddai Comander Littleton, gan godi ei law i'w atal. 'Beth ydach chi'n dybio fuasai'r canlyniad petai Iran yn cau Culfor Hormuz, prif lwybr olew y byd? Yn gyntaf, mi fuasai pris olew yn codi i ddwbl y pris ac o fewn dyddiau mi fuasai economi'r holl fyd yn llanast llwyr. Y darlun gwaethaf fyddai rhyfel fel na welwyd ers yr Ail Ryfel Byd. Coeliwch fi, mae'r gallu gan Iran i wneud hyn. Mae Pumed Llynges yr Unol Daleithiau yn yr ardal yn gyson, ond mae gweinyddiaeth Mr Obama wedi rhoi cyfarwyddiadau i wledydd Ewrop y dylent hwythau hefyd wneud eu rhan i warchod yr ardal.'

Gwrandawodd Jeff ac Irfon Jones yn astud ar y Comander, a gwyddai'r ddau fod yr eglurhad ar fin cyrraedd ei benllanw.

'Mae perthynas ddofn a chref wedi bod rhwng Prydain a Swltaniaeth Oman ers blynyddoedd ond mae'n rhaid cryfhau'r cyswllt. Mae'r Prif Weinidog wedi bod allan yno yn ddiweddar – a Thywysog Cymru a Duges Cernyw. Mae Maer Llundain wedi bod yno yn trafod buddiannau masnachol, ac mae dirprwyaeth o'r Llywodraeth wedi bod yn rhan o weithgor unedig rhwng y ddwy wlad, yn edrych ar faterion fel addysg, hyfforddiant, diwylliant a threftadaeth. Ond wrth gwrs, mae'n bwysicach byth o dan yr amgylchiadau ansicr a pheryglus hyn fod Prydain yn cael troedle milwrol yno – barics, canolfan neu ddwy i'r llynges fel y gellid ymateb i unrhyw fygythiad gan Iran yn gyflym. A thra mae'r trafodaethau yma'n digwydd, mae hi'n hynod o bwysig nad ydym yn cythruddo llywodraeth y wlad. Mae gwledydd fel Oman yn hynod o sensitif ynglŷn â'r math yma o beth. Mae'n rhan o'u diwylliant a'u natur yn y Dwyrain Canol. Dyna pam, Ditectif Brif Arolygydd Jones a Ditectif Sarjant Evans, na chewch chi ddim mynd yn agos i Blas y Fedwen eto, na holi unrhyw un sy'n gysylltiedig â'r lle. A deallwch nad gen i mae'r gorchymyn yn dod ond oddi wrth awdurdod llawer uwch.'

'Ond arhoswch am funud,' mynnodd Jeff. 'Mae ganddon ni ddau gorff o leia ar ein dwylo sy'n gysylltiedig â Phlas y Fedwen, a'n dyletswydd ni ydi ymchwilio i'w llofruddiaethau. Sut fedrwn ni wneud ein dyletswydd ac osgoi cythruddo pobol y plas?'

'Rargian, Sarjant Evans, dydach chi ddim yn fy nghlywed i? Glywsoch chi air o'r hyn a ddywedais i hyd yma?' Dechreuodd Comander Littleton godi ei lais am y tro cyntaf. 'Dyma'r sefyllfa. Mae rhyw hwren o Lerpwl wedi'i lladd. Pwy sy'n poeni am hynny? Mae dyn o'r Dwyrain Canol wedi'i lofruddio hefyd – ac oes, mae yna bosibilrwydd ei fod o'n un o staff y plas. Gadewch i bobol Oman edrych ar ôl eu trafferthion eu hunain. Nid ein busnes ni ydi hynny, ydach chi'n deall? Mae yna achosion llawer iawn pwysicach na hwren yn cael ei llofruddio i chi feddwl amdanyn nhw heddiw.'

Erbyn hyn roedd y Comander Toby Littleton yn sefyll yn union uwchben Jeff ac yn chwifio'i fys yn ei wyneb.

'Wel be am y fyddin fach sydd ganddyn nhw yma yng nghefn gwlad Cymru – dynion mewn lifrai milwrol yn cario arfau fel gynnau AK-47. Ydach chi wedi anghofio bod hynny'n drosedd yn y wlad yma?' Roedd Jeff wedi codi ar ei draed a chodi ei lais – ac yn sgwario o flaen y Comander er gwaetha'r gwahaniaeth ym maintioli a safle'r ddau.

'Anghofiwch y cwbl,' atebodd y Comander. 'Cofiwch eich bod chi wedi arwyddo'r ddogfen yma o dan y Ddeddf Cyfrinachau Swyddogol, a'ch bod wedi cael gorchymyn gan awdurdod uchaf y wlad – drwof i – i anghofio am swyddogion llywodraeth Swltaniaeth Oman, eu hadeiladau a'u ceir o hyn ymlaen. Ydi hynny'n berffaith eglur?' Roedd y Comander hefyd yn gweiddi bellach, a'i lygaid yn fflamgoch.

'Yn berffaith,' atebodd Jeff heb owns o ufudd-dod yn ei lais.

'Ac os byddwch chi mor ffôl ag anwybyddu'r gorchymyn y tro hwn, Sarjant, nid eich cyhuddo chi o dan y Ddeddf Cyfrinachau Swyddogol fydda i ond eich cyhuddo o weithred sy'n debygol o niweidio Prydain, a does dim rhaid i mi ddweud wrthoch chi beth fyddai canlyniad cyhuddiad o'r math hwnnw, dwi'n siŵr.'

Trodd y Comander Littleton yn ei unfan a martsio allan o'r ystafell heb air arall, a dilynodd Mr Barrington-Smythe ef yn ufudd o'i ôl.

'Be 'dach chi'n feddwl o hynna?' gofynnodd Jeff i'r Ditectif Brif Arolygydd Irfon Jones, yn dilyn eu hymadawiad.

'Rho amser i mi ystyried y peth,' atebodd.

'Pwy ddiawl maen nhw'n feddwl ydyn nhw, yn meddwl y cân' nhw ymyrryd efo'n hymchwiliad ni yng ngogledd Cymru, deudwch?'

'Ma' raid i ninnau ystyried materion rhyngwladol o bwys hefyd, wyddost ti. Ond Jeff,' pwysleisiodd Irfon

233

Jones, 'paid â gwneud dim byd ffôl yn y cyfamser, wyt ti'n dallt?'

'Wna i ddim. Dim tan y byddwn ni wedi cael amser i ystyried yr holl sefyllfa. Ond dwi'n siŵr bod 'na ffordd o'i chwmpas hi, rhywsut.'

'Dwi'n siwr dy fod ti'n iawn. Panad?' gofynnodd Irfon Jones. 'Mae'r coffi da 'ma yn dal i fod yn gynnes.'

'Pam lai.'

Edrychodd y ddau drwy ffenestr y swyddfa ar yr hofrennydd yn codi o'r cae gerllaw, yn cludo'r Comander Toby Littleton a Mr Barrington-Smythe yn eu holau i brifddinas Lloegr.

'Rhyw "hwren o Lerpwl" wir,' meddyliodd Jeff. Na, doedd y Comander Toby Littleton ddim yn deall. Doedd o ddim wedi eistedd yn nhŷ ei mam yn Stryd Alwyn na chyfarfod â Mrs McDermott ynghanol ei galar.

Pennod 33

Treuliodd Jeff yr oriau nesaf ar y rhyngrwyd yn pori gwefannau a oedd yn ymwneud â Swltaniaeth Oman a'i chysylltiad â Phrydain, Culfor Hormuz, Iran, symudiadau olew yn y rhan honno o'r byd a phresenoldeb milwrol yn yr ardal. Cafodd hi'n anodd dirnad fod ei waith o, Ditectif Sarjant yng ngogledd Cymru, ynghlwm mewn rhyw ffordd â digwyddiadau ardaloedd y Gwlff. Doedd dim dwywaith fod yr hyn a ddywedodd Comander Toby Littleton wrthynt yn gynharach yn berffaith gywir – ond roedd yr holl wybodaeth i'w gael ar y we lle gallai unrhyw un, yn unrhyw wlad, ei weld. Pam felly roedd yn rhaid i'r Ditectif Brif Arolygydd Irfon Jones ac yntau arwyddo'r Ddeddf Cyfrinachau Swyddogol? Dim ond lol oedd hynny er mwyn ceisio gwneud argraff, mae'n debyg, yr un math o gachu ag a fyddai'n cael ei daflu ato o'r Met bob tro y byddai achos ganddo i gysylltu â hwy. Un o'r un brîd oedd y pen bach Toby Littleton.

Er hynny, gwyddai y byddai'n annoeth iddo ddiystyru gorchymyn y gŵr mawr o Lundain a cheisiodd ystyried y ffordd orau i ddilyn y trywydd heb sathru ar ei draed, na chythruddo rhywun yn llysgenhadaeth Oman. Ble roedd yr ateb felly? Roedd y corff yn y bagiau plastig duon yn ei arwain yn ôl yn syth i Blas y Fedwen, a'r unig gysylltiad â'r corff hwnnw, os mai Khan oedd o, y tu allan i'r Plas oedd Emlyn Morris. Oedd gan Morris rywbeth ychwanegol i'w gynnig i'r ymchwiliad tybed?

A beth am gorff Barbara McDermott? Oedd 'na ryw gliw, rhyw gyfrinach ynghlwm â'i chorff yr oedden nhw wedi'i esgeuluso? Tynnodd gopi o adroddiad Dr Mason, y patholegydd, oddi ar gronfa ddata'r ymchwiliad er mwyn ei ddarllen eto gyda chrib mân. Pam ailwisgo'r corff? Pam ceisio gwneud i'r digwyddiad edrych fel damwain? Nid felly roedd hi efo'r ail gorff yn y bagiau. Cafodd Khan, os mai dyna pwy oedd o, ei waredu o dan amgylchiadau hollol wahanol. Roedd yn rhaid bod cysylltiad rhwng y ddwy lofruddiaeth, ond pam mynd i'r fath drafferth i guddio amgylchiadau'r drosedd gyntaf, a gadael yr ail gorff yn ddarnau mewn lle mor amlwg? Edrychodd Jeff trwy'r rhan o'r adroddiad oedd yn ymwneud â'r semen yng nghorff Barbara. Darllenodd unwaith yn rhagor nad semen Peter Farrell yn unig oedd yn ei fagina, a bod olion semen trydydd dyn yn ei rectwm. Trodd Jeff at adroddiad atodol a gyflwynwyd ar ôl i fwy o brofion gael eu gwneud ar y semen. Doedd semen Khan ddim ymysg y samplau a gafwyd yng nghorff Barbara McDermott – roedd y rhai hynny, yn ôl y proffil DNA, yn pethyn i ddau ddyn o'r Dwyrain Canol. Wel, roedd hynny'n gwneud synnwyr gan mai i ddifyrru llu o ddynion yr aethpwyd â'r merched i'r Plas yn y lle cyntaf, yn ôl Michelle Raynor. Ond yr hyn na fedrai Jeff ei ddeall oedd pam fod semen Peter Farrell ynddi hefyd. Pysgotwr lleol, nid diplomydd dylanwadol o'r Dwyrain Canol, oedd o. Pysgotwr tlawd hefyd, tan yn gymharol ddiweddar o leiaf. Beth newidiodd hynny? Trodd Jeff yr wybodaeth drosodd a throsodd yn ei feddwl, ond ni allai yn ei fyw â deall pam roedd putain ddrud fel Barbara McDermott yn cael ei chludo'r holl ffordd o Lerpwl i Blas y Fedwen i ddiwallu anghenion Arabiaid pwysig, ac yna'n cael ei rhoi i ddyn fel Peter Farrell. Nid oedd hynny'n gwneud synnwyr – ond roedd yn rhaid bod rheswm. Tybed a oedd Dic Edwards yn gwybod mwy? A beth oedd trosedd Khan, tybed? Ffrae efallai? Yn sicr, roedd yn rhywbeth digon difrifol i haeddu cael ei lofruddio, ond gan bwy? Oedd yna dyst i'r weithred? Gwyddai Jeff yn iawn lle câi'r ateb i'r cwestiwn hwnnw, ond gwyddai hefyd fod y trywydd hwnnw ynghau iddo. Nhw a'u blydi imiwnedd diplomyddol.

Daeth y Ditectif Brif Arolygydd Jones ato ganol y pnawn.

'Wel, Jeff, mae dy drwyn di wedi taro deuddeg unwaith eto,' meddai.

'O? Be mae o wedi'i gyflawni tro yma?'

'Dwi newydd gael galwad o'r labordy ynglŷn â'r archwiliad ar dy ddillad di. Ymysg ffibrau defnydd seddi a charpedi'r car mae 'na ffibrau o ddillad Barbara McDermott arnyn nhw, a samplau mân iawn o waed Khan.'

'Mae hynny'n awgrymu felly mai'r Mercedes a ddefnyddiwyd i gludo cyrff y ddau – er bod posibilrwydd, does, fod Barbara wedi bod ynddo cyn iddi gael ei lladd.'

'Cywir,' atebodd y DBA, 'ond rydan ni'n dau yn gwybod nad ydi'r wybodaeth yma'n fawr o ddefnydd i ni ar hyn o bryd. Mi ges i air personol efo'r Prif Gwnstabl yn y pencadlys yn gynharach. Mae o'n cydymdeimlo â ni ac am gael gair efo rhywun yn y Cynulliad a'r Swyddfa Gartref, ond paid â dal dy wynt. Mae'r sibrydion wedi cyrraedd y timau erbyn hyn, a bydd yn rhaid i mi wneud datganiad iddyn nhw yn hwyrach y prynhawn yma.'

Eglurodd Jeff ganlyniadau ei ymchwil ar y we a rhannu ei ddadansoddiad o adroddiadau'r patholegydd.

'Ar hyn o bryd, Emlyn Morris, eiddo'r diweddar Peter Farrell a Dic Edwards ydi'n hunig obaith ni,' cytunodd y DBA. 'Mi adawa i hynny i ti. Ond gwranda,' ychwanegodd ar ôl oedi am ennyd, 'paid â chofnodi unrhyw wybodaeth ynglŷn â dy ddarganfyddiadau ar gronfa ddata'r ymchwiliad o hyn ymlaen. Rho'r cyfan ar liniadur bach annibynnol fel na all neb ond chdi a fi gael gafael arno. Mi wyddost ti fod modd cael mynediad i gronfa ddata'r ymchwiliad o'r tu allan i'r swyddfa yma, a wyddon ni ddim pwy allwn ni ymddiried ynddyn nhw ar adegau fel hyn.'

Gwenodd Jeff arno. 'Call iawn DBA, os ga' i fod mor hy' â deud.' Gwyddai'n awr fod safbwynt ei bennaeth yn agos iawn i'w farn ei hun. 'Un peth arall. Mae Meira Lewis yn dod i lawr yn hwyrach y pnawn 'ma efo datganiad Michelle Raynor. Mae angen i ni drafod cynnwys hwnnw – tydi Meira ddim yn meddwl ei bod hi'n deud y cwbl wrthan ni. Ro'n i'n meddwl mynd â Meira efo fi i wneud yr ymholiadau nesa ... os ydi hynny'n iawn efo chi.'

'Dim problem,' atebodd y DBA.

'Be goblyn wnest ti i dy foch?' oedd cwestiwn cyntaf Meira pan gerddodd hi i mewn i'r swyddfa lle roedd Jeff yn darllen mwy fyth o bapurau.

'Anghytuno efo'n cyfeillion ni o Oman wnes i neithiwr,' meddai. 'Dim byd mawr.'

Edrychodd Meira o'i chwmpas i wneud yn siŵr nad oedd neb yn edrych cyn rhoi ei llaw yn dyner yn erbyn y briw a'i gusanu.

'Mwy o hynna 'sa'n neis ryw dro,' meddai Jeff.

'Be ddigwyddodd felly?' Anwybyddodd Meira'r awgrym gyda gwên.

Dywedodd Jeff yr hanes wrthi gan ganolbwyntio ar fanylion ei gyfarfod â'r Comander a'r gŵr o'r gwasanaethau diogelwch, cyn gafael yn natganiad Michelle Raynor. Wedi iddo orffen ei ddarllen ugain munud yn ddiweddarach rhoddodd y papurau i lawr ar y ddesg.

'Wel, mae hyn yn cadarnhau'r cwbwl ddeudodd hi wrthan ni'r diwrnod o'r blaen, a mwy, ac yn ein harwain ni ar ein hunion yn ôl i'r Plas. Be sy'n gwneud i ti feddwl ei bod hi'n dal rwbath yn ôl?'

'Wn i ddim, i fod yn hollol onest. Fedra i ddim rhoi fy mys arno fo ond mae gen i syniad ei bod hi wedi bod yn rhywle arall yng nghwmni'r Arabiaid 'ma. Wrth gwrs, mi ydw i wedi gofyn iddi hi, ond ma' hi'n mynd i'w chragen yn llwyr ac yn gwrthod siarad, a doeddwn i ddim isio pwyso gormod arni. Dwi ddim yn siŵr ai methu deud 'ta gwrthod deud mae hi. Mi fydd yn ddigon hawdd i mi drio eto ryw dro.'

'Ty'd, ma' hi bron yn saith,' meddai Jeff. Beth am orffen yn fuan heno ac ymlacio? Be wnawn ni – mynd allan am bryd 'ta wyt ti am i mi goginio rwbath i ni? Gyda llaw, dwi ddim wedi trefnu lle i ti aros.'

'Mae'n iawn,' atebodd Meira. 'Mi wnes i ffonio'r un lle Gwely a Brecwast â'r tro diwetha.'

Gwelodd Meira wên Jeff yn diflannu.

'Jôc,' meddai gan chwerthin. 'Tynnu dy goes di o'n i.'

Chwarddodd y ddau.

'Ty'd, mi alwn ni yn y siop ar y ffordd adra. Oes gen ti ffansi rwbath neilltuol?'

'Oes,' meddai. 'Bod yn dy gwmni di.'

Cerddodd y ddau yn hamddenol trwy'r archfarchnad, gan adael i'w dwylo gyffwrdd ei gilydd o dro i dro. Yn eu basged roedd dwy frest hwyaden, i'w ffrio'n ysgafn a'i gweini gyda saws oren, madarch a salad gwyrdd, a chacen riwbob a hufen i bwdin.

'Drycha ar y dyn yna yn fan'cw,' sibrydodd Jeff yn sydyn, 'yr un pryd tywyll, efo gwallt du a mwstas trwchus.'

'Be amdano fo?' gofynnodd Meira.

'Dim,' atebodd Jeff, 'ond ei fod o'n edrych yn debyg i Arab. Ella mai Omani ydi o.'

'Paid â deud dy fod ti'n dechrau mynd yn paranoid, Jeff Evans,' atebodd Meira.

Gyrrodd Jeff ei gar yn hamddenol ar hyd y saith milltir i'w gartref, ac am ryw reswm edrychai yn y drych ôl yn amlach nag y byddai fel rheol. Efallai ei *fod* o'n dechrau mynd yn paranoid, meddyliodd.

Agorodd ddrws y tŷ i Meira gan ei dilyn dros y trothwy yn cario'r siopa, bag Meira, a'i liniadur newydd ei hun. Rhoddodd y cwbl i lawr a chau'r drws. Cyn mynd gam ymhellach gafaelodd amdani'n dyner a theimlo'i boch yn gynnes yn erbyn ei wddf.

'Dwi wrth fy modd yn dy gwmni di, Meira,' meddai'n ddistaw. Teimlai wres ei hanadl yn ei glust.

'Dwi mor falch o glywed hynny. Does 'na ddim byd rydw i eisiau yn fwy na dy gwmni di ar hyn o bryd.' Sylweddolodd fod hyder y ddau ynglŷn â chymryd y cam nesaf yn graddol dyfu.

'Dos di i fyny i newid, os leci di, ac mi wna innau ddechra ar y bwyd,' awgrymodd Jeff.

Edrychodd arni'n diflannu o'i olwg. Bu bron iddo ddringo'r grisiau ar ei hôl, ond cafodd ei rwystro rhag gwneud hynny gan dri gair annisgwyl a neidiodd i'w ben.

'Dwi adra, Jean.'

Ar ôl y gwaith paratoi, a chyn dechrau ar y coginio, cychwynnodd Jeff am ei ystafell wely er mwyn tynnu'i ddillad gwaith. Pan gyrhaeddodd dop y grisiau, yn annisgwyl, agorodd drws yr ystafell ymolchi a daeth Meira allan yn gwisgo dim ond tywel gwyn. Roedd ei gwallt du yn cyrlio'n wlyb dros ei hysgwyddau noeth a rhigol ei bronnau'n diflannu'n ddeniadol o dan ddefnydd y tywel. Prin roedd gwaelod y tywel yn cyrraedd canol ei chlun. Safodd Jeff yn stond o'i blaen.

'Mae'n ddrwg gen i. Nes i'm meddwl dy...'

Nid adawodd Meira iddo orffen. Plannodd gusan fach ar ei dalcen cyn diflannu i'w hystafell wely a chau'r drws ar ei hôl.

Gwrthododd Jeff y temtasiwn i'w dilyn unwaith yn rhagor. Safodd yn ei unfan am rai eiliadau yn ceisio anwybyddu'r cryndod yn ei stumog a'i wddf sych.

Pan ddaeth Meira yn ei hôl i lawr y grisiau gwelodd fod Jeff wedi newid i bar o shorts a sandals a chrys llewys byr, ac roedd arogl yr hwyaden yn ffrio yn y badell yn llenwi'i ffroenau. Gwelodd botel o win coch yn agored ac yn disgwyl amdani.

'Fel hyn y bydda i'n lecio ymlacio, yli,' eglurodd Jeff.

Tywalltodd Meira rywfaint o'r gwin i ddau wydryn ac edrych arno'n gwagio'r saim o'r badell a throi'r hwyaden drosodd fel bod y croen, yn gras erbyn hyn, ar i fyny. Rhoddodd y madarch wedi'u torri mewn padell fechan arall gyda thipyn o fenyn a gadawodd i'r cyfan goginio'n ysgafn.

'Sut wyt ti'n lecio dy chwadan?' gofynnodd.

'Dipyn yn binc, os gweli di'n dda,' meddai.

'Yr un fath â fi felly,' atebodd. 'Dyna i ti beth arall rydan ni'n dau yn cytuno arno.'

Pan oedd yr hwyaden yn barod, rhoddodd lond llwy fwrdd o farmalêd oren yn y badell a'i adael yno i doddi. Yna ychwanegodd hanner llond gwydryn o'r gwin coch a gadael iddo dewychu cyn ychwanegu joch o hufen.

'Wyddwn i ddim dy fod ti'n gogydd hefyd,' synnodd Meira.

'Mae gen ti lot i'w ddysgu 'mechan i,' atebodd yntau. 'Dos di â'r gwydrau, ac mi ddo i â'r platiau trwodd ar d'ôl di.'

Gwelodd Meira ei fod wedi paratoi'r bwrdd yn daclus a bod cannwyll wedi'i chynnau yn y canol. Ymunodd â hi ymhen dim yn cario dau blât; yr hwyaden, y saws oren a'r madarch wedi eu trefnu'n ddeniadol arnynt. Estynnodd y salad gwyrdd oddi ar y dreser a'i gynnig iddi.

'Wel, dyma ramantus,' meddai Meira, yn cyffwrdd ei law ar draws y bwrdd. Yr oedd Jeff wedi dechrau dod i arfer â chael ei gyffwrdd fel hyn ganddi, ac yn dod i fwynhau'r arferiad pleserus.

Canodd cloch y drws ffrynt.

'O na, dim rŵan,' cwynodd Jeff. 'Dwi'n mynd i'w anwybyddu o.'

'Well i ti beidio,' meddai Meira. 'Ella ei fod o'n bwysig.'

'Ocê 'ta. Fydda i ddim dau funud yn cael gwared ar bwy bynnag sy' 'na. Dechreua di fwyta.'

Ni wyddai Jeff yn union beth i'w wneud na'i ddweud pan agorodd y drws a gweld y Tad O'Reilley yn sefyll yno yn ei siwt ddu a'i goler gron.

'Helo, Father,' meddai, yn dal i gnoi ei damaid cyntaf o gig. Wyddai o ddim beth arall i'w ddweud.

'Digwydd pasio oeddwn i a gweld bod eich car chi o flaen y tŷ – sy'n beth anarferol y dyddiau yma. Dwi wedi galw unwaith neu ddwy yn ddiweddar, ond mi wn eich bod yn gweithio oriau hir.' Gwelodd yr offeiriad fod Jeff ar ganol bwyta. 'Mi ddo' i yn f'ôl ryw dro eto os ydi hi'n anghyfleus. Dim ond galwad gymdeithasol ydi hon – dim byd pwysig.'

Carlamodd meddwl Jeff i bob math o gyfeiriadau cyn dychwelyd yn ôl i'r ddelwedd o Meira'n eistedd wrth fwrdd rhamantus i ddau. Buasai wedi hoffi cau'r drws a dychwelyd ati, ond cofiai am y cymorth parod a gafodd gan y Tad O'Reilley dros y misoedd – na, y blynyddoedd – cynt, ac ni allai ei droi ymaith.

'Na, na. Dewch i mewn. Dewch trwodd. Mae gen i gwmni y byswn i'n lecio'i chyflwyno i chi.'

Dilynwyd Jeff gan y Tad O'Reilley i'r ystafell fwyta ac roedd yr edrychiad ar wyneb Meira yn werth ei weld pan ganfu'r offeiriad yn cerdded tuag ati. Rhoddodd Jeff winc slei iddi er mwyn ei sicrhau fod popeth yn iawn. Sylweddolodd yr ymwelydd yn syth ei fod wedi tarfu'n annisgwyl ar noson breifat.

'Y Tad O'Reilley, dyma Meira Lewis o heddlu Lerpwl. Meira; y Tad O'Reilley.'

'Galwch fi'n Tony, os gwelwch yn dda,' atebodd yr offeiriad. 'Mae'n ddrwg gen i, mae'n amlwg fy mod i'n torri ar eich traws chi.'

Cododd Meira ar ei thraed i'w gyfarch. 'Noswaith dda, Tony,' meddai, a throi ei llygaid yn ddisgwylgar tuag at Jeff, cystal â gofyn am eglurhad.

Gwenodd Jeff yn ôl arni ond ni wyddai sut i'w hateb yr eiliad honno. Ceisiodd ysgafnhau'r sefyllfa. 'Fedra i ddim cynnig bwyd i chi, Father, ond 'steddwch i lawr efo ni ac mi dywallta i wydryn o win i chi. Drychwch, mae ganddon ni gannwyll wedi'i chynnau yn barod felly mi ddylech chi deimlo'n reit gartrefol yma.'

Ceisiodd chwerthin, ond nid oedd yn sicr oedd y ddau arall wedi gwerthfawrogi ei jôc. Yna, ar ôl tawelwch byr, dechreuodd Meira a'r Tad O'Reilley chwerthin hefyd. Diolch i'r nefoedd, meddyliodd Jeff.

Tynnodd Jeff gadair arall at y bwrdd a rhoddodd y gwin o flaen eu gwestai. Roedd Jeff a Meira wedi dechrau bwyta am yn ail a sgwrsio pan ganodd cloch y drws eilwaith.

'Ma' hi fel ffair yma heno,' ebychodd Jeff yn anghrediniol, a chododd i ateb y drws. Yno gwelodd ei hen gyfaill Esmor Owen, cipar afon yr ardal.

'Sut ddiawl wyt ti, yr uffern drwg,' bloeddiodd hwnnw. 'Mi oeddwn i'n meddwl 'i bod hi'n hen bryd i mi ddod draw gan nad ydw i wedi gweld cip arnat ti ers yr angladd. A sbia – dwi 'di dod â'r rhain efo fi.' Chwifiodd bedwar can o gwrw o dan drwyn Jeff.

Caeodd Jeff ei lygaid a gwenu wrth sylweddoli bod y noson fach breifat a gynlluniodd wedi cael ei chwalu o fewn ychydig o funudau.

'Cadw dy lais i lawr, Esmor! Mae gen i gwmni yma nad ydyn nhw wedi arfer â dy holl regi di.'

'Pwy ddiawl sy' 'ma felly?' gofynnodd. 'Wps, sori!'

Edrychodd Jeff i fyny ac i lawr y ffordd y tu allan a chaeodd y drws ffrynt ar ei ôl.

'Welist ti gar diarth tu allan 'na rŵan?' gofynnodd Jeff.

'Do, yn gadael pan oeddwn i'n troi i mewn i'r stad 'ma. Dyn pryd tywyll ac uffar o fwstash gan y diawl.'

'Mmm, paid â sôn dim byd wrth neb,' atebodd.

Cyflwynodd Esmor, ac am yr ail waith edrychodd Meira yn anghrediniol arno.

Nid oedd yn rhaid rhoi gwahoddiad i Esmor aros. Tynnodd ei gôt wêr a'i phlygu ar y llawr a rhoddodd ei gap ar ei phen. Agorodd un o'r caniau cwrw a'i gynnig i'r offeiriad. Gwrthododd hwnnw'n barchus. Agorodd Jeff botel arall o win coch a thywallt peth o'r cynnwys i'r tri gwydr ar y bwrdd.

'Iechyd da!' cyfarchodd Esmor.

'Iechyd da,' atebodd y tri arall.

Cafwyd sgwrs ddifyr am yn agos i awr, yn trafod pysgota, rygbi a byd natur yr ardal cyn i'r Tad O'Reilley godi i adael.

'Mae hi wedi bod yn bleser mawr eich cyfarfod chi, Meira,' meddai o waelod ei galon. 'Edrychwch ar ei ôl o,' ychwanegodd yr offeiriad wrth edrych i lygaid Meira. 'Mae Jeff wedi bod trwy amser caled yn ystod y blynyddoedd diwetha yma, ac mi ydw i'n falch o'i weld o'n gallu ymlacio yn eich cwmni. Mae'n ddrwg gen i amharu ar eich noson chi, ond mi ydw i'n falch nad fi oedd yr unig un i wneud hynny.' Gwenodd i gyfeiriad Esmor a chwarddodd y pedwar.

'Well i minna'i throi hi hefyd,' meddai Esmor, yn codi'i gôt a'i gap oddi ar y llawr. 'Wnei di gadw'r can ola 'na i mi Jeff? Mi ddo' i yn f'ôl i yfed hwnna cyn bo hir.'

Gwyddai Jeff y byddai'n cadw at ei addewid.

'Pwdin?' gofynnodd Jeff ar ôl cau'r drws ar ôl yr ymwelydd olaf.

'Ma' hi 'di mynd braidd yn hwyr i mi, 'sti,' atebodd Meira. 'Ty'd, mi wna i dy helpu di i glirio.'

Canodd ffôn y tŷ pan oedd Meira wrthi'n golchi'r llestri. Esmor Owen oedd yno.

'Mi oedd yr un car ychydig pellach i lawr y lôn pan oeddwn i'n gadael, a'r un dyn efo'r mwstash yn eistedd tu ôl i'r llyw. Wyt ti isio'r rhif?'

Ysgrifennodd Jeff rif cofrestru'r car ar gefn hen amlen a diolchodd iddo. Rhoddodd y ffôn i lawr a'i ailgodi'n syth i ddeialu. Ni chlywodd y dôn arferol.

'Esmor? Esmor, wyt ti yna o hyd?' gofynnodd, ond nid oedd ateb.

Cydiodd yn ei ffôn symudol ei hun a dechrau gwneud galwad, ond newidiodd ei feddwl.

'Meira, ga' i fenthyg dy ffôn di am funud, plîs?'

Edrychodd Meira arno'n ddryslyd. 'Cei siŵr.'

Deialodd rif gorsaf yr heddlu a gofynnodd am Rob Taylor.

'Gad i mi wybod pwy ydi perchennog y car yma wnei di, 'rhen gyfaill? Cyn gynted ag y medri di. A ffonia fi'n ôl ar y rhif yma, plîs Rob,' ychwanegodd, 'Paid a defnyddio rhif ffôn y tŷ 'ma na fy ffôn symudol i. Iawn?'

Cadarnhaodd Rob ei fod yn deall.

'Beth oedd ystyr hynna?' gofynnodd Meira.

'Dwi ddim yn siŵr,' atebodd Jeff wrth ddechrau sychu'r llestri. 'Ella y cawn ni weld mewn munud.'

Canodd ffôn Meira toc, gyda'i chaniatâd atebodd Jeff ef. Fel y disgwyl, Rob Taylor oedd yno.

'Fedra i ddim deud wrthat ti, Jeff, pwy pia'r car. Mae'r wybodaeth amdano ar gyfrifiadur cenedlaethol yr heddlu wedi'i flocio.'

'Dim ots,' atebodd. 'Anghofia'r cwbl.'

Trodd at Meira. 'Wyt ti'n cofio'r dyn pryd tywyll hwnnw efo'r mwstash yn yr archfarchnad yn gynharach?'

'Ydw,' atebodd.

'Wel, ella nad ydw i'n dechrau mynd yn paranoid wedi'r cwbwl.'

Ymhen deng munud roedd y ddau yn eistedd ar y soffa ym mreichiau ei gilydd yn gorffen gweddill y gwin.

'Dwi'n lecio dy ffrindiau di, Jeff, ond doeddwn ni ddim yn gwybod dy fod ti'n ddyn crefyddol,' meddai Meira ar ôl ysbaid o ddistawrwydd a dorrwyd gan y cloc mawr yn taro un ar ddeg.

'Tydw i dim,' atebodd. 'Jean oedd yr un grefyddol yn y tŷ yma, ond ydi, mae O'Reilley'n ddyn iawn, ac Esmor hefyd. Dau hollol wahanol, fel y sylwaist ti ma' siŵr, ond dau ddyn y byswn i'n rhoi 'mywyd yn eu dwylo nhw unrhyw dro.'

'Peth rhyfedd,' parhaodd Meira ar ôl ychydig eiliadau, yn meddwl sut orau i ddweud yr hyn oedd ar ei meddwl. 'Mi oedd hi'n amlwg iddo fo pan ddaeth i mewn yma be oedd yn mynd ymlaen, ac ...' oedodd ymhellach cyn parhau eto, '... ac er dy brofedigaeth ddiweddar di, ddangosodd o ddim gwrthwynebiad i 'mhresenoldeb i yma.'

'Naddo,' atebodd Jeff. 'Ella bod hynny am ei fod o'n gwybod amdanat ti cyn heno.'

'Be?' Roedd Meira wedi ei synnu'n llwyr.

'Wnes i ddim datgelu unrhyw gyfrinach na dy enwi di, Meira. Roeddwn i yn ei gwmni tua phythefnos yn ôl, ac mi ddeudis i wrtho fo 'mod i'n dechrau syrthio mewn cariad â geneth yn annisgwyl iawn, ddyddiau yn unig ar ôl claddu fy ngwraig. Ddaru o ddim dangos gwrthwynebiad y tro hwnnw chwaith.'

'Ma' raid i mi ddeud 'mod i'n ei chael hi braidd yn od bod yr offeiriad yn cael gwybod am y ffasiwn beth o flaen yr eneth ei hun,' meddai, yn troi i'w wynebu.

'Wel, mi wyt ti'n gwybod rŵan, 'nghariad i,' atebodd Jeff. 'Ti'n dallt yn barod bod hyn wedi bod yn sioc enfawr i mi, yn dwyt ti?'

'Ydw.'

'Wyt ti'n barod am dy wely?' gofynnodd.

'Ydw, ond ...'

Tro Jeff oedd hi i ddistewi Meira a rhoddodd ei fys ar ei gwefusau yn dyner.

'Does dim rhaid,' meddai Jeff. 'Dos di. Mi wela i di yn y bore.'

Sicrhaodd Jeff fod y drws cefn wedi'i gloi cyn mynd at y drws ffrynt. Agorodd ef ac edrychodd i fyny ac i lawr y stad o dai. Ni welodd ddim allan o'i le.

Gorweddai Jeff yn ei wely oer yn myfyrio yn y tywyllwch. Oedd, roedd pawb yn cysgu'n dawel heno. Meddyliodd am yr eneth yn cysgu yn yr ystafell nesaf – ac er gwaetha'r cyfan oedd ar ei feddwl, y ddelwedd o Meira ar ben y grisiau yn y tywel byr oedd y peth olaf y meddyliodd amdano cyn syrthio i gysgu.

Pennod 34

'Rhaid i mi stopio i brynu petrol,' meddai Jeff wrth dynnu i mewn i gowt y garej yng ngheg lôn y stad. 'Cadwa lygad, Meira.'

Cymerodd funud neu ddau i lenwi'r car, talodd efo'i gerdyn plastig ac yna gyrrodd i ffwrdd yn ôl ei arferiad.

'Welist ti rwbath?' gofynnodd Jeff.

'Dim byd, heblaw dyn yn trio rhoi aer yn ei deiars heb roi arian yn y peiriant na thynnu'r capiau oddi ar y falfiau.'

'Da iawn, Meira,' meddai'n ffug-nawddoglyd. 'Mi wnawn ni dditectif ohonat ti eto. Gest ti rif y car?

'Do,' atebodd. 'Doedd o ddim yr un car â neithiwr. Ford Mondeo ydi hwn, y gyrrwr yn ddyn pryd tywyll eto, a'i wallt yn dechrau gwynnu. Mae ganddo yntau fwstash hefyd, ond dydi o ddim mor drwchus ag un y dyn arall.'

'Mae o'n ein dilyn ni o bell,' meddai Jeff wrth edrych yn y drych. 'Mi anghofiwn ni amdano fo am rŵan ond mae gen i gynllun i ddelio efo nhw cyn bo hir.'

Am hanner awr wedi naw, cyrhaeddodd y ddau dŷ Dic Edwards. Roedd gŵr ifanc nobl yr olwg tua deunaw oed yn glanhau'r Jaguar.

'Ti'n brysur?' galwodd Jeff arno.

'Be ydi o i chi?' atebodd y bachgen ychydig yn haerllug. Safodd yn syllu ar y gŵr a'r ddynes ifanc yn cerdded i'w gyfeiriad. Gwisgai bâr o jîns glas, treiners, crys T gwyn a hwdi frown efo'r cwfl dros ei ben.

'Chwilio am fab Dic Edwards ydw i.'

'Wel, 'dach chi wedi cael hyd iddo fo. Pwy 'dach chi?'

Tynnodd Jeff ei gerdyn swyddogol o'i boced a chyflwyno'i hun a Meira iddo. Meiriolodd agwedd y llanc yn syth.

'Richard Edwards ydi f'enw innau hefyd, ond mae pawb yn fy ngalw fi'n Rici er mwyn gwahaniaethu rhyngdda i a Dad. Dwi'n gorfod llnau'r car cyn i Dad ei werthu o. Mi gafodd o gopsan efo'r bag y noson o'r blaen. Mae Mam wedi bod yn crefu arno fo i beidio yfed a gyrru ers blynyddoedd. Ma' siŵr eich bod chi'n gwybod yr hanes yn barod.'

Nid atebodd Jeff. 'Holi ynglŷn â damwain Peter Farrell 'dan ni, ac mi oeddwn i'n clywed eich bod chi'n mynd allan ar y môr efo fo o dro i dro yn ddiweddar.'

'Syniad Mam oedd o, rhag i mi dreulio gormod o amser yng nghwmni Dad,' gwenodd y llanc. 'Dim ond rwbath i'w wneud am bres poced tan y bydda i'n mynd i'r coleg.'

'I astudio be?' gofynnodd Jeff.

'Gwyddoniaeth,' atebodd. Gwasgodd Rici y dŵr o'r cadach oedd yn ei law a'i adael ar ymyl y bwced ar y llawr wrth ei ochr.

'Mae ganddoch chi ddyfodol da o'ch blaen felly,' awgrymodd Meira. 'Diolch nad oeddach chi ar fwrdd y cwch ddiwrnod y ffrwydrad.'

'Ia, diolch i'r nefoedd,' atebodd, yn tynnu'r cwfl oddi ar ei ben i ddatguddio mop o wallt cyrliog coch. Ar ôl dechreuad digon oeraidd tybiai'r ddau fod y bachgen yn cynhesu tuag atynt.

'Be ti'n 'i wybod am y ddamwain, Rici?' gofynnodd Jeff yn gyfeillgar.

'Dim llawer. Ffrwydrad nwy oedd o – neu dyna 'di'r sôn

o gwmpas y lle 'ma beth bynnag. Wn i ddim mwy na hynny.'

'Oedd Peter yn un diofal allan ar y môr 'na?'

'Yn hollol fel arall 'swn i'n deud,' atebodd Rici. 'Welais i neb mor ofalus a thwt â fo. Mi o'n i wedi synnu bod y fath beth wedi digwydd a deud y gwir.'

'Sut felly?' prociodd Meira.

'Damwain yn ymwneud â nwy yn gollwng? Wel, mae'n bosib, wrth gwrs. Mi wyddwn i ei fod o'n cario dwy botel o nwy ar y cwch bob amser, ond roedd Pete yn un mor daclus. Wyddoch chi, y potiau cimwch wedi'u rhwymo'n saff bob amser a dim rhaffau o gwmpas i faglu drostyn nhw, byth. Dyna'r peth cyntaf iddo fo'i ddysgu i mi, a Duw a'm helpo fi taswn i'n gadael bwrdd y cwch yn flêr. Felly dydw i ddim yn ei weld o'n gadael y stôf fach na'r poteli nwy mewn cyflwr fasa'n achosi i nwy ollwng.'

'Mi oeddwn i'n dallt bod gan Peter rhyw fath o fusnes arall,' meddai Jeff.

Cododd Rici ei ysgwyddau ac edrych arno'n fud.

'Ddaru o gyfarfod ag unrhyw gwch arall allan ar y môr tra oeddet ti efo fo?'

'Naddo wir.'

'Y busnes arall 'ma,' meddai Meira. 'Ella mai rhyw fath o smyglo oedd o.'

'Dallt dim. Ond gwrandwch, rhaid i mi fynd rŵan. Dwi wedi gaddo mynd efo mam i siopa.'

Cododd y bachgen y bwced a'i gario i gyfeiriad y tŷ, gan adael y Jaguar ar hanner ei olchi.

'Ydan ni wedi taro ar fan gwan yn y fan'na dywed?' gofynnodd Meira.

'Ella wir. Mi fydd yn rhaid i ni gael sgwrs arall efo fo,

ond mi adawa i iddo fo stiwio am dipyn. Er ei fod o'n fachgen mawr, nobl, dipyn o fabi fam ydi o dwi'n meddwl.'

'Synnwn i ddim,' cytunodd Meira. 'Ond lle mae hyn yn ein gadael ni, Jeff? Rydan ni'n rhedeg allan o bobol i'w holi. Wyddon ni ddim am neb arall sy'n debygol o fod â mwy o wybodaeth am Peter Farrell. Mi allwn drio Modlen eto, neu ailholi Michelle Raynor. Dyna'r unig ddau gysylltiad sydd ganddon ni heb fynd yn ôl i'r plasty 'na.'

'Sôn am y plas, ydi dyn y Mondeo yn dal i'n gwylio ni?' gofynnodd Jeff.

'Yn y pellter yn fan'cw, yn edrych ar ffenestr y siop bapurau newydd,' atebodd Meira.

'Mi fydd yn rhaid i ni gael gwared â fo cyn mynd ar gyfyl tŷ Michelle. Y peth dwytha dwi isio'i wneud ydi gadael iddyn nhw wybod lle mae hi'n byw. Tyrd, mi rown i dipyn o 'sgydiad iddo fo.' Roedd Meira yn dechrau dod i ddeall arwyddocâd yr olwg ddireidus a ymddangosai ar wyneb Jeff bob hyn a hyn.

Gyrrodd Jeff yn gyflymach nag arfer yn ôl i gyfeiriad ei gartref. Edrychodd yn y drych ôl a gwelodd y Mondeo yn ei ddilyn yn y pellter, tua dau gan llath i ffwrdd.

'Reit, washi!'

Yn syth ar ôl gyrru rownd cornel yn gyflymach o lawer nag y dylai, breciodd yn galed a thynnodd i mewn i encilfa oedd yn ddigon llydan i droi'r car rownd, y teiars yn sgrechian gan adael cwmwl o fwg glas a llwch y ffordd ar eu hôl. Rhoddodd ei droed i lawr a chyflymodd y car yn ôl i'r un cyfeiriad. Daeth y Mondeo i'w gyfarfod, ond yn awr, roedd Jeff yn gyrru ar ochr anghywir y ffordd – yr un ochr â'r Mondeo, ac yn syth amdano. Deugain llath cyn ei gyrraedd, tynnodd ar y llyw i arwain ei gar yn ôl i'r ochr gywir. Wrth basio'r Mondeo, gwelodd Jeff a Meira y gyrrwr yn gegrwth, ei ddau lygad bron cymaint â'i geg wrth ymladd efo'r llyw. Edrychodd Jeff yn y drych ôl a throdd Meira rownd i weld y Mondeo yn bowndio ar hyd y llain o laswellt ar ochor y lôn cyn dod i stop. Tybiodd Jeff fod gwallt y dyn pryd tywyll wedi gwynnu ychydig mwy erbyn hyn.

'Dwi'n meddwl ei fod o'n cachu'n ei drowsus erbyn hyn,' chwarddodd Jeff.

'Synnwn i ddim,' cytunodd Meira. 'Mi fu bron i minnau wneud yr un peth!'

Trodd Jeff oddi ar y briffordd a defnyddiodd nifer o lonydd bychan gwledig, cyfarwydd i'w harwain yn ôl tuag at y pentre.

'Mi awn ni i weld Esmor,' meddai. 'Mi fydd o adra'n cael ei ginio erbyn hyn, ac mi gawn ni baned yno.'

Edrychodd Meira arno'n ansicr.

'Mi gei di weld,' meddai.

Oedd, roedd fan werdd Asiantaeth yr Amgylchedd tu allan i dŷ Esmor fel y dywedodd Jeff. Cerddodd efo Meira i'r portsh cefn lle byddai'r cipar yn hongian ei gôt ac ambell ffesant yn ystod y tymor saethu. Cnociodd ar y ffenestr i ddenu sylw ei gyfaill a oedd yn eistedd o flaen y teledu yn bwyta'i ginio. Amneidiodd y cipar arnynt i ddod i mewn.

'Sbio ar y newyddion ydw i,' meddai Esmor. 'Mwy o'r un peth fel arfer. Dewch drwadd, mi wna i banad i chi rŵan.'

'Gorffen di dy fwyd gynta,' mynnodd Jeff.

'Sbia ar y diawl yma'n malu awyr, yn gwenwyno pobol y wlad 'ma,' dwrdiodd Esmor. Roedd y sgrin o'i flaen yn darlledu eitem yn ymwneud â'r clerigwr Abu Qatada a oedd yn apelio'n erbyn y penderfyniad i'w anfon yn ôl i wlad yr Iorddonen i ateb cyhuddiadau yn ei erbyn. 'Un o ddynion Al Qaeda – eu pennaeth nhw yn Ewrop – yn cael rhyddid i wneud hynna yn y wlad yma.'

Dangoswyd hen ddarn o ffilm ohono'n pregethu i nifer o'i ddilynwyr ar un o strydoedd Birmingham, yn codi'i fys yn ei ystum arferol i bwysleisio rhyw bwynt.

'Aros,' meddai Jeff yn sydyn. 'Welaist ti hwnna yn y dorf rŵan?' Estynnodd am focs bach y teledu rhag ofn bod modd chwarae'r rhaglen yn ei hôl ond nid oedd yn bosib.

'Be welist ti?' gofynnodd Meira.

'Mi oedd un dyn pryd golau ym mhlith y bobol dywyll eu crwyn oedd yn gwrando arno fo. Ac mi oedd o'n debyg i ...'

'I bwy?' gofynnodd Meira'n daer.

'Na,' meddai Jeff. 'Ella ... ma' siŵr 'mod i wedi gwneud camgymeriad.' Meddyliodd am funud cyn parhau. 'Gwranda, Esmor, dwi isio gofyn ffafr i ti. Y car 'na welaist ti neithiwr. Mae 'na rywun yn fy nilyn i a dwi isio rhoi gwers fach i bwy bynnag ydi o, neu nhw, heb ddefnyddio'r heddlu.'

Gwenodd Esmor o glust i glust. 'Wel, mêt, mi wyt ti wedi dod at y boi iawn felly, do? Be 'ti isio i mi wneud?'

'Oes gen ti reswm i fod yng nghyffiniau'r afon honno sy'n rhedeg gyferbyn â Phlas y Fedwen ar ôl iddi dywyllu heno?'

'Mae pob afon yn yr ardal yma'n fusnes i mi os dwi'n penderfynu hynny, 'ngwas i,' atebodd.

'Dyma'r cynllun,' meddai Jeff. 'Ond mi fydd yn rhaid i ti fod yn ofalus, cofia. Mae gen i le i gredu fod y rhai sy'n fy nilyn i yn cario arfau.'

'Paid â phoeni,' atebodd. 'Mi a' i ag un o'r ciperiaid eraill, Trefor, efo fi. Mae ganddo fo flac belt mewn jiwdo, ac mi fydd o'n ddigon o foi iddyn nhw, mi ydw i'n saff o hynny.'

Dechreuodd Jeff ymhelaethu am ei gynllun. Pan yr oedd ar fin gorffen, canodd ei ffôn symudol yn ei boced. Gwelodd rif y Ditectif Brif Arolygydd yn fflachio ar y sgrin.

'Well i ti ddod yn dy ôl i'r swyddfa,' meddai. 'Dwi angen trafod un neu ddau o bethau efo chdi ar fyrder. Efo chdi'n bersonol, ti'n dallt? Neb arall.'

Pennod 35

'Lle mae Meira?' gofynnodd y DBA Irfon Jones.

'Wedi mynd i gael rwbath i'w fwyta. Ydach chi isio i mi alw arni hi?' gofynnodd Jeff.

'Na. Mae hyn yn ymwneud â hi, ond efo chdi rydw i isio trafod y mater i gychwyn.'

Gwelodd Jeff nad oedd ei fòs yn ei chael hi'n hawdd i ddewis ei eiriau, ac roedd hynny'n beth anarferol iawn. 'Wyt ti a Mrs Lewis yn ... ym ... agos i'ch gilydd?' gofynnodd.

'O, dyna sy'n bod, ia? Pwy sy'n cario straeon felly?' gofynnodd Jeff, ei lais yn codi'n uwch nag y dylai.

'Wyddwn i ddim, a dyna'r gwir,' atebodd Irfon Jones. 'Ond bydd yn hollol agored efo fi o'r dechrau, wnei di plîs, Jeff, er mwyn i mi fedru ateb unrhyw gwestiwn yn gywir.'

'Fedra i ddim gweld bod fy mywyd personol i, nag un Meira Lewis, yn fusnes i neb.'

'Ydi Mrs Lewis yn briod?' gofynnodd.

'Gwraig weddw,' atebodd Jeff. 'A finnau'n ŵr gweddw, er mai dim ond ers ychydig dros fis mae hynny,' meddai. Eisteddodd yn y gadair o flaen y ddesg a'i ben yn ei ddwylo. Cododd ei ben i edrych ar y Ditectif Brif Arolygydd. 'Dwi'n gwybod bod hynny'n amser byr, a mater i 'nghydwybod i ydi hynny. Mae Meira a finnau'n hoff iawn o'n gilydd. Duw a ŵyr, mae hynny'n pwyso arna i, ond dydi o ddim yn fater i chi na gweddill yr heddlu.'

'Fedra i ddim cytuno gant y cant efo chdi yn fan'na, Jeff,

oherwydd bod Meira ar secondiad i ni o Lerpwl ar hyn o bryd. Mae'n ddigon hawdd i rywun ofyn wyt ti'n cymryd mantais o'r sefyllfa, ac ydi ei gwaith hi a dy waith dithau yn dioddef o ganlyniad. Ydi o?'

'Dim blydi peryg, DBA, ond mae'n edrych yn debyg bod rhywun yn trio'n baeddu ni am ryw reswm. Sut gwyddoch chi am ein perthynas ni?'

'Cael galwad ffôn wnes i gan y Dirprwy Brif Gwnstabl.'

'*Be*?' bloeddiodd Jeff. 'Mor uchel i fyny'r ysgol â hynny? Does ganddo fo ddim byd gwell i'w wneud yn y pencadlys 'na?'

'Aros am funud, Jeff. Paid â'i farnu mor sydyn. O swyddfa Prif Gwnstabl Glannau Merswy y cafodd o wybod. Be mae hynny'n 'i awgrymu i ti?'

Nid oedd yn rhaid iddo feddwl yn hir. 'Fi ydi'r targed, mae hynny'n sicr i chi. Mae hyn i gyd yn cael ei wneud er mwyn fy nifrïo i. Mi wn fy mod i'n cael fy nilyn ers i'r ddau ddyn mawr rheini o Lundain gerdded allan o'r swyddfa 'ma mewn tymer. Dwi'n meddwl bod rhywun yn gwrando ar fy ffôn adra hefyd. Doeddwn i ddim wedi sylweddoli pwy oedd wrthi tan rŵan, ond erbyn hyn, mae'r peth yn amlwg. Mae'n edrych yn debyg eu bod nhw'n barod i wneud unrhywbeth i sicrhau na fydda i'n mynd yn agos i Blas y Fedwen eto.'

'Oes 'na unrhyw reswm o gwbl i rywun feddwl fod dy berthynas â Meira Lewis yn amharu ar waith un ohonoch chi?'

'Dim o gwbl. Mi wyddoch chi yn well na neb faint mae'r ymchwiliad yma wedi symud yn ei flaen ers i Meira a finna ddechra gweithio efo'n gilydd.'

'Mae dy air di'n ddigon da i mi.'

'Gyda llaw,' ychwanegodd Jeff, 'nid ei fod o'n fusnes i chi na neb arall – ac a deud y gwir dwi'm yn credu y dylwn i orfod esbonio hyn – dyma i chi'r gwir. Er bod Meira Lewis a finna wedi cysgu o dan yr un to yng nghartrefi'n gilydd yn ystod y pythefnos dwytha 'ma, 'dan ni ddim wedi rhannu'r un gwely, na hyd yn oed yr un ystafell wely.'

Edrychodd Irfon Jones i fyw ei lygaid a chododd y ffôn oddi ar ei ddesg. Deialodd a disgwyliodd.

'Ga' i air â'r Dirprwy Brif Gwnstabl os gwelwch yn dda?' gofynnodd.

Disgwyliodd am rai eiliadau eto.

'Syr,' meddai cyn bo hir. 'Ar ôl ein sgwrs ni'r bore 'ma, dwi wedi cael gair efo Ditectif Sarjant Jeff Evans. Os ydi'r hanes yma a glywsoch chi'n wir, mater iddo fo a'r heddferch o Lerpwl ydi o, a neb arall. Ac mi ydw i yn fodlon, gant y cant, nad ydi unrhyw berthynas rhyngddynt, os oes 'na un, yn amharu ar eu gwaith. Os rwbath, mae eu cyfraniad i'r ymchwiliad yma'n amhrisiadwy. Mae croeso i chi ailadrodd fy ateb i'r Prif Gwnstabl hefyd – yng ngogledd Cymru a Glannau Merswy. O, gyda llaw, dydi Mrs Lewis ddim yn briod. Gwraig weddw ydi hi.'

Gwrandawodd am ychydig eiliadau.

'Iawn ... iawn syr. Diolch yn fawr,' meddai, cyn rhoi'r ffôn i lawr.

Gwenodd Jeff arno. 'Diolch am y gefnogaeth,' meddai.

'Siŵr iawn,' meddai Irfon Jones wrtho. 'Rŵan ta. Be wnawn ni ynglŷn â phwy bynnag sy'n dy ddilyn di?'

'Gadewch o i mi, os gwelwch yn dda, DBA.'

Roedd Irfon Jones yn ymwybodol o'r math o driciau a oedd gan Jeff yn ei *repertoire*. 'Bydda di'n ofalus.'

Penderfynodd ddweud wrth Meira am ei sgwrs gydag Irfon Jones.

'Pwy ti'n feddwl sy'n gyfrifol?' gofynnodd hithau.

'Yr unig rai sy'n gwybod amdanon ni, neu o leia yn meddwl eu bod nhw'n gwybod, ydi pwy bynnag fu'n gwylio fy nhŷ i neithiwr a'r bore 'ma, a'n dilyn ni heddiw wedyn. Fu o, neu ei feistri, ddim yn hir yn cysylltu â'r pencadlys yn Lerpwl. Efo dipyn o lwc mi gawn ni wared â nhw oddi ar ein cefnau cyn hir. Ond gynta,' ychwanegodd, 'dwi isio gair bach efo'r BBC ym Mangor. Mi awn i Lerpwl i gael gair efo Michelle Raynor fory. Fedri di drefnu hynny?'

'Medraf,' meddai. Edrychodd Meira o'i chwmpas yn sydyn cyn ei gusanu'n frysiog ar ei foch.

'Hei, hei,' meddai Jeff gan wenu, 'cadwa dy lygad ar dy waith!' Rhoddodd slap fach chwareus iddi wrth basio.

Aeth Jeff i holi technegwyr y BBC ym Mangor, a chafodd addewid y byddai'r adroddiad ynglŷn ag Abu Qatada a ddarlledwyd ar newyddion un o'r gloch y diwrnod hwnnw yn cael ei yrru iddo mewn e-bost ar unwaith. Deallodd fod y fideo o'r clerigwr yn pregethu wedi'i ffilmio wyth mlynedd ynghynt, cyn i'r eithafwr gael ei arestio am y tro cyntaf a'i garcharu. Gwnaeth gopi ar ddisg ar ôl ei dderbyn, ac aeth â'i liniadur i swyddfa Irfon Jones.

Stopiodd Jeff y ffilm ar olygfa a oedd yn dangos y dorf enfawr o ddilynwyr Qatada, a chwyddodd y ddelwedd o'r un dyn pryd golau.

'Pwy ydi o felly?' gofynnodd y DBA.

Tynnodd Jeff lun o'i boced. Llun o Peter Farrell.

'Maen nhw'n debyg, mae hynny'n sicr,' meddai Irfon Jones. 'Ond wyt ti'n siŵr nad wyt ti'n dychmygu petha?' gofynnodd.

'Yr unig ffordd i fod yn siŵr,' atebodd Jeff, 'ydi dangos cynnwys y ddisg 'ma i Modlen Farrell.

Fel yr oedd hi'n tywyllu'r noson honno, gyrrodd Jeff gar yr heddlu o gefn yr orsaf ac allan o dref Glan Morfa. Ni wyddai neb arall fod Meira yn cuddio ar ei hyd ar y sêt gefn. Teithiodd y car am rai milltiroedd cyn dod i aros mewn lôn wledig, gul, nid nepell o Blas y Fedwen. Nid oedd Jeff wedi dewis y ffordd gyntaf yno – bu'n crwydro am filltiroedd ar hyd y ffyrdd bach cynefin er mwyn sicrhau, yn ôl y goleuadau a welai y tu ôl iddo bob hyn a hyn, ei fod yn cael ei ddilyn unwaith eto.

'Mae 'na ddau gar o leia, Meira,' meddai. 'Wyt ti'n siŵr dy fod ti'n gwybod be i'w wneud?'

Cadarnhaodd ei bod hi.

Parciodd Jeff y car wrth ochr y lôn, camodd allan a'i gloi gan adael Meira ynghudd ynddo. Diflannodd Jeff i dywyllwch y goedwig ac i lawr i lan yr afon. Sicrhaodd ei fod yn gwneud digon o sŵn a bod golau ei dortsh yn datgelu ei lwybr ar hyd yr afon yn araf i gyfeiriad y Plas, filltir neu fwy i ffwrdd.

Ymhen deng munud clywodd Meira symudiadau y tu allan i'r car. Swatiodd o o dan y flanced fawr, dywyll, ar y llawr yn y cefn. Clywodd leisiau dau ddyn yn siarad yn ddistaw, a handlen pob drws yn cael ei drio. Curodd ei chalon yn uchel pan oleuwyd y tu mewn i'r car gan dortsh pwerus, ond yna syrthiodd y tywyllwch a'r distawrwydd eto.

Diflannodd y ddau ŵr i mewn i'r goedwig i ddilyn golau tortsh Jeff yn y pellter. Roedd yn amlwg fod y ddau wedi hen arfer gwneud y fath waith, ddydd neu nos, mewn dinasoedd neu ym mherfeddion ardal wledig fel hon. Dau ŵr, y ddau o bryd tywyll, un a chanddo fwstash mawr trwchus a'r llall â mwstash ysgafnach a gwallt brith. Dilynodd y dynion olau tortsh Jeff am ddeng munud a rhagor, ond yna, yn sydyn, nid oedd dim i'w weld o'u blaenau. Dim byd ond tywyllwch.

Ni wyddai'r ddau fod Jeff wedi hen gyrraedd yn ôl i'r ffordd fach wledig. Yn ddisymwth goleuwyd y llecyn lle safai'r ddau ŵr gan lifolau llachar. Neidiodd dau ddyn arall o'r coed a dyfai ar hyd glan yr afon, yn gweiddi ar dop eu lleisiau.

'Arhoswch lle ydach chi! Ciperiaid Afon! 'Dach chi'n cael eich arestio ar amheuaeth o botsio!'

Dechreuodd un o'r gwŷr brotestio'n fygythiol a chododd y llall ei freichiau a'i ddyrnau i ymladd, ond roedd Trefor, y cipar â'r belt du mewn jiwdo, yn fwy na digon o ddyn iddo, ac nid oedd Esmor lawer gwaeth. Mewn eiliad roedd y ddau ddieithr mewn gefynnau llaw ac yn ceisio eu gorau i esbonio pam roedd croglath a thryfer yn gorwedd ar lan yr afon wrth eu traed.

Erbyn hynny, roedd Jeff a Meira'n ddiogel ac yn gwibio'n ôl i orsaf yr heddlu yng Nglan Morfa.

Ymhen hanner awr cyrhaeddodd Esmor a Trefor orsaf heddlu'r dref efo'u dau garcharor. Yn rhyfedd, roedd ffotograffydd o'r wasg yno i'w cyfarfod a chafwyd llun da ohonynt yn cerdded trwy'r fynedfa flaen.

Rhoddwyd y ddau o flaen y sarjant oedd ar ddylestwydd yn y ddalfa. Pan oedd Esmor ar ganol rhestru manylion eu camweddau, torrwyd ar draws ei lith gan un o'r gwŷr, oedd yn ceisio egluro mai swyddogion o'r gwasanaethau diogelwch oedden nhw. Pan ofynnodd y sarjant pwy oedd eu cyswllt yn yr heddlu, atebwyd mai'r Comander Toby Littleton oedd hwnnw. Eglurodd y sarjant nad oedd o'n adnabod yr enw, ac nad oedd rhenc comander yn Heddlu Gogledd Cymru, felly rhoddwyd y ddau mewn celloedd gwahanol i roi cyfle i'r sarjant wneud ei ymholiadau. Ymhen llai nag awr fe'u rhyddhawyd heb air arall, heb esboniad, a heb gofnod o'r digwyddiad. Cyn belled ag y gwyddai'r byd, ni fu unrhyw ddigwyddiad. Safodd Jeff yn y fynedfa fel yr oeddynt yn gadael a gwenodd yn sinigaidd wrth iddynt ei basio.

'Tynnwch y ddyfais wrando 'na oddi ar fy ffôn i, os gwelwch yn dda,' meddai.

Nid edrychodd yr un ohonynt arno.

Gwenodd Jeff pan welodd fflachiadau camera dyn y wasg yn goleuo'r nos unwaith yn rhagor, a'r ddau ddyn mwstasiog yn gwneud eu gorau glas i guddio'u hwynebau.

Dim ond ychydig wedi un ar ddeg oedd hi – digon o amser i sicrhau y byddai'r hanes ar dudalen flaen y *Daily Post* fore trannoeth. Swyddogion y gwasanaethau diogelwch ym mherfeddion cefn gwlad Cymru liw nos? Pwy fysa'n meddwl.

Pennod 36

'Be ddiawl oedd ar dy ben di yn mynd dros ben llestri fel'na?' gofynnodd y Ditectif Brif Arolygydd Irfon Jones fore trannoeth.

Gwelodd Jeff fod y papur newydd a oedd yn cario hanes a lluniau'r noson cynt yn agored ar ei ddesg.

'Efallai y byddan nhw'n ailfeddwl cyn dechrau ymyrryd â 'mywyd i o hyn ymlaen,' atebodd.

'Mae'r Prif Gwnstabl wedi bod ar y ffôn yn barod y bore 'ma yn deud bod y Comander Toby Littleton am dy waed di.'

'Be ddywedodd y Prif Gwnstabl wrtho fo?' gofynnodd Jeff.

'Am ffeindio dynion sy'n ddigon da i'r gwaith y tro nesa maen nhw'n meddwl dilyn un o'i blismyn o.'

'Os gewch chi gyfle, diolchwch iddo am ei gefnogaeth, wnewch chi?'

'Mi fydda i'n siŵr o wneud,' meddai'r DBA, yn gwenu o glust i glust.

'Er mwyn i ni fod yn dallt ein gilydd,' parhaodd Jeff, 'pan drefnais i fy nghynllun ar gyfer neithiwr, doeddwn i ddim yn sicr pwy oeddan nhw. Mi oedd fy rheswm yn deud wrtha i mai'r gwasanaethau diogelwch oedden nhw, ond fel yr oedd hi'n digwydd bod, mi oedd y ddau yn edrych yn debyg i Arabiaid a fedrwn i ddim anwybyddu'r syniad mai o'r Plas roedd y ddau yn dod. Mae Meira a finna'n bwriadu mynd i Lerpwl heddiw i weld Michelle Raynor eto. Mae

Meira'n amau nad ydi hi'n deud y cwbl wrthan ni. Fedrwn i ddim risgio arwain yr Arabiaid i'w thŷ hi, a dyna pam roedd yn rhaid gwneud be wnes i neithiwr.'

'Does gen i ddim cwyn o gwbl, Jeff, ond be ydi'r sefyllfa erbyn hyn, felly?'

'Cyn belled ag y gwela i,' atebodd, 'dim ond Michelle Raynor all ein helpu ni – ar wahân i Modlen Farrell, ac efallai Dic Edwards a'i fab. Michelle ydi'r cam cynta, wedyn Modlen. Bydd yn rhaid iddi hi edrych ar y darn o ffilm 'na o Abu Qatada a'i ddilynwyr.'

'Os mai Farrell oedd hwnnw, mae hynny'n taflu goleuni diddorol iawn ar yr holl ymchwiliad, dwyt ti'm yn meddwl?'

'Mae hynny'n saff i chi,' atebodd Jeff. 'Ond mi fydd yn rhaid i ni fod yn ofalus dros ben oherwydd bod hynny'n debygol o'n harwain ni yn ôl i Blas y Fedwen, ac mi fydd y jwg tobi gwirion 'na a'i fêt, Barrington-Smythe, ar ein cefnau ni eto.'

Yr oedd Michelle Raynor a'i mam yn disgwyl Jeff a Meira yn eu cartref yn Aigburth, Lerpwl, yn fuan y pnawn hwnnw. Dewisodd Mrs Raynor adael y tri i drafod, gan nad oedd hi eisiau dysgu mwy nag oedd ei angen am helyntion rhywiol ei merch. Eisteddodd Michelle gyferbyn â'r ddau yn gwisgo pâr o jîns a thop lliwgar â gwddf uchel. Roedd ei hwyneb yn lân o golur, ac roedd yn amlwg nad oedd wedi trin ei gwallt yn iawn ers dyddiau. Yr oedd poenau'r tair wythnos flaenorol yn amlwg ar ei hwyneb, a thybiai Jeff ei bod yn edrych yn wahanol iawn i'r ferch ifanc a aeth at yr Arabiaid i werthu ei chorff.

Yn ôl eu cynllun, Meira agorodd y drafodaeth.

'Rydan ni'n ffyddiog ein bod ni wedi canfod y tŷ lle

digwyddodd hyn i gyd,' meddai. 'Ond mae 'na anhawster sy'n ein rhwystro ni rhag darganfod pwy yn union laddodd Barbara. Cofiwch, serch hynny, fod Khan yn farw, ac all neb eich brifo chi rŵan, Michelle.'

Nodiodd Michelle ei phen i ddangos ei bod yn deall.

'Os ydan ni am ddatrys hyn i gyd, Michelle, mae'n angenrheidiol ein bod ni'n cael gwybod y cyfan,' parhaodd Meira. 'Pob tamaid o wybodaeth. Ella na fydd bob dim yn bwysig, ond allwn ni ddim gwybod hynny nes y byddwn ni wedi gwrando ar eich stori i gyd a'i chymharu â gweddill yr wybodaeth sydd ganddon ni. Dwi'n siŵr bod 'na ryw fanylion nad ydyn nhw yn y datganiad roddoch chi'r diwrnod o'r blaen? Pobol, llefydd, ymddygiad, rwbath. Rydach chi wedi cael cyfle i feddwl yn y cyfamser a dyna pam dwi a Sarjant Evans yn ôl yma heddiw.'

Gadawyd iddi feddwl am rai munudau.

'Wel,' dechreuodd o'r diwedd. 'Dwi wedi deud wrthach chi fod 'na nifer o Arabiaid. Fedra i ddim cofio'r manylion i gyd na deud llawer mwy amdanyn nhw.'

'Be am ddynion lleol?'

'Pete, dim ond hwnnw, yr un fyddai'n dod â physgod cragen yno. A deud y gwir, doeddwn i ddim yn dallt pam roedd o'n cael ei ffordd efo fi. Arabiaid oedd y gweddill i gyd.' Oedodd am ennyd a chodi ei llaw at ei cheg. 'Ond,' meddai, fel petai wedi cofio rhywbeth yn sydyn. 'Mi ddaeth o â hogyn ifanc efo fo unwaith, hogyn ysgol am wn i, a deud wrtha i nad oedd o wedi bod efo merch o'r blaen. Gofynnodd i mi roi profiad rhywiol iddo fo y basa fo'n ei gofio am weddill ei oes. Doeddwn i ddim isio mynd i drwbl am gael rhyw efo hogyn o dan oed,' ychwanegodd, cyn oedi eto. 'Ond roedd 'na fwy i'r peth na hynny. Mi oedd y 'sgotwr yn cael hwyl am y peth, a dwi'n meddwl ei fod o wedi ffilmio'r cwbwl. Mi ddeudodd o wrtha i ei fod o'n mynd i wneud, beth bynnag. Fel ro'n i'n dallt, roedd y dechnoleg i wneud hynny yno yn y tŷ.'

'Pam oedd y pysgotwr isio ffilmio'r hogyn?' gofynnodd Meira.

'Hwyl, am wn i.'

'Pwy oedd o?' gofynnodd.

'Dim syniad. Neb yn gysylltiedig â'r tŷ, jyst rhywun roedd y 'sgotwr yn ei nabod.

'Fedrwch chi ei ddisgrifio fo?'

'Hogyn ifanc tal, reit gry, efo acen Gymraeg a llond pen o wallt cyrliog coch.'

Edrychodd Jeff a Meira ar ei gilydd. Nid oedd yn rhaid gofyn ymhellach pwy oedd y bachgen. Dim rhyfedd eu bod yn meddwl bod Rici Edwards wedi cadw rhywbeth yn ôl.

'Oedd rhywun arall yno nad oedd yn Arab, nag yn perthyn i'r tŷ?' gofynnodd Meira eto.

'Oedd, dau neu dri, ond nid yn agos i'r fan hyn, na'r Plas chwaith. Rhywle ymhell i ffwrdd – ac mi ges i fil o bunnau gan Khan yr adeg honno.'

'Mae'n rhaid bod hynny'n rhyw achlysur arbennig,' awgrymodd Jeff, yn agor ei geg am y tro cyntaf.

'Oedd,' meddai Michelle, yn chwilio drwy ei meddwl am ryw atgof o'r digwyddiadau. 'Ond wn i ddim be chwaith. Rhyw chwe wythnos yn ôl oedd hynny, a does gen i ddim syniad lle aed â fi. I ryw dŷ yn rhywle, dwi'n meddwl. Lle reit anial, tŷ go foel yr olwg, heb ddodrefn crand na moethusrwydd, yn wahanol i'r tŷ mawr.'

'Dywedwch yr hanes, plîs,' gofynnodd Meira.

'Ma' hi'n anodd. Mae 'nghof i'n aneglur am ryw reswm.

Cododd y car mawr du fi yn y ddinas fel arfer. Khan yn y cefn efo fi, a'r gyrrwr yn y ffrynt a'r cyrtens wedi'u cau fel na fedrwn i weld allan. Ond nid i gyfeiriad gogledd Cymru yr aethon ni y tro hwnnw. Mi wyddwn i hynny oherwydd 'mod i wedi arfer â sŵn y twnnel – ffenestr y gyrrwr yn cael ei hagor a'r arian yn cael ei daflu i mewn i'r fasged. Na, nid y ffordd honno aethon ni. Roedd hi'n siwrne llawer iawn hirach na'r un i'r tŷ yng Nghymru; oriau yn hirach. Yn ôl y lleisiau glywais i ar ben y daith, 'swn i'n deud mai Albanwyr oeddan nhw. Ond mi stopion ni yn rhywle arall ar y ffordd yn ôl, rhywle'n agosach i adra dwi'n meddwl.'

'Be ddigwyddodd ar ben y daith?' gofynnodd Meira.

'Mwy o'r un peth am wn i. Ma' hi'n anodd cofio. Plesio dynion – dau ar ben y daith dwi'n meddwl, a dau ar y ffordd adra, lle bynnag oedd y fan honno.'

Edrychodd Jeff a Meira ar ei gilydd a gwyddai'r ddau nad oedd modd gwneud synnwyr o'r datguddiad heb fwy o wybodaeth.

'Gwrandwch, os gwelwch yn dda,' meddai Jeff. 'Ella fod hyn yn bwysig iawn, ac ella nad ydi o o bwys o gwbl. Ond mi fuaswn i a Meira yn licio i chi wneud eich gorau i gofio unrhyw fanylyn ynglŷn â'r daith honno, dim ots pa mor fychan. Gwnewch nodiadau ar ddarn o bapur os gwelwch yn dda, Michelle. Mi fyddwn ni mewn cysylltiad â chi eto cyn bo hir.'

'Dwi'n poeni rŵan y bydda i mewn trwbwl am gael rhyw efo'r bachgen ysgol 'na. Fedrai ddim fforddio hynny, dim efo fy record i.'

'Peidiwch â phoeni, Michelle,' atebodd Jeff. 'Rydan ni'n gwybod pwy ydi'r bachgen yma, ac ydi, mae o ddiddordeb

i ni, ond dydi o ddim o dan oed. Dim cweit, beth bynnag.'
Cilwenodd Jeff arni ar ei ffordd allan.

'Tydi hwn yn rhyfedd o fyd, Meira?' gofynnodd Jeff
allan yn y stryd. 'Wnes i erioed feddwl y baswn i'n dechrau
cydymdeimlo efo puteiniaid.'

'Maen nhwtha ymysg dioddefwyr y byd 'ma hefyd, 'sti'

'Dwi 'di dechrau dod i sylweddoli hynny. A sôn am
ddioddefwyr, be am i ni fynd i weld ydi mam Barbara adra?
Mi fydda i'n teimlo weithia, ar ganol ymchwiliad mawr fel
hwn, ei bod hi'n hawdd anghofio'r rhai sy'n cael eu brifo
fwya.'

Yr oedd Meira'n dechrau dod i ddeall gwir natur ei
phartner newydd a'i ysfa am gyfiawnder.

Ar ôl treulio hanner awr yn cysuro Elsie McDermott ac
yn ateb cymaint o'i chwestiynau ag y gallent, gadawodd y
ddau. Edrychodd Jeff ar ei oriawr.

'Reit, mae hi'n bum munud wedi pump yn barod. Mi
fydd hi'n rhy hwyr i fynd i weld Modlen Farrell ar ôl gyrru'n
ôl heno. Lle awn ni, dy dŷ di 'ta 'nôl i 'nhŷ i?'

'Mi fydd yn rhaid i ni alw efo Modlen yn fuan bore fory,
ac mi fysa'n rhaid i ni godi'n wirion o fuan os gysgwn ni'n
Lerpwl heno,' atebodd Meira.

'Siort ora,' atebodd Jeff. 'Mi fydd hi'n tynnu am wyth o'r
gloch erbyn i ni gyrraedd adra. Têc awê amdani felly –
Tsieineaidd 'ta Indian?'

'Dewis di. Dim ots gen i, cyn belled â bod neb yn dod ar
ein cyfyl ni heno.'

Pennod 37

Roedd Jeff yn troi a throsi am hanner awr wedi chwech fore
trannoeth pan glywodd y gawod yn rhedeg yn yr ystafell
ymolchi ddau ddrws i ffwrdd. Roedd yn rhaid bod Meira
wedi codi'n barod. Gorweddai Jeff, yn syllu ar batrwm
Artex y nenfwd ac yn gwrando ar y dŵr yn llifo a'i llais yn
mwmian canu'n hapus. Mentrodd ddychmygu ei dwylo
sebonllyd yn llithro'n araf dros ei chroen sidanaidd.

Mae hyn yn artaith, meddyliodd. Roedd wedi dechrau
dod i deimlo fel carcharor wedi'i gloi mewn cell anweledig,
ei gydwybod yn ei rwystro rhag ymgorffori'r cariad roedd
o'n ei deimlo tuag at Meira. Cofiodd eiriau'r Tad O'Reilley
– doedd yr offeiriad ddim wedi'i gondemnio. Doedd o ddim
wedi rhoi ei fendith i'r berthynas chwaith, ond doedd dim
disgwyl i offeiriad gefnogi perthynas gorfforol tu allan i
gwlwm priodas. Beth fuasai Jean yn ei ddeud, tybed? Yn
wir, be fuasai o yn ei ddeud wrthi hi o droi'r sefyllfa ar ei
phen? Chwiliodd ddyfnderoedd ei enaid a daeth yr ateb
iddo'n gynt o lawer nag yr oedd o'n ei ddisgwyl. Yr oedd o
wedi caru Jean gymaint, a'i ddymuniad o, petai o wedi
marw cyn ei amser, fyddai iddi hi fod yn hapus yng
nghwmni rhywun oedd yn ei charu. Yn anisgwyl, teimlodd
bwysau'n codi oddi arno. Wrth ddal i wrando ar y gân a
sŵn y dŵr yn llifo drosti daeth gwên i'w wyneb.

Ar ôl i Jeff ddefnyddio'r gawod a gwisgo, aeth i lawr y
grisiau lle roedd Meira'n coginio bacwn. Llenwodd yr arogl
ei ffroenau a theimlodd fodlonrwydd wrth weld pa mor

gartrefol yr edrychai Meira yng nghegin ei gartref. Rhoddodd ei ddwylo'n dyner ar ei bochau a chusanodd ei thalcen. Oedodd yno am rai eiliadau.

Edrychai fel petai dim wedi newid ers y diwrnod hwnnw dair wythnos ynghynt pan gerddodd Jeff at ddrws ffrynt y bwthyn bach uwchben yr harbwr yng nghwmni Rob Taylor. Yr un hen raffau, yr un hen gewyll cimwch a'r un hen fwiau, ond erbyn hyn, roedd popeth yn gorwedd yn segur.

Meddyliodd Jeff am y newid a fu yn ei fywyd ei hun. Aeth o fod yn ŵr ffyddlon i fod yn weddw, cyn ailbrofi cariad cyffrous – oll mewn cyfnod mor fyr. Gwenodd ar Meira wrth agor y giât iddi.

Tu mewn i'r bwthyn bach, roedd bywyd Modlen Farrell wedi cael ei chwalu'n llwyr. Gan mai unig fu ei bywyd ers blynyddoedd oherwydd gorthrwm ei gŵr, roedd Modlen wedi dod i ddibynnu ar Peter am bopeth; ac er bod digon o arian erbyn hyn iddi fyw'n gyfforddus, roedd y golled wedi ei gadael mewn gwacter llethol. Buan yr oedd hi wedi dod i arfer â gorchmynion dyddiol ei gŵr a rheolau caeth eu bywyd priodasol; cyfyngiadau a ddygodd, ymhen amser, ei holl hunan-barch. Cafodd pob dewis ei wneud drosti, a'r canlyniad oedd ei bod hi, yn araf bach a heb iddi sylwi, wedi dioddef bywyd morwyn yn hytrach na gwraig. Sylweddolai erbyn hyn nad oedd ganddi bellach yr awydd na'r egni i wneud dim byd drosti hi ei hun. Prin roedd hi wedi bod allan o'r tŷ yn ystod y pythefnos ddiwethaf.

'Gobeithio nad ydan ni'n galw'n rhy gynnar,' meddai Jeff. Edrychai Modlen Farrell yn wael, ei gwedd yn llwyd a'i gruddiau wedi teneuo.

'Na, dewch i mewn,' meddai. 'Dwi'n falch o gael gweld rhywun, a deud y gwir.'

'Mae 'na un neu ddau o bethau wedi codi ers i ni gyfarfod ddiwetha,' meddai. Nid oedd Jeff mewn hwyl i fân-siarad. 'Oedd Peter yn ddyn crefyddol?' gofynnodd yn blwmp ac yn blaen.

Tarodd natur y cwestiwn hi yn annisgwyl. 'Welais i mohono'n agos i gapel nac eglwys erioed – nac yn darllen y Beibl chwaith,' atebodd. Crafodd Modlen ei thrwyn yn nerfus.

'Beth am ddarllen y Quran?' Nid oedd Jeff wedi bwriadu ei holi mor uniongyrchol, ond daeth y cwestiwn allan yn gynt nag yr oedd wedi'i fwriadu. Roedd y sioc yn amlwg ar wyneb Meira hyd yn oed.

'Wel, mae 'na gopi o hwnnw yma'n rhywle ond welais i erioed mo Peter yn ei ddarllen chwaith. Mi fyddai o'n cadw'r math yna o beth iddo'i hun. Dwi ddim yn gwybod be oedd ei grefydd o. Ddaru ni erioed drafod y pwnc.'

'Oedd o'n mynd i gyfarfodydd crefyddol yn rhywle?'

'Ddim i mi fod yn gwybod.'

'Mi hoffwn i chi edrych ar hwn,' meddai gan estyn llun o'i boced, yr un a gymerwyd o ffilm y BBC.

Oedodd Modlen er mwyn edrych arno'n fanwl. 'Dydi'r ansawdd ddim yn dda, ond fo ydi o, mae hynny'n saff i chi. Lle gawsoch chi hwn?' gofynnodd.

'O ddarn o ffilm a gymerwyd ym Mirmingham tuag wyth mlynedd yn ôl,' meddai. 'Llun o dorf ydi o – nifer o ddisgyblion ffyndamentalaidd Islamaidd yn ystod rhyw gyfarfod yn y ddinas.'

Edrychodd Modlen i ryw wagle o'i blaen. 'Mi o'n i'n meddwl ei fod o wedi rhoi'r gora i'r math yna o beth ers blynyddoedd,' meddai. 'Ond mi wyddwn fod ganddo ddiddordeb ers talwm. Pan ofynnais iddo'r adeg honno, wnâi o ddim ateb fy nghwestiynau i, ac mi oedd hi'n mynd yn ffrae bob tro. Clustan oeddwn i'n gael os oeddwn i'n parhau i ofyn.'

'O ble roedd Peter yn dod yn enedigol, Mrs Farrell?' gofynnodd Meira.

'Fedra i ddim bod yn sicr,' atebodd. 'Mi ddeudis i wrthach chi ei fod o wedi colli 'i fam a'i dad pan oedd o'n ifanc, a phrin roedd o'n sôn amdanyn nhw. Ond mi wn i nad Peter Farrell oedd ei enw genedigol, ond Pietr Ismailov. Newidiodd ei enw yn gyfreithiol i Peter Farrell ymhell cyn i ni briodi, a dydi o ddim wedi defnyddio'i enw genedigol ers hynny.'

'Oes 'na unrhyw le lle bysa Peter wedi medru cadw llythyrau neu ddogfennau personol yn y tŷ 'ma, Mrs Farrell?' gofynnodd Jeff. 'Heb i chi fod yn gwybod, ella?'

'Oes, mae ganddo fo le, ond wn i ddim a ddylwn i ei ddangos i chi. Be 'tasa Peter yn dod yn ei ôl? Mi faswn i mewn helbul ofnadwy.'

'Mae hynny'n annhebygol iawn, mae gen i ofn, Mrs Farrell bach. Wnewch chi ei ddangos o i mi os gwelwch yn dda?'

Hebryngodd y wraig Jeff tuag at ddrws yn nenfwd yr ystafell wely. Estynnodd ysgol fach i ddringo yno, a daeth i lawr yn ei hôl yn cario bocs metel wedi'i gloi efo clo clap bychan.

'Ydi'r goriad ganddoch chi, Mrs Farrell?'

'Nac'di. Agorwch chi o sut liciwch chi.'

Efo un trawiad nerthol, chwalodd y clo ac agorodd Jeff y caead. Nid oedd llawer ynddo. Copi o'r Quran, lluniau o fachgen ifanc yng nghwmni dyn a dynes hŷn, manion bapurau ac, yn annisgwyl, disg CD neu DVD a edrychai'n gymharol newydd er nad oedd math o label arno.

'Lluniau ohono fo yn blentyn efo'i fam a'i dad 'swn i'n meddwl,' cynigodd Modlen Farrell. 'Dyma'r tro cynta i mi eu gweld nhw.'

Ymhlith y papurau roedd beth edrychai fel tystysgrif geni ar gyfer Pietr Ismailov. Roedd yr holl fanylion wedi'u cofnodi mewn iaith dramor, Rwsieg, tybiodd Jeff, ond nid oedd yn sicr.

'Ga' i fynd â hwn a'r ddisg efo fi?' gofynnodd Jeff.

'Cewch. Pam lai?' meddai, yn codi ei hysgwyddau.

Ar ôl cyrraedd gorsaf heddlu Glan Morfa chwiliodd Jeff gronfa ddata cyfrifiadur cenedlaethol yr heddlu. Canfu gofnod fod Pietr Ismailov wedi cael ei arestio yn Llundain yn y saith degau, ond dyna oedd yr unig wybodaeth amdano. Ffoniodd y Swyddfa Cofnodi Troseddwyr yn Llundain tra oedd Meira'n edrych ar gynnwys y ddisg a oedd ym mocs Peter Farrell a cheisio gwneud pen a chynffon o dystysgrif geni Pietr Ismailov.

Roedd Jeff ar y ffôn efo Modlen Farrell pan gerddodd Meira i mewn i'r ystafell.

'Bingo!' meddai, wrth roi'r ffôn i lawr.

'Ma' rwbath wedi dy blesio di,' sylwodd Meira.

'Mi ffeindiais i foi go gall i lawr yn Llundain 'na, am unwaith; defnyddiol iawn chwarae teg iddo fo. Mi aeth i drafferth i chwilio am hen feicroffish o'r saith degau. Mae o newydd ffonio'n ôl a'i ddarllen o i mi. Gwranda di ar hyn, 'ngeneth i.'

Eisteddodd Meira wrth ei ochr ac edrychodd arno'n mynd trwy'r nodiadau a wnaeth yn ystod y sgwrs.

'Cafodd Pietr Ismailov rybudd swyddogol gan yr heddlu yn Llundain am ddwyn ffrwythau o farchnad Covent Garden ym Mai 1970 pan oedd o'n un ar ddeg oed. Doedd dim hanes o gamymddwyn ganddo cyn hynny, a phenderfynwyd ei rybuddio yn lle ei gyhuddo – digon teg. Ond ar y ffeil mae 'na gyfeiriad at ffeil arall sydd yn nwylo'r Gangen Arbennig. Mi ddarllenodd honno allan i mi hefyd, er na wn i sut y cafodd afael arni.'

'Ella fod yr wybodaeth yn rhy hen i fod o ddiddordeb erbyn hyn,' awgrymodd Meira.

'Ella wir,' cytunodd Jeff. 'Gyda llaw, mi oedd Pietr wedi colli blaen bys bach ei law dde, ac mae Modlen Farrell newydd gadarnhau bod yr un anaf ar fys ei gŵr. Ond dyma lle mae'r hanes yn troi'n ddiddorol. Yn Baku, Azerbaijan, y ganwyd Pietr Ismailov ar y trydydd o Fawrth, 1959. Dyna'r dyddiad sydd ar y dystysgrif – unig blentyn Akbar, ei dad, a Farah, ei fam. Yr adeg honno roedd Azerbaijan yn rhan o'r Undeb Sofietaidd, cyn i'r gwledydd gael eu gwahanu yn 1991. Bryd hynny, roedd y mwyafrif o drigolion y wlad yn Fwslemiaid – ac mae'r un peth yn wir hyd heddiw.'

'Mae hynny'n esbonio'r copi o'r Quran felly,' awgrymodd Meira.

'Yn hollol. Rŵan ta, gwranda di ar hyn. Gwyddonydd oedd Akbar, ei dad o, yn gweithio i'r fyddin neu'r llywodraeth – un o'r ddau – yn y maes niwclear, ac yn 1962, fe'i cipiwyd i'r wlad yma i weithio i'r Gorllewin yn yr un maes. Yn ôl pob golwg doedd o ddim llawer mwy na charcharor yn gweithio o dan glo yn yr Undeb Sofietaidd, ac fe'i perswadiwyd i ddod drosodd i weithio o dan amgylchiadau mwy cyffordus, efo addewid o fywyd llawer iawn gwell i'w deulu. Dyna fu, ond methodd y fam â setlo yn Lloegr ac ar ôl saith mlynedd, yn 1969, fe laddodd ei hun. Dirywiodd iechyd ei dad ar ôl hynny a wnaeth o ddim gweithio wedyn. Gan nad oedd Akbar o ddefnydd iddyn nhw mwyach, collodd y llywodraeth ym Mhrydain ddiddordeb ynddo a'i fab, y Pietr ifanc, a bu Akbar farw yng nghanol y saith degau mewn cryn dlodi. Yn ôl pob golwg, roedd Pietr yn beio'r Gorllewin am hynny ac fe ddigiodd wrth y wlad yma. Yn yr wyth degau fe'i gwelwyd yn mynychu cyfarfodydd Mwslemaidd radical yn Llundain. Yna, yn sydyn, diflannodd oddi ar wyneb y ddaear, tan heddiw.'

'Dyna pryd y newidiodd ei enw, ma' siŵr,' tybiodd Meira. 'Sut mae hyn yn berthnasol i'r achos felly, Jeff?'

'Anodd deud,' meddai. 'Ond unwaith eto mae'n edrych yn debyg bod y cwbwl yn ein harwain ni yn ein holau i Blas y Fedwen, ac mi ydan ni'n dau yn gwybod be mae hynny'n 'i olygu. Sut hwyl gest ti efo'r dystysgrif 'na, a'r ddisg?'

'Mi wyt ti wedi cadarnhau yn barod yr wybodaeth ro'n i'n gobeithio'i chael ar y dystysgrif.'

'A'r ddisg, be sydd ar honno?'

'Rici Edwards yn ei holl ogoniant yn cael ei drin yn iawn gan Michelle Raynor.'

'Ty'd i mi gael gweld.'

'Dim blydi peryg,' atebodd Meira. 'Welais i erioed y ffasiwn berfformiad yn fy nydd!'

'Wel, dwi'n ei chofio hi'n deud ei bod hi wedi cael gorchymyn gan Peter i roi profiad i'w gofio iddo fo am y tro cyntaf yn ei fywyd. A dyma ni wedi dod o hyd i'r dystiolaeth, ynghanol eiddo mwyaf personol Peter Farrell.'

'Mae'r man lle roedd o wedi cuddio'r ddisg yn arwyddocaol, 'swn i'n deud,' meddai Meira. 'Mi fyddai ganddo reswm da dros guddio'r ddisg yn y bocs 'na.'

'Mi wyt ti'n llygad dy le – ac mi fydd yn rhaid i ni gael gair bach efo Rici eto yn reit fuan. Sgwn i be oedd bwriad Peter? Ma' raid bod ganddo fo ryw gynllun.'

Tybiai'r ddau eu bod yn gwybod yr ateb i'r cwestiwn hwnnw'n barod. Y gair 'blacmel' oedd ar flaen eu tafodau, ond pam, tybed?

'Ty'd i mi gael golwg ar y ddisg rŵan. Mi fydd yn rhaid i mi gael ei gweld hi cyn i ni holi Rici ... ac ella y ca' i dipyn o addysg hefyd.'

'Twt lol,' atebodd Meira.

Pennod 38

Roedd Rici Edwards tua phum can llath o'i gartref pan welodd Jeff a Meira ef, yn brasgamu i gyfeiriad canol y dref a'i fop cyrliog coch yn chwythu yn y gwynt. Arafodd Jeff wrth ei ochr ac agor y ffenestr y car.

'Su'mai, Rici! Lle ti'n mynd?' gofynnodd.

'Lawr am gêm fach o snwcer,' atebodd.

'Ty'd i mewn i'r car,' cynigodd Jeff. 'Mi gei di bàs gen i.'

'Na, mae'n iawn, diolch. Well gen i gerdded.'

Agorodd Jeff y drws a chamodd allan. 'Wel, Rici, fel hyn ma' hi, yli. Rydan ni'n dau wedi dod yma'n unswydd i gael gair efo chdi. Rŵan ta, mi gei di bàs i lawr dre i gael dy gêm o snwcer neu mi fydd yn rhaid i ti ddod i lawr i orsaf yr heddlu efo ni, er mwyn i ni gael dy holi di yn fan'no.'

'Be, 'dach chi'n fy arestio fi neu rwbath? Chewch chi ddim mynd â fi i mewn heb warant, na chewch?'

'Rici bach,' atebodd Jeff. 'Mi wyt ti wedi bod yn edrych ar ormod o ddramâu ditectif! Nid chwarae plant ydan ni. Mi gei di weld bod ganddon ni reswm da i fod isio siarad efo chdi – ac mi fyddi di'n falch nad yn yr orsaf na dy gartref y byddan ni'n sgwrsio pan ffendi di be ydi'r rheswm hwnnw.' Oedodd ac edrychodd yn ddwfn i'w lygaid cyn parhau. 'Ac yn falch na tydi dy fam ddim yma'n gwrando.'

Edrychai Rici'n nerfus erbyn hyn, a gwyddai Jeff yn union beth oedd yn mynd trwy ei feddwl: a ddylai redeg? Ond gwyddai'r llanc mai dim ond gohirio'r anochel fyddai hynny.

'Ella bysa'n well i ni gael sgwrs efo dy fam beth bynnag ...' ychwanegodd Jeff.

'Does gen i ddim llawer o ddewis felly, nag oes?' meddai'r llanc yn bwdlyd.

'Dos i eistedd yng nghefn y car plîs, Rici, er mwyn i mi fedru cael sgwrs iawn efo chdi. Wnei di ddreifio os gweli di'n dda, Meira?' gofynnodd iddi.

Neidiodd Meira i sedd y gyrrwr ac eisteddodd Jeff yng nghefn y car wrth ochr Rici.

'I lawr am y cei plîs, Meira. Mi fydd hi'n braf yn fan'no ar ddiwrnod fel heddiw. Mi geith Rici 'ma ddigon o amser i chwarae snwcer yn nes 'mlaen.'

Parciodd Meira'r car ger sied Peter Farrell, gan sicrhau fod trwyn y cerbyd yn wynebu bwthyn Farrell ar y bryn.

'Isio siarad am Peter rydan ni,' meddai Jeff. 'Mi oedd gen i ryw deimlad, y tro diwetha y buon ni'n sôn amdano fo efo chdi, dy fod ti'n cadw rwbath bach yn ôl.'

Nid atebodd Rici ac ni fedrai edrych i lygaid Jeff na llygaid Meira yn y drych ôl o'i flaen.

'Yn ystod y rhan o'r sgwrs pan oeddan ni'n trafod y posibilrwydd ei fod o'n smyglo,' ychwanegodd.

'Dwi'n gwybod dim am beth bynnag roedd o'n smyglo,' meddai.

'Oeddat ti'n gwybod sut roedd o wrthi 'ta?'

'Dallt dim,' meddai, ond edrychai Rici druan yn fwy anghyfforddus gyda phob munud a âi heibio.

'Oedd gan Peter Farrell rwbath arnat ti?' gofynnodd Jeff yn ddifrifol.

'Uffern o ddim,' oedd yr ateb. Doedd ei lais ddim yn swnio'n argyhoeddiadol.

'Y rheswm dwi'n gofyn hynny ydi fy mod i'n amau ei fod o'n dy flacmelio di.'

'Cerwch o 'ma! Be fysa gen i o werth iddo fo?'

'Gwybodaeth ella,' atebodd Jeff. 'Mi hoffwn i ti edrych ar hwn, Rici,' meddai, gan dynnu'r ddisg allan o'i boced. 'Meira, pasia'r gliniadur o'r ffrynt 'na,' gofynnodd, gan obeithio nad oedd ei fatri'n fflat.

Rhoddodd y ddisg i mewn a'i gychwyn, ac ymhen eiliadau gwelodd Rici ddelwedd ohono'i hun efo Michelle Raynor; y ferch yn edrych fel petai'n ymarfer ar gyfer y Gemau Olympaidd ar ei ben. Dechreuodd Rici chwysu.

'Peidiwch â dangos hwn i Mam, plîs,' meddai mewn llais plentynnaidd. 'Mi dorrith hwnna'i chalon hi. Mi ddeuda i'r cwbl wrthach chi. Peter aeth â fi yno. Do'n i'm yn gwybod o flaen llaw be oedd yn mynd i ddigwydd ... onest. Mi aeth â fi i ryw dŷ mawr ynghanol y wlad ar ôl bod allan ar y môr ryw ddiwrnod. Ro'n i'n meddwl mai dim ond mynd â chimychiaid yno oeddan ni. Mi ddechreuais amau fod rwbath ddim yn iawn pan wrthododd adael i mi gario rhai o'r bocsys i mewn i'r tŷ – mi wyddwn i fod 'na fwy na chimychiaid yn y bocsys y diwrnod hwnnw. Gofynnodd i mi faint oedd fy oed i, ac oeddwn i wedi cael rhyw bellach. Chwarddodd pan ddeudîs i na doeddwn i ddim, a deud ei bod hi'n hen bryd i hynny newid.'

Oedodd y bachgen a chaeodd Jeff y gliniadur a'i roi yn ôl i Meira yn y sedd ffrynt.

'Dwi'n mynd allan i awyr y môr am funud,' meddai hithau, a chaeodd ddrws y car ar ei hôl i roi llonydd i'r dynion yn y cefn.

'Be ddigwyddodd wedyn?' gofynnodd Jeff.

'Mi ddeudodd wrtha i bod hogan ifanc isio 'ngweld i yn

y tŷ, ac mi es ar ei ôl o i mewn ac i fyny'r grisiau. A sôn am le crand. Es i mewn i'r stafell 'ma ac, wel, y ... wel, 'dach chi'n gwybod be ddigwyddodd yn y fan honno.'

'Oeddat ti'n gwybod bod yr holl berfformiad yn cael ei ffilmio?'

'Nac oeddwn, dim tan wedyn. Dim tan ar ôl i Pete ddeud wrtha i am gau 'ngheg am be welais i'r diwrnod hwnnw. Mi ddeudodd y bysa fo'n rhoi cynnwys y ddisg 'na ar y we i bawb yn y byd gael ei weld o taswn i'n sôn wrth rywun. Wel, mi allwch chi fentro sut ro'n i'n teimlo. Wn i ddim be 'swn i'n wneud petai Mam yn ei weld o – heb sôn am neb arall.'

'Be welaist ti oedd mor bwysig y diwrnod hwnnw, felly?'

'Mi gododd o rwbath o'r potiau nad o'n i i fod i'w weld. Ar y ffordd yn ôl i mewn i'r harbwr oeddan ni pan gafodd alwad ar ei ffôn symudol, ac mi ddechreuodd ddadlau efo pwy bynnag oedd ar yr ochr arall. Mi glywais o'n deud ei bod hi'n amhosib am fod ganddo rywun arall efo fo ar y cwch – fi oedd hwnnw. Edrychodd ar ei watsh a deud nad oedd ganddo ddigon o amser i 'ngollwng i ar y lan ac yna mynd yn ôl allan oherwydd bod y llanw'n codi. Am ryw reswm, mi oedd lefel y llanw'n bwysig ond wn i ddim pam. Ar ôl gorffen ar y ffôn mi drodd yn ei ôl mewn tipyn o dymer a chodi chwe chawell arall i fyny, chwe chawell na welais i mohonyn nhw cyn hynny. Roedd y rheini'n llawer pellach allan ac mewn dŵr dyfnach lle roedd y llanw'n llawer cryfach hefyd. Fasa 'run pysgotwr arall yn gollwng cewyll yno, mae hynny'n siŵr. Roedd y chwe chawell yma'n llawer iawn mwy na'r gweddill ac ynddyn nhw – ym mhob un ohonyn nhw – roedd rwbath wedi ei lapio i fyny'n dda. A dyna be ddaru o wrthod gadael i mi 'i gario i'r tŷ yn hwyrach. O gofio'n ôl, mi oeddwn i'n ei gweld hi'n beth rhyfedd ofnadwy ei fod o wedi gollwng yr un chwe chawell yn ôl i'r dŵr heb roi math o abwyd ynddyn nhw. A dwi'n cofio pa mor wyliadwrus oedd o wrth ddadlwytho'r cwch yn yr harbwr hefyd.'

'Sawl gwaith ddaru hyn ddigwydd?' gofynnodd Jeff.

'Dyna'r unig dro i mi ei weld o'n digwydd, a dyna'r tro olaf i mi gael mynd allan efo fo. Mi wrthododd adael i mi fynd ar ôl hynny.'

'Wyddost ti be oedd cynnwys y cewyll rheini?'

'Does gen i ddim syniad, a dyna'r gwir i chi.'

'Pa bryd oedd hyn, Rici?'

Tua thri mis yn ôl, cyn belled ag y medra i gofio.'

'Wnei di ddangos i mi lle oedd y cewyll gwahanol 'ma?' gofynnodd Jeff.

'Gwnaf, ryw dro liciwch chi,' atebodd. 'Oes gynnoch chi gwch?'

'Mi ga' i un o rywle i ti,' atebodd Jeff. 'Rŵan ta, mae gen ti gêm o snwcer i'w chwarae 'does? A dim gair wrth neb am hyn, wyt ti'n dallt?'

'Dim tra mae'r ddisg yna'n dal i fodoli, Mr Evans.'

Symudodd Jeff i sedd y gyrrwr a thaniodd yr injan er mwyn codi Meira, oedd yn cerdded gerllaw. Danfonwyd Rici i'r neuadd snwcer.

'Cyn i ti ddeud wrtha i be oedd canlyniad hynna i gyd,' meddai Meira wrtho wedyn, 'mi edrychais drwy ffenest sied Peter Farrell a sylwi bod car Paul Dudley wedi cael ei symud oddi yno.'

'Dyna ryfedd,' atebodd Jeff.

Yr oedd agwedd Rici Edwards wedi newid erbyn i Jeff

gyrraedd y cei fore trannoeth i'w gyfarfod. Edrychai'n llawer hapusach a brwdfrydig – fel petai'n cael pleser o roi cymorth i'r heddlu. Gorau oll, meddyliodd Jeff.

Tynnodd cwch pysgota pum troedfedd ar hugain Wil Roberts allan o'r harbwr am hanner awr wedi deg. Roedd Jeff wedi talu'r pris llawn i Wil am hurio'i gwch am y diwrnod – yr un faint ag y byddai criw o ymwelwyr yn ei dalu am drip pysgota wyth awr. O ganlyniad, teimlai Jeff yn ffyddiog y byddai'r cychwr yn cadw'n ddistaw pe byddai angen iddo wneud hynny.

Ddau gan llath o gysgod yr harbwr, chwipiai'r gwynt ffres de-orllewinol ewyn gwynion y tonnau a theimlai Jeff y cwch yn cael ei siglo gan nerth y dŵr. Dilynai haid o wylanod y cwch yn y gobaith o gael tamaid hwylus, a bron na allai Jeff gyffwrdd un neu ddwy o'r rhai mwyaf hy'. Diolchodd nad oedd Meira yno, ac er bod ei stumog eisoes yn dechrau troi ceisiodd edrych fel morwr profiadol. Gwrthododd y mŵg o de a gynigiwyd iddo gan Wil, gan geisio anwybyddu'r piffian chwerthin o gyfeiriad Rici.

Astudiodd Rici amryw o farciau ar yr arfordir yn ddyfal, gan geisio cofio'r marc cywir. Am awr dda ar ôl cyrraedd y llecyn cywir, bron i filltir allan i'r môr, nid oedd arwydd o ddim ar wyneb y dŵr, ac awgrymodd Wil y dylent ddychwelyd i'r lan. Yn sydyn, cofiodd Jeff yr hyn a ddywedodd Rici wrtho'r diwrnod cynt: roedd Peter Farrell wedi dweud bod cyflwr y llanw'n bwysig.

'Pryd mae'r distyll heddiw, Wil?' gofynnodd.

'Dim am ddwy awr a hanner o leia,' atebodd, gan edrych ar ei oriawr.

'Mi arhoswn ni yma felly,' meddai Jeff. 'Oes 'na

bosibilrwydd fod y cewyll 'ma wedi eu clymu i raff fer, fel nad oes posib gweld eu bwiau ond pan mae'r llanw'n isel?'

'Mi fyddwn ni'n siŵr o gael gwybod cyn bo hir,' meddai Wil. 'Mae 'na lanwau mawr ar hyn o bryd ac os ydach chi'n iawn mi gawn ni eu gweld nhw cyn bo hir. Ond wn i ddim pwy fysa'n disgwyl dal cimwch mewn lle fel hyn chwaith. 'Dan ni'n rhy bell allan ac mae'r llanw rhy gry i weithio'r potiau'n ddyddiol.'

Debyg iawn, meddyliodd Jeff, gan graffu'n fanwl ar wyneb y dŵr.

Ymhen hanner awr roedd y gwynt wedi cryfhau, a maint y tonnau a'u hewyn gwyn yn ei gwneud hi'n llawer anos i weld wyneb y môr. Rici welodd y bwi cyntaf, ac yna gwelsant bedwar arall mewn rhes, tua hanner can llath oddi wrth ei gilydd.

'Mae rhywun wedi trio'n galed i guddio'r rhain i chi,' meddai Wil wrth iddo dynnu'r cwch i fyny wrth ochr y bwi cyntaf. Sylwodd Jeff yn syth nad oedd y llythyren 'F' wedi'i beintio arno, yn wahanol i weddill bwiau Peter Farrell. Dechreuwyd ar y dasg o godi'r cawell cyntaf i'r wyneb. Rhoddodd Wil y rhaff trwy'r winsh ar fwrdd y cwch a chlywodd y tri y peiriant yn chwyrnu pan ddechreuodd dynnu. Ymhen ychydig funudau daeth y cawell i'r golwg ond gwelwyd ei fod o'n wag. Digwyddodd yr un peth bedair gwaith ar ôl hynny, ac roedd wyneb Jeff yn bradychu ei siom.

'Chwe phot ddeudist ti yntê, Rici?'

'Heb os nac oni bai,' atebodd. 'Mi fydd yr olaf yn siŵr o droi i fyny cyn bo hir.'

Ac o fewn chwarter awr dyna ddigwyddodd. Rhoddodd Wil y rhaff yn y winsh unwaith yn rhagor, ond y tro hwn ni fedrai'r peiriant ei godi. Symudodd Wil y cwch un ffordd a'r llall i geisio rhyddhau'r cawell oddi wrth beth bynnag oedd yn ei fachu yn y dyfnder, ond ni allai ei symud.

'Paid â thrio gormod,' mynnodd Jeff. 'Rhag ofn i'r rhaff dorri. Mi ddown ni'n ein holau fory, ac mi yrrwn ni rywun i lawr yna i weld be sy' 'na.'

Clymodd Wil damaid arall o raff i'r rhaff wreiddiol, a chlymu bwi llawer mwy yn hwnnw er mwyn gallu ei weld yn haws pan fyddai'r llanw yn uwch; yna anelodd Wil y cwch am adref.

Pennod 39

'Dwi'm yn gweld y Prif Gwnstabl yn gadael i ni ofyn i Uned Chwilio Tanddwr Heddlu Swydd Caer ddod i'n helpu ni efo'r sefyllfa yma,' meddai'r Detectif Brif Arolygydd Irfon Jones wrth Jeff ar ôl iddo glywed am ddarganfyddiadau'r diwrnod. 'Fedrwn ni ddim cysylltu cynnwys unrhyw gewyll cimwch efo llofruddiaeth Barbara McDermott na'r dyn Khan 'na, pwy bynnag oedd o, ac mi fyswn i'n meddwl bod dyfnder y môr o gwmpas lle maen nhw wedi'u suddo yn ormod i ddeifars yr heddlu. Mi fydd angen rhywun mwy profiadol i wneud y math hwnnw o waith, ac mae'r gost yn siŵr o fod allan o'n cyrraedd ni.'

'Y gost?' gofynnodd Jeff heb fedru credu bod ei feistr yn ystyried y fath beth o dan yr amgylchiadau. 'Sut fedrwn ni gyfiawnhau *peidio* mynd ar ôl cynnwys y cawell ola' 'na?'

'Wel, doedd affliw o ddim yn y potiau eraill, nag oedd? Be sy'n gwneud i ti feddwl y bydd 'na rwbath o ddiddordeb i ni yn hwn? Na, Jeff, mi ydw i wedi penderfynu.'

'Dwi'n dal i gredu na fedrwn ni fforddio anwybyddu'r posibilrwydd. Ond gadewch y mater efo fi, ac mi wna i'n siŵr na fydd 'na gost i'ch cyllideb chi.'

Clywodd Jeff ochenaid uchel y Detectif Brif Arolygydd wrth iddo adael yr ystafell. Dychwelodd i'w swyddfa'i hun lle roedd Meira'n eistedd o flaen y gliniadur yn cofnodi digwyddiadau'r diwrnod.

'Does 'na'm golwg hapus iawn arnat ti,' meddai.

'Fedri di ddeud wrtha i pam na all rhai pobol weld yn bellach na'u trwynau, Meira?'

Ni ddisgwyliodd am ei hymateb. Roedd o angen gwneud galwad ffôn.

Gwyddai Jeff nad oedd y rhif roedd o ei angen yng nghrombil ei ffôn symudol – nid oedd wedi cael achos i gysylltu â'r gŵr arbennig hwn ers blynyddoedd maith. Estynnodd ei lyfr ffôn personol, canolbwyntiodd ar chwilio am y rhif a deialodd. Gwenodd Meira o'i weld yn ei fyd bach ei hun.

'Helo ... Swyddfa Dollau, Caergybi? Ydi'r Swyddog Beckett yn gweithio heddiw, os gwelwch chi'n dda?'

Clywodd Jeff y ferch ar ochr arall y ffôn yn galw ar ei chydweithiwr.

'Charlie, sut wyt ti ers blynyddoedd? Jeff Evans sy' 'ma o Lan Morfa.'

'Wel ar f'enaid i. Lle wyt ti wedi bod yn cuddio?'

'Tydi'n llwybrau ni ddim wedi croesi llawer ers i mi adael Caergybi, nac'dyn?' Doedd gan Jeff ddim amser nac awydd i ddechrau mân siarad am y blynyddoedd a fu, felly wnaeth o ddim rhoi cyfle i'w gyfaill ateb. 'Ond gwranda plîs, Charlie, mae'n ddrwg gen i dy ffonio di'n hollol ddirybudd fel hyn, ond mae gen i ffafr i'w gofyn i ti. Ac mae hi'n ffafr fawr hefyd.'

'Fyddi di ddim gwaeth â gofyn, Jeff. Os fedra i dy helpu di, mi wna i – mi wyddost ti hynny – ac os na fedra i, wel, fel maen nhw'n deud yn Hong Kong, tyff.'

Chwarddodd Jeff gan sylweddoli nad oedd ei hen gyfaill wedi newid llawer. Treuliodd yr ugain munud nesaf yn adrodd yr holl hanes wrtho, heb adael dim allan. Gan ei fod yn bwriadu gofyn ffafr mor fawr, gwyddai fod yn rhaid iddo ddatgelu'r ffeithiau i gyd a chelu dim.

'Iesgob, mae hwn yn fater difrifol iawn,' meddai Beckett

ar ôl i Jeff orffen. 'Mae o'n fater sydd o bwys i'n swyddfa ni, mae hynny'n sicr, ond mi fedra i weld safbwynt dy fòs di hefyd.'

'Fedri di fy helpu i, Charlie?'

'Medraf, siŵr iawn, ond y cwestiwn mwyaf ydi pryd wyt ti isio gwneud hyn i gyd?'

'Fory,' atebodd Jeff heb oedi.

'Argian Dafydd, pan wyt ti'n gofyn ffafr mae hi'n uffar o ffafr, tydi?'

'Oes raid i ti fynd i fyny'r ysgol i ofyn am ganiatâd, Charlie? Dwi'n sylweddoli bod gen tithau ganllawiau hefyd – ac mi fydd 'na gost ddychrynllyd fel ti'n gwybod.'

'Mae 'na amgylchiadau, yn enwedig mewn achos brys, pan ga' i wneud y penderfyniad fy hun, a dwi'n credu bod hwn yn un ohonyn nhw. Os ydi fy mhenaethiaid i'n anghytuno pan gawn ni'r bil, wel, fel maen nhw'n deud yn Hong Kong....'

'Ia, mi wn i,' meddai Jeff. 'Tyff.' Dechreuodd gofio am ddywediadau bach unigryw ei gyfaill.

Chwarddodd y ddau.

'Mi gymerith dipyn o amser i mi drefnu pethau, ond mi dria i 'ngora i wneud y cwbwl cyn fory, ac mi ffonia i di'n ôl ryw dro heno.'

Roedd yn tynnu am un ar ddeg pan alwodd Charlie Beckett ffôn symudol Jeff y noson honno.

'Mae bob dim yn barod erbyn bore fory, Jeff. Fedri di fod yng Nghaergybi 'ma erbyn wyth?'

'Medraf siŵr, a diolch i ti.' Daeth gwên i'w wyneb wrth ddiffodd y ffôn.

Cyrhaeddodd Jeff harbwr mewnol Caergybi am chwarter i

wyth a gwelodd fod nifer o bobol yno'n ei ddisgwyl, a bod Charlie Beckett ar fwrdd y cwch yn barod. Cwch milwrol llwyd yn perthyn i'r Llu Awyr yn Y Fali oedd o, y math a ddefnyddid yn rhan o hyfforddiant peilotiaid yr hofrenyddion achub pan fyddent yn dysgu achub pobol o'r môr. Taniwyd y ddwy injan Rolls Royce Merlin a chlywodd Jeff eu mwmian yn cryfhau, fel llais bas bariton o dan y dec. Tynnodd y cwch allan oddi wrth y cei yn araf. Wedi iddo deithio o amgylch pen y morglawdd agorodd y capten y throtl, ac ar unwaith cododd blaen y cwch i dorri drwy'r tonnau ar gyflymder o ugain not a mwy. Gwyddai Jeff na fyddai'n hir nes y byddai'r cwch pwerus yn cyrraedd arfordir ardal Glan Morfa, lle roedd cwch Wil Roberts yn barod i'w harwain nhw at fwi olaf Peter Farrell.

Wedi iddynt gyrraedd y llecyn cywir, cofnododd peiriant atsain y cwch fod dyfnder y môr yn ddeuddeg gwryd. Deallodd Jeff nad oedd hynny'n broblem i'r deifwyr profiadol a oedd yn brysur baratoi eu cyfarpar. Yr oedd gwynt y diwrnod cynt wedi tawelu a'r amodau'n berffaith ar gyfer y gwaith o'u blaenau. Ymhen ychydig funudau diflannodd dau ddeifar yn eu siwtiau pwrpasol dan y tonnau ac yna, dim ond disgwyl allai'r gweddill ar fwrdd y cwch. Aeth hanner awr heibio ... tri chwarter awr. Wedi bron i awr ymddangosodd y deifar cyntaf. Roedd wedi gorfod aros nifer o weithiau ar y ffordd i fyny o wely'r môr er mwyn datgywasgu. Ymddangosodd yr ail ddeifar, ac ar ôl iddynt gael eu tynnu i fyny i'r cwch deallwyd bod y cawell, a oedd yn sownd rhwng nifer o gerrig, wedi ei ryddhau. Yn ôl y deifwyr, roedd rhywbeth ynddo. Diflannodd ddau ddeifar arall o'r golwg y tro hwn i hebrwng y cawell i fyny'n araf. O'r diwedd daeth i'r wyneb, ac fe'i codwyd ar fwrdd y cwch yn ofalus. Edrychodd Jeff a'r Swyddog Tollau ar ei gynnwys.

'Mae hwn wedi ei lapio yn union yr un fath ag y disgrifiodd Rici Edwards,' sylwodd Jeff. 'Ond be 'di hwn, sy'n sownd yn y cawell ei hun?' gofynnodd, yn cyfeirio at ryw declyn mecanyddol.

'Fedra i ddim bod yn saff,' atebodd Capten y cwch a ddaeth i sefyll wrth eu hochrau. 'Rhyw fath o ddyfais. Mae'n edrych yn debyg i ecoseinydd i mi, ond fedra i ddim bod yn sicr.'

Edrychodd Jeff arno ac yna ar Charlie Beckett, cystal â gofyn beth yn y byd oedd ystyr hyn i gyd.

Er cymaint eu hysfa i agor cynnwys y cawell yn y fan a'r lle roedd pawb ar y cwch yn gwybod y dylid gadael i arbenigwr wneud hynny, felly trefnodd Jeff i wyddonydd fforensig eu cyfarfod yn harbwr Caergybi.

'Well i chi ddod ag arbenigwr gwaredu bom efo chi hefyd,' awgrymodd Jeff. 'Jyst rhag ofn,' ychwanegodd.

Teithiodd y cwch yn arafach o lawer yn ôl i harbwr Caergybi, rhag ofn i unrhyw symudiad sydyn aflonyddu ar beth bynnag oedd yn y pecyn.

Pennod 40

Wrth i'r cwch milwrol bygythiol yr olwg ddychwelyd i harbwr Caergybi, gwelodd Jeff fod nifer o ddynion yn eu disgwyl. Yn eu mysg roedd y Ditectif Brif Arolygydd Irfon Jones, a oedd yn ymddangos fel petai mewn trafodaeth danbaid â dyn pwysig yr olwg yn gwisgo lifrai'r Llu Awyr. Galwyd Jeff, y Swyddog Tollau Charlie Beckett a chapten y cwch atynt yn syth wedi docio, a gorchmynnwyd i bawb arall adael y cwch a'r ardal gyfagos ar fyrder.

'Be ydi ystyr peth fel hyn?' gofynnodd y Ditectif Brif Arolygydd Irfon Jones. 'Dod â phecyn amheus o waelod y môr i fa'ma, a pheryglu bywyd pawb ar fwrdd y cwch – heb sôn am y posibilrwydd o wneud niwed i eiddo'r llu awyr.'

'Arhoswch am funud, os gwelwch yn dda,' atebodd Jeff. 'Does gen i na neb arall syniad be sydd yn y pecyn yma, ond mi wyddoch chi cystal â finna bod cysylltiad rhwng ein hymchwiliad ni a'r Dwyrain Canol. Does 'na ddim tystiolaeth yn y byd i awgrymu y gallai cynnwys y pecyn achosi ffrwydrad, ond o dan yr amgylchiadau, fi benderfynodd gymryd gofal. Felly mi alwais y tîm fforensig yma, a'r arbenigwr ar waredu bomiau.'

'Call iawn, yn fy marn i,' meddai Irfon Jones. 'Ydi'r esboniad yma'n eich bodloni chi, Squadron Leader?'

Nid oedd hwnnw'n ymddangos mor hapus, ond roedd hi'n rhy hwyr i ddadlau ymhellach.

Clywodd Jeff Charlie Beckett yn mwmial 'tyff' yn y cefndir.

Trefnwyd i graen godi'r cawell oddi ar y cwch, yn cael ei reoli gan un o weithwyr yr harbwr a oedd wedi cael arfwisg i'w wisgo, rhag ofn. Safodd pawb arall yn y pellter yn gwylio pob symudiad araf. Yn syth ar ôl y dadlwytho symudwyd cwch y Llu Awyr yn ôl i'r harbwr allanol, a thybiai Jeff y byddai'r Squadron Leader yn ddyn hapusach o lawer wedi hynny.

Yn ystod ei yrfa, yr oedd Jeff wedi gweld nifer o becynnau amheus yn cael eu ffrwydro gan robot adran gwaredu bomiau'r Fyddin. Sicrhaodd Jeff y milwr ei fod wedi ei alw yno rhag ofn bod y pecyn yn cynnwys rhywbeth peryglus, ac nad oedd lle i bryderu'n ormodol. Pwysleisiodd ei bod hi'n hanfodol gallu archwilio cynnwys y pecyn yn gyfan yn hytrach na mewn darnau bychan dros radiws o hanner canllath. Cadarnhaodd y milwr y byddai'n gwneud ei orau ond gwyddai'r ddau na allai wneud addewid pendant, a gwyddai Jeff na allai ofyn am fwy o dan yr amgylchiadau.

Yn nhawelwch llethol yr awyrgylch dynn gwyliodd pawb y robot yn nesáu at y cawell cimwch a'r milwr yn ei reoli o bellter drwy gyfrwng y gliniadur o'i flaen. Gwelwyd y breichiau artiffisial yn ymestyn ac yn torri metal a rhwydi'r cawell er mwyn rhyddhau ei gynnwys. Tynnwyd y pecyn allan a'i roi ar goncrid y cei gerllaw. Yna, ymddangosodd beth edrychai fel llafn o fraich y robot a dechreuodd hwnnw dorri'r casin gwrth-ddŵr allanol a oedd o amgylch y pecyn. Cymerodd hynny dri chwarter awr, ac yna tynnwyd y blwch mewnol ohono.

'Dewch yn eich blaenau,' meddai'r milwr. 'Mae hwn yn ddiogel.'

Cerddodd Dr Brian Poole, y gwyddonydd fforensig,

tuag ato yng nghwmni Jeff, Charlie Beckett a'r Ditectif Brif Arolygydd.

'Be ydi o, Brian?' gofynnodd Jeff, ar ei gwrcwd fel pawb arall.

'Anodd deud. Mae hwn yn fa'ma yn edrych yn debyg i ryw fath o fwrdd cylched, a hwn yn debycach i ryw fath o fecanwaith sbardun soffistigedig, ond mi fydd yn rhaid i mi fynd â fo'n ôl i'r labordy cyn y medra i roi mwy o wybodaeth i chi.'

'Dwi wedi gweld y math yma o ddyfais o'r blaen,' meddai'r milwr.

'Yn lle?' gofynnodd Dr Poole.

'Afghanistan,' atebodd. 'Mae'n debyg i'r dyfeisiau mae'r Taliban yn eu defnyddio fel rhan o ffrwydron IED i lofruddio ein milwyr ni – ond mae'n rhaid i mi ddeud bod hwn yn llawer iawn mwy soffistigedig yr olwg.'

Galwyd Jeff i mewn i swyddfa'r Ditectif Brif Arolygydd fore trannoeth.

'Mi hoffwn i drafod digwyddiadau ddoe, Jeff, a'r cam nesaf ymlaen.'

'Mae'n edrych yn debyg fod Peter Farrell yn smyglo, mae hynny'n sicr. Ond o ble ydi'r cwestiwn – Iwerddon ella? Oedd rhywun yn dod â'r petha 'ma, y cylchedau, mewn cwch pysgota liw nos a'u gollwng i waelod y môr er mwyn iddo fo eu codi yn ystod y dydd? Os hynny, pam mynd i'r fath drwbwl? Does 'na ddim dwywaith mai darnau o offer i greu ffrwydrad ydyn nhw, a bod yn rhaid i ni roi gwybod i'r Gangen Arbennig – ond Duw a ŵyr lle fydd hynny'n ein harwain ni.'

'Mi ydw i wedi gwneud hynny'n barod, Jeff,' cadarnhaodd y DBA. 'Yr unig ateb ges i oedd gorchymyn, eto, gan y Comander Toby Littleton i beidio â mynd yn agos i Blas y Fedwen. Mi ddeudodd y byddai'r Gwasanaethau Diogelwch yn cysylltu â'r adran fforensig a'u bod yn gwneud eu hymholiadau eu hunain. Yn ôl pob golwg maen nhw'n canolbwyntio ar ryw grŵp o ddynion ifanc Asiaidd yn Llundain a Luton, ac yn dilyn cudd-wybodaeth maen nhw wedi bod yn ei gasglu ers misoedd. Yn ôl yr hyn mae o'n 'i ddeud, mae 'na darged – yn agos i Lundain mae hwnnw, neu un o ddinasoedd mawr Lloegr. Mae o isio i ni gadw draw a chadw'n glir o'r Plas rhag ofn i ni wylltio llywodraeth Oman. Yr un hen stori, mae gen i ofn.'

'Wel tyff,' meddai Jeff. 'Ein cyfrifoldeb ni ydi ymchwilio i droseddau yn ein rhanbarth ni'n hunain os dwi'n cofio'n iawn, a'n trosedd ni ydi hon, waeth gen i be maen nhw'n feddwl yn Llundain 'na.'

Canodd y ffôn ac ar ôl siarad am ychydig funudau a gwneud nodiadau, rhoddodd Irfon Jones y derbynnydd i lawr.

'Dy fêt di, Dr Brian Poole, oedd hwnna. Maen nhw wedi bod yn gweithio'n galed drwy'r nos a'r bore 'ma, a does dim dwywaith mai rhan o gylched danio drydanol ydi hi. A dyma i ti rwbath arall,' meddai, yn codi ei ben ac edrych yn ddifrifol ar Jeff. 'Maen nhw wedi swabio'r ddyfais ac maen nhw'n gallu deud bod pwy bynnag sydd wedi bod yn ei chyffwrdd wedi bod yn gafael mewn ffrwydryn nerthol hefyd.'

'Mae'n debygol felly mai gwneuthurwr y bom ydi hwnnw, a bod rhywun arall yn mynd i roi'r cwbwl at ei gilydd ar dir Prydain ryw dro yn y dyfodol.'

'Ella fod y dyfodol hwnnw wedi'n cyrraedd ni'n barod,' myfyriodd Jones.

'Mi gaiff swyddogion y Gwasanaethau Diogelwch wneud fel fynnan nhw, ond myn diawl, nid ein lle ni ydi oedi, chwaith.'

'Un peth arall,' meddai'r DBA. 'Wyddost ti'r ecoseinydd 'na oedd yn sownd yn y cawell? Wel, maen nhw wedi cael golwg ar hwnnw hefyd – ac yn ôl pob golwg mae'n damaid o git diddorol iawn. Mi all o yrru signal allan y mae modd ei chlywed am filltiroedd lawer o dan y dŵr. Fel dwi'n dallt, mi oeddan nhw'n defnyddio petha digon tebyg yn ystod yr Ail Ryfel Byd i dywys llongau tanfor i lefydd neilltuol.'

'Mae pethau'n mynd yn fwy cymhleth bob munud. Ond fel y gwela i, does ganddon ni ddim ond dau drywydd i'w dilyn ar hyn o bryd. Sgwrs arall efo Michelle Raynor, a dechrau ailholi ynglŷn â Paul Dudley. Fel y deudis i wrthach chi, mae ei gar o wedi diflannu o sied Peter Farrell ar y cei yn ystod y dyddiau diwetha 'ma. Mi oeddan ni wedi meddwl, yn ddigon rhesymol, ei fod o ar gwch Farrell pan ffrwydrodd o, a'i fod yntau wedi'i ladd hefyd, ond ella ein bod ni wedi gwneud camgymeriad.'

'A pheth arall,' ychwanegodd Jones. 'Mae'n bosib nad ffrwydrad nwy achosodd y ddamwain. Ella mai bom debyg i'r un yma oedd yn gyfrifol.'

'Mae hynny'n edrych yn fwy tebygol bob dydd.'

'Ble mae Meira heddiw?' gofynnodd y DBA.

'Mi aeth hi'n ôl i weld Michelle ddoe. Doedd 'na ddim pwynt iddi fod yn cicio'i sodlau yn fa'ma tra oeddwn i allan ar y môr. Dwi'n disgwyl galwad ganddi cyn i mi fynd i weld be fedra i ei ffeindio ynglŷn â Paul Dudley.'

'Gad i mi wybod,' gorchmynnodd ei bennaeth. 'A bydda'n ofalus o hyn ymlaen, wnei di? Duw a ŵyr pwy ydi'r bobol yma, na be maen nhw'n bwriadu ei wneud.'

Pennod 41

Yn ei swyddfa foethus ar ail lawr Plas y Fedwen myfyriai rheolwr y tŷ, Abdul Saheed, dros y digwyddiadau a ddylanwadodd ar ei fywyd hyd yma. Ef oedd yr ail o bedwar plentyn ei dad gan ei wraig gyntaf, ac ar ôl i'w rieni wahanu ac i'w dad ailbriodi, treuliodd ei flynyddoedd cynnar yn yr un tŷ â nifer o'i hanner brodyr a chwiorydd. Dyn cyfoethog, uchel ei barch yn Swltaniaeth Oman oedd ei dad, a mynnodd drin ei feibion i gyd, yr un ar ddeg ohonynt, fel oedolion hyd yn oed yn ystod eu plentyndod. Dysgodd hwy i gymryd cyfrifoldeb a gwneud penderfyniadau pwysig yn ôl dysgeidiaeth Islam. Yr oedd Abdul Saheed, fel ei frodyr, wedi darllen y Quran o glawr i glawr a'i ddeall erbyn iddo gyrraedd ei ddeuddeg oed.

Cafodd ei symud i ysgol newydd pan oedd yn bedair ar ddeg, ac oherwydd ei allu, ei ddealltwriaeth a'r parch tuag ato gwahoddwyd ef i ymuno â dosbarth bychan arbennig i astudio'r grefydd yn fwy manwl. Yn y fan honno, daeth dan ddylanwad y math o ddysgeidiaeth Islamaidd a broffesai *jihad* treisiol. Yn raddol, newidiodd ei ddaliadau, a daeth y bachgen yn ŵr ifanc llawer mwy radical na gweddill ei deulu.

Pan oresgynnwyd Afghanistan gan Rwsia yn 1979, gwyddai Abdul Saheed mai amddiffyn y wlad honno oedd ei uchelgais er mwyn gwaredu gwlad ei gyd-Fwslemiaid o bobol ddi-ffydd. Yn lle gorffen ei addysg yn y coleg, aeth i Afghanistan i ymladd ochr yn ochr ag Osama bin Laden ac ymhen amser daeth yn un o aelodau cyntaf al-Qaeda. Dewiswyd ef gan ei arweinwyr i wneud ei ran yn eu hymdrech ryngwladol drwy gyfrwng diplomyddiaeth, a chafodd ei benodi i rengoedd isaf llysgenhadaeth Swltaniaeth Oman yn yr Unol Daleithiau. Ar ôl wyth mlynedd yn y fan honno, fe'i trosglwyddwyd i lysgenhadaeth ei wlad yn Llundain. Erbyn hynny roedd wedi ei ddyrchafu i statws diplomydd. Yn ystod diwedd yr ugeinfed ganrif a dechrau'r ganrif newydd, cynyddodd ei gasineb tuag at wledydd y Gorllewin o ganlyniad i'w hymyrraeth yn y byd Mwslemaidd – yn enwedig yn Afghanistan ac Iraq – a chredai mai eu huchelgais oedd cael eu dwylo budron ar yr olew a lechai o dan y tywod a sathru crefydd Islam ar yr un pryd.

Yn ystod y cyfnod hwnnw fe'i dysgwyd i hedfan awyrennau o bob math, ac o dro i dro byddai'n hedfan diplomyddion ei wlad yn ôl ac ymlaen o'r Dwyrain Canol i rannau o Ewrop ac ymhellach.

Yn 2009, bron i flwyddyn ynghynt, fe'i symudwyd o'r llysgenhadaeth yn Llundain i reoli Plas y Fedwen yng ngogledd Cymru, ond roedd ei swydd yno yn golygu llawer iawn mwy na chyfarwyddo staff y tŷ. Yn ychwanegol at hynny edrychai ar ôl anghenion y diplomyddion a fyddai'n ymweld â'r Plas, a pharatoi ar gyfer yr holl gyfarfodydd pwysig yn ymwneud â gwleidyddiaeth y byd Arabaidd a gynhelid yno. Enillodd barch yr ymwelwyr, a byddent yn aml yn gofyn am ei farn ynglŷn â phynciau sensitif iawn. Erbyn hyn, roedd Saheed yn gyfarwydd â phopeth a ddigwyddai o fewn waliau'r tŷ, yn ogystal â phob achlysur a oedd yn ymwneud â diplomyddiaeth y Dwyrain Canol. A pha well swydd oedd yna yn y byd i gynghori ei feistri yn al-Qaeda o'r amryw ddigwyddiadau? Wrth gwrs, wyddai neb yn llysgenhadaeth Swltaniaeth Oman am ei weithgareddau – na'i berthynas ag al-Qaeda.

Teimlai Saheed yn siomedig na chafodd ei ddewis i hedfan un o'r awyrennau a herwgipiwyd gan Al Qaeda ar 11 Medi 2001 – ond erbyn hyn cawsai'r gorchymyn yr oedd wedi bod yn ei ddisgwyl, ac yn gobeithio amdano, ar hyd ei oes. Gwyddai fod y cynllun hwn yn erbyn gwledydd y Gorllewin yr un mor anfad â'r hyn a ddigwyddodd yn yr Unol Daleithiau.

Dyma ei gyfle i ddangos ei werth, ond gwyddai y buasai ei ran ef o'r cynllun wedi bod yn llawer iawn mwy esmwyth pe na byddai un o ymwelwyr y Plas wedi lladd y butain honno o Lerpwl yn ddamweiniol. Wrth gwrs, roedd yn rhaid i'w westeion gael eu digon o bopeth, a gwyddai Saheed fod arferion rhywiol ei gyd-Arabiaid yn mynd ymhell dros ben llestri yn aml. Ond pwy oedd o i farnu? Y noson anffodus honno, fodd bynnag, bu'n rhaid iddo ymyrryd. Ei unig gamgymeriad oedd rhoi'r gwaith o gael gwared â chorff y butain i Ibrahim Khan, ac arno fo roedd y bai bod ymchwiliad gan yr heddlu lleol wedi arwain i Blas y Fedwen. Pam y bu iddo adael y corff mor agos at y Plas? Pam na fuasai Khan wedi defnyddio mwy o ddychymyg wrth waredu'r corff? Pris ei ffolineb oedd ei fywyd ei hun, a bu'n rhaid i Saheed sicrhau nad oedd unrhyw fodd o adnabod corff Khan na'i gysylltu â Phlas y Fedwen. Edrychai'n debyg mai methiant oedd hynny hefyd.

Pan ddaeth y ditectif hwnnw, Evans, yno i geisio gwneud ei ymholiadau bu o fewn trwch blewyn i allu ei droi ymaith, ond bu i'w bennaeth, Seik Amit Bin Ahamed, gyrraedd yn annisgwyl ar yr amser mwyaf anghyfleus a'i wahodd i'r tŷ. Ni allai Saheed gredu ei fod mor anlwcus. Wrth gwrs, doedd gan hwnnw ddim syniad beth oedd ei gynllun, fwy na neb arall yn y llysgenhadaeth, nag yn Swltaniaeth Oman gyfan petai'n dod i hynny. Gwyddai y byddai pawb yn dod i wybod cyn hir ei fod o wedi bod yn defnyddio'i safle yn y llysgenhadaeth, ers ugain mlynedd a mwy, er budd gweithrediadau al-Qaeda – ond erbyn i hynny ddigwydd byddai'n rhy hwyr. Diolchodd fod sefyllfa'r Dwyrain Canol yn gyffredinol o'i blaid – yr hawl i ddefnyddio'r moroedd o gwmpas y Gwlff a'r sefyllfa yn Iran yn arbennig, a bod llywodraeth Prydain yn fodlon gwneud unrhywbeth i osgoi gwrthdaro ag Oman er mwyn cael safleoedd milwrol yn y wlad. Un alwad ffôn fer fu'n rhaid iddo ei gwneud i sicrhau na fyddai'r heddlu yn cael dod yn agos i Blas y Fedwen, nag ato yntau a'i gynlluniau chwaith.

Gwyddai fod rhan y pysgotwr, ar ôl misoedd lawer o waith caled a dirgel, wedi dod i ben a bod popeth yr oedd o ei angen i gyflawni ei gynllun yn ddiogel yn ei le. Oedd, yr oedd cysylltiadau eang al-Qaeda ledled y byd wedi sicrhau fod y nwyddau angenrheidiol wedi ei gyrraedd yn ôl yr addewid.

Llong danfor ddienw yw y *Noor* erbyn hyn – heb enw, heb faner a heb wlad. Daeth yr amser iddi gael ei lansio unwaith yn rhagor, o ddyfroedd gwlad a oedd yn fodlon cau llygad ar weithgareddau terfysgol. Cafodd ei chuddio yno, yn cael ei gweddnewid, ers iddi adael perchnogaeth llynges Iran. Ar ôl yr holl waith caled, cafodd daith hir, araf a pheryglus iawn o'i chuddfan.

Deg i ddeuddeng not yn unig yw cyflymder uchaf y

llong danfor wrth deithio ar wyneb y dŵr er ei bod hi'n medru gwneud cymaint â dwbl hynny o dan ewyn y don. Gall deithio saith mil a hanner o filltiroedd ar yr wyneb ar gyflymder o saith not, gan ddefnyddio'i snorcel i lenwi'r llong yn gyson ag awyr iach, ond dim ond pedwar can milltir mae'n bosibl iddi ei deithio o dan y dŵr yn gyfan gwbl, heb esgyn i'r wyneb, a hynny heb fynd yn gyflymach na thair not.

Mae'r math yma o long danfor yn hawdd i'w gweld yn ystod y dydd pan fydd ar wyneb y dŵr neu yn agos i'r wyneb; ac oherwydd hynny, roedd yn rhaid gwneud y rhan helaeth o'r daith i lawr arfordir dwyrain Africa, rownd Penrhyn Gobaith Da ac i fyny arfordir gorllewin y cyfandir hwnnw yn ystod tywyllwch y nos. Dim ond am 45 o ddyddiau ar y tro y gall hwylio heb ei hailgyflenwi â thanwydd, felly bu'n rhaid stopio'n gyson. Yn sicr, yr oedd hon wedi bod yn siwrne hir a pheryglus hyd yn oed cyn iddi gyrraedd pen y rhan gyntaf o'r daith, un noson dywyll ym mhorthladd El Marsa.

Porthladd bychan a thlawd yw El Marsa, yn gartref i ychydig dros ddeng mil o bobol ar lan Môr yr Iwerydd yng Ngorllewin Sahara, gwlad â phoblogaeth Islamaidd fechan, wasgaredig o hanner miliwn. Ynghanol y nos, ni welodd neb y llong danfor yn ymuno â'r cychod pysgota yn yr harbwr bychan. Er, pe bai rhywun gerllaw yn gwylio, ni fyddai hynny wedi gwneud llawer o wahaniaeth. Yn El Marsa, roedd pobol yn tueddu i gau eu llygaid a chau eu cegau.

Y noson honno, dim ond dilynwyr al-Qaeda oedd o gwmpas. Roedd y nwyddau peryglus wedi cyrraedd fesul tipyn mewn carafanau ar draws y wlad o ddwyrain Affrica yn ystod yr wythnosau a'r misoedd cynt, ymysg nwyddau eraill cyfreithlon. O fewn dwyawr y noson honno fe'u llwythwyd ar fwrdd y llong danfor. Ailgyflenwyd y llong â bwyd a nwyddau ar gyfer y criw a'i llenwi â diesel ar gyfer gweddill y daith beryglus i arfordir gogledd Cymru. Roedd 2,400 milltir rhwng El Marsa a Chymru – 4,800 milltir y ddwy ffordd – a gwyddai'r Capten y buasai gweddill y tanwydd oedd yn y tanc llawn yn ddefnyddiol er mwyn gallu stelcian a mynd yn ôl ac ymlaen drwy ddŵr bas arfordir gogledd Cymru yn ystod y cyfnod a fyddai'n angenrheidiol i ddadlwytho'r nwyddau gwerthfawr.

Wedi cyrraedd rhan benodol o ddyfroedd Môr Iwerddon tywyswyd y llong i'r llecyn cywir gan yr ecoseinydd a gysylltwyd i un o gewyll cimwch y pysgotwr. Yn y fan honno rhoddwyd y llong danfor i orwedd yn ddistaw ar waelod y môr mewn deuddeg gwryd o ddŵr a gyrrwyd signal i arwyddo ei bod wedi cyrraedd.

Yn ystod y dyddiau a'r wythnosau nesaf gyrrwyd dau ddeifar allan o'r llong danfor, yn cario'r llwythi peryglus a'u rhoi yn y cewyll yn barod i gael eu trosglwyddo i ben eu taith. Digwyddodd hyn dro ar ôl tro, a thro ar ôl tro byddai'r cewyll yn cael eu gwagio gan y pysgotwr lleol pan fyddai'r llanw a'r tywydd yn caniatáu. Ar gyfer y dasg hon y cafodd y llong danfor ei haddasu gan al-Quaeda: ychwanegwyd gorddrws dwbl iddi, a thechnoleg arbennig i wasgeddu'r gofod rhwng y ddau ddrws er mwyn gollwng y deifwyr yn rhydd a'u derbyn yn ôl yn waglaw. Roedd gwaith y deifwyr yn beryglus iawn, ond roedd pob un o'r dynion yn fwy na bodlon marw dros yr achos pe byddai angen – ac roedd yr un peth yn wir am y criw cyfan.

Gwnaethpwyd y daith enbydus o'r dŵr dwfn i ddŵr

mwy bas droeon cyn i'r holl nwyddau gael eu trosglwyddo i dir sych Prydain. Pwy fyddai'n meddwl edrych am y fath stôr ymysg dalfa ddyddiol pysgotwr diniwed yng ngogledd Cymru? Gwyddai al-Qaeda eu bod un cam ar y blaen i awdurdodau Prydain.

O'r diwedd, daeth yr amser i gyfuno'r holl ddarnau a gludwyd i Gymru, yn barod ar gyfer penllanw'r cynllun.

Pennod 42

'Mi ydw i gam yn nes at gael mwy o hanes gan Michelle,' meddai Meira dros y ffôn o'i swyddfa yn Lerpwl. 'Yn anffodus, mae 'na lot mwy nad ydi hi'n ddeud, ond mae'r rheswm yn gliriach i mi erbyn hyn,' ychwanegodd.

'Grêt, 'nghariad i – ond dwyt ti ddim am ofyn i mi sut ydw i gynta?'

'Nac'dw,' atebodd Meira'n bendant. 'Fyswn i ddim yn licio i neb, yn Lerpwl, yng ngogledd Cymru nag yn Llundain, feddwl bod ein perthynas ni'n amharu ar fy ngwaith i.'

Chwarddodd y ddau.

'Gwranda, Jeff,' parhaodd. 'Y rheswm nad oedd Michelle yn cofio llawer am lle bu hi yn y car mawr du oedd am ei bod hi dan ddylanwad cyffuriau. Nid ei chyffuriau hi ei hun, er ei bod hi'n cyfaddef ei bod yn eu defnyddio nhw o dro i dro. Khan oedd yn rhoi rwbath iddi, a dim ond ambell beth mae hi'n ei gofio o'r cyfnodau hynny pan oedd hi dan ddylanwad beth bynnag oedd o.'

'Fedra i ddim gweld sut mae hyn yn mynd i helpu llawer arnon ni, Meira.'

'Wel, mi oeddwn i ar gwrs rhyw flwyddyn yn ôl lle roedd siaradwr yn sôn am fanteision hypnotherapi ym myd ymchwiliadau troseddol. Mi ffoniais i o neithiwr ac mae o'n meddwl y medrith o'n helpu ni.'

'Be am Michelle?' gofynnodd Jeff.

'Ro'n i'n meddwl y byswn i'n cael trafferth ei chael i

gytuno i'r peth, felly mi adewais iddi ystyried y syniad dros nos gan ddeud wrthi pa mor bwysig oedd daganfod yr atebion. Mae hi newydd ffonio i ddeud ei bod hi'n fodlon rhoi cynnig arni.'

'Ardderchog, Meira. Da iawn chdi.'

'Ia, ond gwranda, Jeff. Dydi hi ddim mor hawdd â hynny. Yn ôl y gŵr y gwnes i siarad efo fo, seicdreiddiwr o'r enw Dr Patterson, mae person sydd o dan hypnosis yn agored iawn i awgrymiadau. Nid cysgu maen nhw, meddai, ond mewn cyflwr lle maen nhw'n ymwybodol iawn o'u meddyliau eu hunain, ac mae eu hymwybyddiaeth o ffactorau allanol yn isel. Ond – ac mae hwn yn ond mawr – tydi pawb ddim yn gallu ymollwng yn ystod y profiad chwaith.'

'Wel mae o'n werth trio. Pryd mae hyn yn digwydd?'

'Saith o'r gloch heno. Mae Dr Patterson yn fodlon i mi ddod â hi i'w weld o ar ôl iddo orffen gweithio.'

'Be, ar ddydd Sadwrn?' gofynnodd Jeff.

'Ia,' atebodd Meira. 'Dyna pryd mae o'n cael amser i wneud ei waith ei hun,' esboniodd.

'Ardderchog, Meira. Fysa'n iawn i minna ddod efo chi, ti'n meddwl?'

'Fedra i ddim gweld pam lai.'

'Iawn. Mi wela' i di yn hwyrach 'mlaen 'ta.'

'O – gyda llaw, sut wyt ti heddiw, 'nghariad i?' gofynnodd Meira'n chwareus.

'Hm. Mi gei di weld yn y munud,' meddai, a thaflodd gusan i lawr y ffôn iddi.

Parciodd Jeff ei gar yn y maes parcio y tu allan i orsaf bŵer niwclear Wylfa a cherddodd tuag at y giât lle roedd swyddog o'r Heddlu Niwclear Sifil yn sefyll ac yn siarad â dyn arall drwy ffenestr y cwt bach. Doedd Jeff ddim wedi cael rheswm i gysylltu â neb o'r heddlu hwn o'r blaen. Dangosodd ei gerdyn swyddogol a datgan fod ganddo apwyntiad â'r swyddog personél. Edrychodd y dyn yn y cwt ar y llyfr mawr o'i flaen, yna cododd y ffôn a siarad am ychydig eiliadau.

'Mae o'n eich disgwyl chi,' meddai ar ôl dychwelyd y derbynnydd i'w grud, a rhoddodd gyfarwyddiadau iddo. 'Mi fydd wrth y lifft i'ch cyfarfod chi,' ychwanegodd.

Synnodd Jeff at gais yr heddwas i chwilio'i gorff yn fanwl cyn iddo fentro ymhellach.

'Sori ... rheolau,' esboniodd yr heddwas. 'Mi wn i eich bod chi'n blisman, ond mae'n rhaid i bob ymwelydd, yn ddieithriad, gael ei archwilio'n fanwl.'

'Be am y bobol acw?' gofynnodd Jeff wrth weld dau neu dri o ddynion yn cerdded i mewn i'r safle heb fath o rwystr nag archwiliad.

'Staff,' atebodd yr heddwas. 'Yma ers blynyddoedd.'

Cerddodd Jeff yn ei flaen at y brif dderbynfa, lle gwelodd ddyn byr, canol oed yn gwisgo sbectol yn sefyll yng ngheg y lifft agored.

'Phil Wilson,' meddai, wrth ymestyn ei law dde tuag ato.

'Ditectif Sarjant Jeff Evans, CID Glan Morfa,' atebodd gan ysgwyd ei law.

Aeth Wilson â Jeff i'w swyddfa ar yr ail lawr lle roedd ffenestr fawr yn edrych dros y creigiau duon a'r môr tu hwnt.

'Welis i rioed swyddfa mor braf i weithio ynddi,' meddai Jeff, gan edrych allan ar y gwylanod yn brwydro'n erbyn y gwynt cryf a'r cychod pysgota'n ymladd yn erbyn y tonnau allan ar y môr.

'A deud y gwir, mae o'r un fath â chael cynnig stêc a chimwch i ginio bob nos,' atebodd. 'Buan iawn y bysa rhywun yn diflasu ar hynny hefyd, wyddoch chi.'

Gwenodd Jeff.

'Rŵan 'ta, dwi ar dân isio cael gwybod pam rydach chi yma, Sarjant.' Tywalltodd goffi o bot ar ei ddesg i ddau fwg mawr. 'Sut 'dach chi'n ei gymryd o?'

'Llefrith a dim siwgr, os gwelwch yn dda,' atebodd. 'Isio chydig o wybodaeth ynglŷn ag un o'ch gweithwyr chi ydw i, Mr Wilson. Dyn o'r enw Paul Dudley. Dwi'n sylweddoli bod cais dirybudd fel hyn gan yr heddlu yn anarferol, ac oherwydd hynny dwi'n credu y dylwn i roi eglurhad i chi.'

Symudodd Wilson un mŵg yn agosach at Jeff ac eisteddodd yn ôl yn ei gadair i wrando.

Dywedodd Jeff wrtho am y ddamwain ar fwrdd cwch Peter Farrell, bod car Dudley wedi ei barcio yng ngarej y pysgotwr ar y cei a bod posibilrwydd bod Dudley wedi ei ladd yr un diwrnod. Nid oedd yr ymholiadau yng nghyffiniau tŷ Dudley wedi cyfrannu unrhyw wybodaeth i'r ymchwiliad – roedd ei gymdogion yn meddwl ei fod i ffwrdd ar ei wyliau. Eglurodd Jeff fod car Dudley wedi'i symud o'r garej yn ystod y tridiau blaenorol, ond nad oedd arwydd ei fod o wedi mentro ar gyfyl ei gartref. Ychwanegodd fod cysylltiad rhwng diflaniad Dudley a'r ddwy lofruddiaeth ddiweddar yn yr ardal; a bod materion eraill mwy sinistr na allai ymhelaethu arnyn nhw.

'Mae'ch rheswm chi yn un digon da i mi, Sarjant,' meddai. Cododd y ffôn. 'Ruth, ty'd â ffeil Dyds i mewn yma os gweli di'n dda.' Eglurodd mai 'Dyds' fyddai pawb yn galw Paul Dudley yn y gweithle.

Daeth merch ifanc â'r ffeil i mewn a'i gadael ar y ddesg, a dechreuodd Phil Wilson edrych trwyddi.

'Ar ei wyliau mae o, ers pythefnos yn ôl hwn,' meddai. 'Rydan ni'n ei ddisgwyl yn ôl i ddechrau gweithio'r shifft nos am ddeg o'r gloch nos fory, nos Sul.'

'Dwi'n dallt mai trydanwr ydi o. Fedrwch chi ddeud wrtha i yn union be ydi ei gyfrifoldebau o yma?' gofynnodd Jeff.

'Cynnal a chadw popeth trydanol a sicrhau fod popeth yn gweithio'n esmwyth drwy'r orsaf i gyd.'

'Felly mae ganddo ryddid i fynd i unrhyw ran o'r orsaf.'

'Oes, ddydd a nos.'

'Ers pryd mae o'n gweithio yma?' gofynnodd Jeff. 'A sut weithiwr ydi o?'

Edrychodd Wilson trwy'r ffeil drachefn.

'Mae o efo ni ers pedair blynedd ar bymtheg, ac mae o'n ddyn profiadol iawn. Gŵr sengl ydi o, wedi gwahanu oddi wrth ei wraig – cyn iddo ddod i'r ardal yma yn ôl pob golwg. Mae o wedi wynebu dau achos o ddisgyblaeth yn ystod ei amser yma, y ddau am fygwth ei oruchwyliwr ar y pryd, dim byd difrifol iawn. Er ei fod o'n un sy'n cadw iddo fo'i hun fel arfer, mae o'n gallu bod yn gegog ar adegau hefyd. Dipyn yn wrth-sefydliadol ydi o o ran natur, ac mae o'n wrth-Semitig hefyd. Mi aeth hi'n ddrwg yn y cantîn un noson – roedden nhw'n trafod eitem ar y newyddion ac mi aeth yn wallgo pan ddeudodd un o'i gydweithwyr ei fod o'n ochri efo'r Israeliaid. Fedra i ddim deud mwy na hynny wrthach chi, mae gen i ofn. Dwi'n gobeithio 'mod i wedi bod yn rhywfaint o help i chi.'

Diolchodd Jeff iddo ac fe'i tywyswyd yn ôl at waelod y lifft.

Cerddodd Jeff yn ôl at y cwt wrth y giât lle gwelodd dri o weithwyr yr orsaf yn cerdded i mewn gan basio'r swyddog diogelwch a'r heddwas heb gael eu harchwilio'n gorfforol. Arhosodd Jeff i arwyddo'r llyfr ymwelwyr ar y ffordd allan.

'Dywedwch wrtha i,' meddai'n gyfeillgar. 'Sut mae Dyds y dyddiau yma? Dwi ddim wedi 'i weld o ers tro byd.'

'Iawn, tad,' atebodd y swyddog diogelwch. 'Roedd o yma echdoe a'r diwrnod cynt.'

'Dyna beth rhyfedd,' atebodd Jeff. 'Mi o'n i'n meddwl ei fod o ar ei wyliau.'

'Ydi, mae o. 'Mond galw wnaeth o.'

Difyr iawn, meddyliodd Jeff. Doedd Paul Dudley ddim ar y cwch pan ffrwydrodd, roedd hynny'n sicr erbyn hyn.

Pennod 43

Gyrrodd Jeff yn syth o Wylfa i swyddfa Meira ym mhencadlys Heddlu Glannau Merswy ac oddi yno i glinig preifat Dr Patterson. Roedd y seicdreiddiwr yn ei bedwar degau cynnar, ei wallt du yn gyrliog ac yn hirach nag yr oedd Jeff yn ei ddisgwyl. Gwisgai jîns glas a chrys siec anffurfiol. Gadawodd Meira'r ddau efo'i gilydd tra aeth hi i nôl Michelle, a thra bu hi ymaith, eglurodd y doctor i Jeff yr hyn a ddywedodd wrth Meira y diwrnod cynt, sef nad oedd pawb yn addas ar gyfer hypnotherapi ac nad oedd canlyniad y driniaeth bob amser yn llwyddiannus.

'Fyddwn ni ddim gwaeth â thrio,' mynnodd Jeff.

Yn ôl y doctor, byddai'r broses yn fwy llwyddiannus petai neb ond fo'n bresennol yn ystod triniaeth Michelle, a byddai'n dod â'r cyfan i ben yn syth petai'n teimlo bod angen gwneud hynny. Esboniodd y byddai'r holl broses yn cael ei recordio a'i ffilmio, a'i fod am wisgo seinydd yn ei glust er mwyn i Jeff allu gofyn unrhyw gwestiwn iddo yn ystod yr hypnoteiddio. Byddai Jeff a Meira yn yr ystafell nesaf yn gwrando ac yn gweld popeth trwy ddrych dwyffordd.

Ymhen tri chwarter awr cyrhaeddodd Meira yn ei hôl yng nghwmni Michelle Raynor, a edrychai braidd yn nerfus. Cyflwynodd Dr Patterson ei hun iddi a threuliodd yr hanner awr gyntaf yn ei chwmni yn sicrhau bod Michelle wedi ymlacio'n llwyr, a chadarnhau ei bod hi'n fodlon ac yn awyddus i gael ei hypnoteiddio. Yna dechreuodd y broses.

Dilynodd llygaid Michelle feiro aur Dr Patterson yn symud o flaen ei hwyneb. Gwrandawodd ar ei lais mwyn yn dweud wrthi am ymlacio a chysgu. Synnai Jeff pa mor sydyn oedd y broses.

Wedi pwysleisio ei bod mewn amgylchedd hollol ddiogel, gofynnodd y doctor iddi beth oedd hi'n ei gofio o'i thripiau i'r tŷ yng ngogledd Cymru. Treuliodd Michelle ychydig mwy na hanner awr yn disgrifio'r hyn yr oedd hi wedi'i ddweud yn y datganiad ysgrifenedig a roddodd i Meira ynghynt. Yna, yn ôl arweiniad pellach a phrocio gan Jeff trwy'r seinydd yn ei glust, dechreuodd ar yr holi.

'Ble arall aeth y dynion yma â chi er mwyn cael rhyw?'

'Wn i ddim. Rywle ymhell i ffwrdd.'

'Be ddigwyddodd?'

'Yn yr un car mawr du oeddwn i, a'r cyrtens wedi'u cau. Mi ges i fy nghodi yng nghanol y ddinas. Aethon ni ddim drwy'r twnnel y tro yma. Pigiad! Dwi'n cofio cael pigiad yn fy mraich. Y tro cynta iddyn nhw wneud hynny i mi. Mi wnaeth beth bynnag oedd yn y nodwydd i mi deimlo'n hapus braf. Yna mi es i gysgu.'

'Pwy oedd yn y car?'

'Khan. Rhywun arall oedd yn gyrru – dim yr un un ag arfer. Deffrais yng ngolau dydd, isio mynd i'r toiled ac yn llwglyd. Stopiodd y car yn rhywle, dim syniad lle. Ro'n i'n dal i fod dan ddylanwad y cyffur, ond mi oedd yn rhaid i mi fynd neu 'swn i 'di gwneud yn fy nhrowsus yn y car.'

'Disgrifiwch y lle.'

'Maes parcio, a thoiledau cyhoeddus. Khan aeth â fi yno, a sefyll tu allan drwy'r adeg. Pan ddois i allan, dywedodd Khan ei fod o isio sigaréts ac mi aeth o â fi yn ôl i'r car.

Dwi'n cofio siop Co-op ar y chwith a gwesty, dwi'n meddwl, o'n blaenau efo potiau blodau yn hongian tu allan.'

'Be oedd enw'r gwesty? Ydach chi'n cofio?'

'Rwbath "-land" ... Sutherland Inn, dwi'n meddwl.'

'Pan aeth Khan i'r siop i nôl sigaréts, pwy ddaru edrych ar eich ôl chi yn y car?'

'Pete, y 'sgotwr. O, dwi'n cofio rwbath arall. Lleisiau pobol yn y maes parcio efo acen Albanaidd.'

'Fo – Pete – oedd yn gyrru'r car?'

'Na, Dyds oedd yn gyrru.'

'Dyds. Pwy ydi Dyds?'

'Dwi'm yn gwybod. Chlywais i rioed amdano o'r blaen. Dim ond clywed ei enw fo wnes i pan oedd o'n siarad efo Pete.'

'Be oeddan nhw'n ei ddeud?'

'Chlywais i ddim llawer – rwbath am "ddilyn y naw" dwi'n meddwl.'

'Dilyn y naw?'

'Ia, rwbath i wneud efo naw.'

'Faint mwy o daith oedd hi ar ôl hynny?'

'Awr a hanner, ella mwy. Roedd y cyrtens wedi'u cau o hyd.'

'Be 'dach chi'n ei gofio o'r daith?'

'Dwi'n cofio lonydd troellog – nifer o elltydd, i fyny ac i lawr, un ar ôl y llall.'

'Ac ar ddiwedd y daith?'

'Aros mewn tŷ bach yng nghanol y wlad. Dwi'n eu cofio nhw'n symud rwbath o'r bŵt i mewn i gar arall wedi i ni gyrraedd yno. Dim syniad be, ond mi oedd 'na lot o waith cario.'

'Am faint oeddach chi yno?'

'Dau neu dri diwrnod.'

'Be ddigwyddodd yno?'

'Rhyw. Mwy o ryw efo dau ddyn nad oeddwn i wedi eu cyfarfod o'r blaen. Albanwyr dwi'n siŵr, ond mi oedd yn rhaid paratoi'r tŷ gynta fel bod posib eu ffilmio nhw yn cael rhyw efo fi. Cuddio camerâu, mwy nag un, yn y to ac yn y waliau. Dyds oedd yn gwneud hynny. Rhyw fath o flacmel am wn i. Fedra i ddim cofio dim byd arall.'

'Be am y dynion?'

'Jyst dynion. Wnes i ddim cymryd llawer o sylw ohonyn nhw. Tydi rhywun ddim, wyddoch chi.'

'Be am y daith adref?'

'Pigiad arall, a mynd i gysgu.'

'A phan ddeffroch chi?'

'Mae pob dim yn niwlog. Mi arhoson ni mewn tri lle arall ar y ffordd. Mi ddigwyddodd yr un peth eto. Rwbath yn cael ei gario o'r bŵt yn y tri lle ac mi wnaethon nhw i mi gael rhyw efo un dyn yn y lle cyntaf i ni aros, ond mi aeth pethau dros ben llestri yn fan'no pan sylweddolodd y boi ei fod o'n cael ei ffilmio, ac mi aeth hi'n ffeit fawr.'

'Lle oedd hynny?'

'Mewn rhyw fwthyn bach yn yr Alban eto, ond ymhell o'r lle cyntaf. Dwi'n cofio gweld arwydd "West Kilbride" yn agos i'r lle, ond mi ges i 'nharo gan Khan pan ddaliodd fi'n edrych allan trwy'r cyrtens.'

'Be am y llefydd eraill?'

'Mi arhoson ni'n agos i rywle o'r enw Beckermet, ac yna tu allan i Heysham ar y ffordd i lawr. Es i ddim allan o'r car yn y ddau le rheini. Cogio cysgu oeddwn i, ac mi dynnodd Khan ei lygaid oddi arna i pan aeth allan o'r car. Dyna sut ges i gyfle i weld yr arwyddion.'

'Dwi'n meddwl eich bod chi wedi cael digon am rŵan, Michelle,' meddai Dr Patterson. 'Mi ydw i am gyfri i ddeg, a phan fydda i wedi gorffen, dwi isio i chi ddeffro.'

'Wnes i'n iawn?' gofynnodd Michelle i Meira ar ôl gorffen.

'Do wir,' atebodd. 'Dim rhyfedd nad oeddach chi'n cofio a chitha dan ddylanwad yr holl gyffuriau.'

Aeth Meira â hi i'r car a diolchodd Jeff i Dr Patterson.

'I bwy ydw i'n gyrru'r bil?' gofynnodd y doctor i Jeff.

'Ditectif Brif Arolygydd Irfon Jones, Heddlu Gogledd Cymru – ond daliwch eich gafael arno fo am ddiwrnod neu ddau, wnewch chi, er mwyn i mi gael egluro ei fod ar ei ffordd.'

Aeth Jeff a Meira â Michelle adref, ac yna teithiodd y ddau i gyfeiriad tŷ Meira.

'Sgwn i pwy ydi'r Dyds 'ma?' gofynnodd Meira.

'Mae'n ddrwg gen i, ches i ddim cyfle i esbonio i ti. Dyds ydi llysenw Paul Dudley. Mi ges i wybod hynny heddiw yn ystod ymweliad â gorsaf bŵer Wylfa. A pheth arall hefyd – chafodd o mo'i ladd ar gwch Farrell pan ffrwydrodd o. Ac er ei fod o ar ei wyliau ers pythefnos, mae o wedi bod yn y pwerdy o leiaf ddwywaith yn ystod y dyddiau dwytha 'ma. Does dim sôn amdano yn ei gartref, ond mi ydw i'n bwriadu cael gair efo fo nos fory.'

Newidiodd Meira y pwnc i fater mwy amserol.

'Be fasat ti'n lecio i swpar? Ma' siŵr bod 'na rwbath call yn y rhewgell acw.'

'Paid â thrafferthu,' atebodd. 'Mi stopiwn ni i nôl rwbath ar y ffordd. Dwi bron â llwgu. Ches i ddim cinio heddiw.'

'Jeff!' dwrdiodd Meira. 'Ma' hi'n hen bryd i ti gael rhywun i edrych ar dy ôl di.'

Claddodd y ddau bryd Tsieineaidd a photel o win gwyn wrth wrando ar Eric Bogle yn canu am ddioddefaint y Rhyfel Mawr a'r colledion yr oedd teuluoedd milwyr ym mhob rhan o'r byd yn dal i'w ddioddef hyd heddiw, flynyddoedd ar ôl y rhyfel a oedd i fod i orffen pob rhyfel.

'Pryd ddysgith gwledydd y byd 'ma, dywed?' gofynnodd Jeff.

'Paid â chynhyrfu dy hun heno, 'nghariad i,' atebodd Meira. 'Ma' raid i ti ddysgu ymlacio.'

'Ymlacio?' gofynnodd. 'Be 'di peth felly dŵad? Rhaid i mi gyfadda nad ydw i wedi ymlacio'n llwyr ers i mi dy gyfarfod ti.'

Gwelodd Jeff yr edrychiad o syndod ar ei hwyneb a gwyddai'n syth fod yn rhaid iddo egluro.

'Fel y gwyddost ti, Meira, dwi wedi bod yn ymladd yn erbyn fy nghydwybod yn ystod yr wythnosau dwytha 'ma, a tydi'r profiad wedi gwneud dim lles i mi. A dwi'n dal i fod yn yr un sefyllfa. Meira, mi wn i nad rhyw fath o adwaith i golli Jean ydi'r ffordd dwi'n teimlo tuag atat ti. Mae fy holl enaid i dy angen di, a fedra i ddim osgoi'r ffaith 'mod i dy angen di'n gorfforol hefyd. Mae'n ddrwg gen i orfod deud y cwbwl wrthat ti fel hyn, ond ...'

Nid adawodd iddo orffen. Rhoddodd Meira'i bys yn dyner ar ei wefusau i'w dawelu, yn union fel yr oedd hi wedi'i wneud fwy nag unwaith o'r blaen. Cododd ar ei thraed a chydio yn ei law heb ddweud gair, a'i arwain i fyny'r grisiau i'w hystafell wely. Heb unrhyw arwydd o swildod tynnodd ei siwmper a'i bronglwm, yna ei jîns. Safai o'i flaen yn gwisgo nicer bychan du, yn disgwyl iddo gymryd y cam nesaf. A'i galon ar ras, edrychodd Jeff ar ei phrydferthwch, ei bronnau llawn a'i thethi caled. Hyfrydwch na welsai ers ... Ciliodd y gorffennol o'i feddwl.

Cymerodd dri cham tuag ati a gafaelodd amdani. Cusanodd ei thalcen, ei llygaid, ei gruddiau ac yna'i cheg, gan deimlo'i gwefusau a'i thafod yn ymateb iddo. Symudodd ei ddwylo cryf yn dyner i lawr ei chefn noeth a'i thynnu tuag ato. Roedd ei chnawd yn boeth yn erbyn ei gorff. Cydiodd Meira yng nghefn ei grys a'i dynnu'n rhydd o'i drowsus. Tynnodd yn ôl ac agorodd y botymau gan adael i'r dilledyn ddisgyn i'r llawr. Heb dynnu ei llygaid oddi arno, symudodd ei dwylo i lawr i ddatod ei felt ac agor ei drowsus, gan adael i hwnnw hefyd ddisgyn o gwmpas ei draed. Safodd y ddau yn yr unfan, yn cusanu ei gilydd yn dyner ac yn galed bob yn ail, a theimlodd Meira bidyn caled Jeff yn erbyn ei bol. Gafaelodd ynddo a chlywodd riddfan distaw yn ei wddf.

Chwarddodd Meira.

'Be sy'?' gofynnodd Jeff yn gynhyrfus.

'Sori, Jeff, ond fedra i ddim peidio â meddwl am y tro dwytha i mi afael ynddat ti yn fan'na – yn y goedwig honno yn Netherfield Road North. Roedd yr edrychiad ar dy wyneb di'n hollol wahanol y noson honno.'

'Synnwn i ddim!' atebodd Jeff. 'Ond wrth gwrs, gwneud dy ddyletswydd oeddat ti'r noson honno yntê?'

'A heno?'

'Gad i mi ymateb y tro yma ...'

Rhedodd Jeff ei law yn araf i fyny rhwng ei choesau a theimlodd ei gwres yn erbyn cledr ei law. Byseddodd hi'n dyner a thro Meira oedd hi i riddfan y tro hwn. Brathodd gnawd ei frest a gadawodd i'w gwefusau a'i thafod grwydro. Rhoddodd ei law y tu mewn i'w nicer a'i

315

dynnu oddi amdani a heb oedi, plygodd hithau i'w ddinoethi yntau hefyd. Wrth godi'n ôl i fyny cusanodd ei gnawd caled, ond dewisodd beidio ag oedi yno. Safodd y ddau ynghyd, yn gwerthfawrogi gwres a chyffyrddiad eu cyrff. Erbyn hyn, doedd dim arall ar eu meddyliau. Dim byd o gwbl.

Roedd y wawr ar dorri pan ddeffrôdd Jeff ychydig funudau cyn chwech fore trannoeth. Trodd ar ei benelin i edrych ar yr eneth dlos a oedd yn dal i gysgu wrth ei ochr yn y gwely, ei llygaid ar gau a'i bronnau'n codi ac yn disgyn o dan y gynfas wrth iddi anadlu'n rhythmig.

'Dwi *yn* effro,' meddai'n gysglyd.

'Sut wyt ti, 'nghariad i?' meddai.

'Dwi ddim yn hollol siŵr. Gwan, llipa, hapus – ac mae fy nghorff i'n binnau bach o hyd.'

Gorweddodd yn ddau yno am rai munudau, Meira yng nghesail Jeff.

'Wel, 'ngeneth i, mae gwaith yn galw mae gen i ofn. Dwi'n mynd am gawod, neu dos di gynta os leci di.'

Neidiodd Meira o'r gwely a diflannodd yn noeth tua'r ystafell ymolchi. Clywodd Jeff ei llais yn canu uwch sŵn y dŵr yn llifo. Cerddodd ar ei hôl ac agor drws y gawod. Trodd y braw ar wyneb Meira'n wên, ac ymunodd â hi yn y dŵr. Diolch i'r sebon a'r shampŵ roedd eu dwylo'n llithro'n esmwyth ar hyd cyrff ei gilydd. Gafaelodd Jeff yn y tywel mawr gwyn ac arweiniodd Meira'n ôl i'r ystafell wely. Gosododd y tywel, a hithau, ar y gwely.

'Ro'n i'n meddwl bod gwaith yn galw,' protestiodd Meira.

'Mi gaiff gwaith ddisgwyl.'

Yn wlyb ac yn sebonllyd unodd eu cyrff unwaith yn rhagor.

Gorweddodd y ddau yno yn hir, yn noeth ac yn fodlon. Yn sydyn, gafaelodd Meira yn llaw ei chariad. 'Jeff,' meddai. 'Mi fuaswn i wrth fy modd yn dechrau teulu efo chdi.'

Gorweddodd Jeff yn fud wrth ei hochr.

'Mae'n ddrwg gen i,' parhaodd, yn ymateb i'w dawelwch. 'Ddylwn i ddim bod wedi dweud hynna. Mi wn i cyn lleied sydd yna ers i ni gyfarfod, ond dyna'r teimlad sy'n fy llenwi ar hyn o bryd.'

Trodd ato gan feddwl sut i eirio'i hymddiheuriad yn well, a gwelodd ddeigryn yng nghongl ei lygad.

'Dwi ddim wedi dy bechu di, gobeithio,' meddai.

'Ddim o gwbl,' atebodd Jeff, yn edrych yn ddwfn i'w llygaid. 'Does neb wedi deud rwbath mor annwyl â hynna wrtha i erioed o'r blaen – ac mae'n deimlad braf iawn, Meira. Mi hoffwn inna roi llond tŷ o blant i ti, ac mi ydw i'n edrych ymlaen at y dyfodol am y tro cynta ers talwm iawn.'

Roedd Meira, erbyn hyn, dan deimlad hefyd.

'Pryd wyt ti am fynd â fi i gyfarfod dy rieni?'

'Cyn gynted ag y ca' i gyfle!' atebodd Meira trwy ei dagrau o lawenydd.

Dros frecwast, sylwodd Meira fod meddwl Jeff ymhell i ffwrdd.

'Oes 'na rwbath yn dy boeni di, Jeff? Rwbath arall y dylwn i wybod amdano?'

'Dim ond yr ymchwiliad 'ma, Meira bach. Fedra i yn fy myw gael gwaith allan o'm meddwl yn gyfan gwbl. Dim hyd yn oed ar ôl y ffasiwn noson efo chdi! Pam yr Alban, ti'n meddwl? Lle fuon nhw, dywed? Ga' i fenthyg dy liniadur di?'

Estynnodd Meira'r peiriant iddo, gan gofio pam y cafodd hi ei denu ato yn y lle cyntaf.

Teipiodd Jeff 'Sutherland Inn' i beiriant chwilio'r cyfrifiadur a disgwyliodd am eiliad i'r canlyniadau ymddangos ar y sgrin.

'Dyma fo i ti. Sutherland Inn, Brora. Lle ddiawl mae fan'no?'

Agorodd wefan Google Earth a theipio'r gair 'Brora'. Gwelodd yn syth bod y pentref bychan hwnnw ar arfordir dwyreiniol Swydd Sutherland yng ngogledd yr Alban, tua hanner ffordd rhwng Inverness a Wick.

'Be goblyn sydd o ddiddordeb i Khan a'i fêts yr holl ffordd i fyny'n fan'no?'

Chwiliodd ar y rhyngrwyd unwaith yn rhagor a darganfod bod gorsaf heddlu yn Brora. Wedi deialu'r rhif siaradodd â'r cwnstabl yno a gadarnhaodd nid yn unig bod rhes o fasgedi crog yn hongian ar hyd ffrynt y Sutherland Inn fel yr oedd Michelle Raynor wedi'i ddisgrifio, ond bod yna siop Co-op gyferbyn hefyd, a thoiled cyhoeddus yn y maes parcio gerllaw. Yn ôl y cwnstabl, roedd y pentref ar briffordd yr A9 a oedd yn rhedeg yr holl ffordd i fyny i ogledd yr Alban.

'Dilyn y naw yr holl ffordd i'r pen,' oedd geiriau Michelle, cofiodd Jeff.

Aeth Jeff yn ôl i mewn i Google Earth a gwelodd fod yr A9 yn arwain i'r gogledd ar hyd yr arfordir cyn belled â lle o'r enw Lathernon cyn troi i'r chwith a dod i ben mewn tref o'r enw Thurso. Beth oedd yn y fan honno tybed? Defnyddiodd y llygoden i edrych o gwmpas yr ardal a tharodd ei lygaid ar Dounreay ar yr arfordir tua wyth milltir i'r gorllewin o Thurso. Edrychodd ar Meira'n gegrwth.

'Drycha – Dounreay. Gorsaf bŵer niwclear,' meddai mewn syndod.

Defnyddiodd y llygoden unwaith yn rhagor a theipiodd 'West Kilbride' i mewn i'r man chwilio. Symudodd ffocws y sgrin i'r fan honno a gwelodd Jeff fod y dref o fewn tair milltir i orsaf bŵer Hunterston. Ymhen dau funud yr oedd wedi cadarnhau bod gorsaf bŵer yn Heysham a bod Beckermet, y pentref arall y soniwyd amdano gan Michelle Raynor, yn agos i safle ailbrosesu niwclear Sellafield.

Edrychodd y ddau ar ei gilydd.

'Argian, Meira. Ti'n sylweddoli be ma' hyn yn feddwl? Safleoedd niwclear ydi eu targedau nhw, nid Llundain nag unman arall! Brysia i'r car, Meira. Yn ôl â ni. Gyrra di. Mae gen i alwadau ffôn i'w gwneud.'

Pennod 44

Yn fuan y bore Sul braf hwnnw ffoniodd Jeff rif y swyddfa, a darganfu nad oedd staff yr ymchwiliad yng Nglan Morfa wedi cyrraedd eu gwaith. Edrychodd ar ei watsh. Chwarter i wyth. Ffoniodd gartref y Ditectif Brif Arolygydd Irfon Jones a deallodd gan ei wraig fod hwnnw allan ar y cwrs golff. Gwyddai nad oedd ei fòs wedi cael yr un diwrnod o seibiant ers dechrau'r ymchwiliad bron i fis yn ôl, felly doedd Jeff yn gweld dim bai arno am ddianc. Ond heddiw, ac yntau angen cael gafael ar y Ditetif Brif Arolygydd ar fyrder, roedd Jeff yn damio'i benderfyniad. Gwyddai Jeff nad oedd derbyniad ffôn symudol i'w gael ar y cwrs golff – roedd Irfon Jones wedi dweud wrtho sawl tro mai dyna'r unig le y llwyddai i gael seibiant o'i waith.

Gyrrodd Meira'r car yn gyflym ar hyd yr A55 tra oedd Jeff yn pendroni dros ei gam nesaf.

'Ti'n iawn?' gofynnodd Meira ar ôl milltiroedd o dawelwch.

'Mi fydda i'n iawn am weddill fy mywyd efo chdi wrth f'ochor i,' atebodd.

Roedd yr amheuaeth mai safleoedd pŵer niwclear oedd targedau'r terfysgwyr yn pwyso'n drwm arno. Gwyddai fod Paul Dudley i fod i ailddechrau gweithio yn Wylfa am ddeg o'r gloch y noson honno, ac mai dim ond pedair awr ar ddeg oedd tan hynny. Paul Dudley, a deithiodd i'r Alban a'r safleoedd eraill rheini i helpu Khan a Peter Farrell i gario nwyddau ac i flacmelio dynion a oedd, tybiai Jeff erbyn hyn, yn gweithio mewn safleoedd niwclear. Pa drefniadau oedd wedi eu gwneud eisoes gyda staff gorsafoedd niwclear eraill y wlad – a faint o amser fyddai ei angen i rybuddio holl heddluoedd Prydain am y cynllun arfaethedig? Roedd yn gwybod am Dounreay, Hunterston, Heysham, Sellafield a'r Wylfa, ac ni allai anwybyddu'r posibilrwydd fod pwerdai eraill ym Mhrydain Fawr yn cael eu targedu hefyd. Fel arfer byddai terfysgwyr a fyddai'n ymosod ar dargedau fel hyn yn cyd-drefnu eu ffrwydradau i ddigwydd ar yr un pryd – oedd y cynllun hwn yn un rhyngwladol tybed?

Ffoniodd y prif swyddog ar ddyletswydd ym mhencadlys Heddlu Gogledd Cymru. Ceisiodd roi crynodeb o'r holl ymchwiliad iddo, ond ni swniai hwnnw'n awyddus i ddechrau ymgyrch genedlaethol ar air ditectif sarjant o Lan Morfa. Dywedodd y buasai'n ceisio cysylltu â rhywun yn y Gangen Arbennig am gyngor ac arweiniad, ac y buasai'n cysylltu â Jeff yn ddiweddarach.

'Cysylltu â fi'n ddiweddarach heddiw? Glywaist ti beth mor dwp â hynna yn dy ddydd, Meira?' meddai. 'Wel, fedra i ddim disgwyl mor hir â hynny.'

Cofiodd fod ganddo gopi o'r *Police Almanac*, cyfeiriadur yr heddlu, yn y car a chwiliodd trwyddo am rif ffôn pencadlys yr Heddlu Niwclear Sifil yn Abingdon. Cyflwynodd ei hun a gofynnodd am y prif swyddog ar ddyletswydd. Bu'n aros am sbel i gael ei gysylltu, a gwyliodd arfordir gogledd Cymru'n gwibio heibio.

'Y Prif Arolygydd Bill Anderson,' meddai'r llais.

Cyflwynodd Jeff ei hun eto a cheisiodd feddwl am y ffordd orau o gael holl sylw'r swyddog. Gwyddai y gallai ei stori ymddangos fel ffantasi ffŵl os na fyddai'n dewis ei eiriau'n ofalus.

'Mi ydw i wedi penderfynu bod mor hy' â chysylltu efo chi i drafod cynllun rydw wedi dod ar ei draws o gan derfysgwyr i ddifrodi nifer o bwerdai ledled Prydain. Mae 'na bosibilrwydd cryf y bydd y cyfan yn digwydd heno. Mi fyddwch yn cael yr un wybodaeth yn swyddogol, maes o law, o ffynhonell lawer uwch na fi yn Heddlu Gogledd Cymru – ond yn fy marn i, mae angen symud yn gyflym iawn.'

'Reit,' atebodd y Prif Arolygydd yn syth. 'Am resymau amlwg, mae'r alwad hon yn cael ei recordio. Ymhelaethwch, os gwelwch yn dda.'

Siaradodd Jeff yn fras am yr ymchwiliad i lofruddiaeth Barbara McDermott a chorff Khan yn y bagiau duon, a bod yr ymchwil wedi arwain at gysylltiad â thŷ nid nepell o dref Glan Morfa a ddefnyddid gan lysgenhadaeth Swltaniaeth Oman. Eglurodd fod pysgotwr cregyn wedi bod yn cynorthwyo rhywun i ddod â darnau o fomiau a dyfeisiau ffrwydrol i'r wlad dros gyfnod o amser a bod cysylltiad rhwng y dynion hyn a phobol oedd yn byw'n agos i'r gorsafoedd pŵer yn Dounreay, Hunterston, Heysham, Sellafield ac yn Wylfa.

'Mae'n edrych yn debyg i mi fod gweithwyr y safleoedd hyn un ai yn cydymdeimlo ag achos y terfysgwyr, neu wedi cael eu blacmelio i gario'r dyfeisiadau i mewn i'r safleoedd a'u gosod yn ystod yr wythnosau diwetha 'ma,' meddai Jeff.

'Mae hi'n anodd credu y gallai hynny ddigwydd,' atebodd Anderson. 'Mae pawb sy'n mynd i mewn i'r safleoedd hyn yn cael eu harchwilio'n ofalus.'

'Fel y cefais i pan ymwelais â Wylfa fore ddoe,' atebodd Jeff. 'Ond pan oeddwn i yno, mi welais amryw o'r staff yn cerdded trwy'r giât heb eu harchwilio, a hynny oherwydd bod y staff diogelwch a'r heddwas wrth y giât i gyd yn gyfarwydd â nhw. Maen nhw'n mynd a dod heb gael eu harchwilio yn ddyddiol, mae'n ymddangos. Mae'r dyn sydd dan amheuaeth yn f'ardal i, Paul Dudley, wedi bod yn gweithio yn Wylfa ers amser maith ac, yn ôl pob golwg, wedi bod ar ei wyliau ers pythefnos ac yn ailddechrau am ddeg o'r gloch heno. Gwyddom ei fod wedi ymweld â'r safle ddwywaith yn ystod y dyddiau diwetha, ac mae popeth yn ffitio. Welwch chi rŵan pa mor bwysig oedd hi i mi gael gafael arnoch chi'n gyflym?'

'Gwelaf, yn union,' atebodd. 'Ac mae'n rhaid i mi ddweud bod eich sylwadau yn canu cloch efo finnau hefyd,' ychwanegodd.

'O? Sut felly?' gofynnodd Jeff yn chwilfrydig.

'Darganfuwyd corff un o staff gorsaf bŵer Hunterston – trydanwr oedd o – ar ochr y ffordd yn West Kilbride tua mis yn ôl. Cafodd gweir ofnadwy yn ôl pob golwg. Gan fod y llofruddiaeth y tu allan i'n hawdurdod ni, heddlu Strathclyde sy'n delio â'r mater ac mae yna amheuaeth, fel dwi'n dallt, y bu'n cael ei flacmelio. Mater digon amheus yn ymwneud â rhyw butain, yn ôl y sôn.'

'Mi fedra i roi enw'r butain i chi os leciwch chi,' meddai Jeff. 'O Lerpwl mae hi'n dod. Un o'm prif dystion.'

'Does dim rhaid,' atebodd Anderson. 'Rydach chi wedi deud digon yn barod i'm darbwyllo. Rŵan ta, fel yr ydach chi'n ymwybodol mae'n siŵr, mae ganddon ni gynlluniau yn eu lle ar gyfer achlysuron fel hyn. Mi fydd yn rhaid i mi gychwyn pethau ar unwaith.'

'Mae'n siŵr gen i y bydd nifer o sefydliadau yn rhan o'ch cynllun, ond mae'n rhaid i mi fentro deud,' meddai Jeff mor foneddigaidd ag y gallai, 'y bydd y rhai hynny sy'n rhan o'r cynllwyn yn debygol o fod yn cuddio erbyn hyn. Cofiwch ei bod hi'n debygol fod y rhan helaeth o'r bomiau yn eu lle yn barod – ond eto, ella bod yn rhaid i bwy bynnag sy'n eu tanio wneud y trefniadau terfynol heno. Dwi'n credu y byddwn ni yng ngogledd Cymru yn dilyn ein trydanwr ni, Dudley, i'w waith heno a cheisio darganfod ble yn union ar y safle mae o wedi rhoi'r ddyfais cyn iddo gael cyfle i'w thanio.'

'Mi gewch chi bob cymorth a chydweithrediad llwyr ganddon ni, Sarjant Evans. Ond yn awr, mae'n rhaid i mi ddechrau paratoi.'

Diolchodd Jeff fod rhywun wedi'i gymryd o ddifrif o'r diwedd. Edrychodd ar ei watsh unwaith yn rhagor. Byddai'n awr a chwarter cyn iddo gyrraedd Glan Morfa. Llai efallai, y ffordd roedd Meira'n gyrru. Efallai y byddai'r Ditectif Brif Arolygydd wedi gorffen ar y cwrs golff erbyn hynny.

Roedd Jeff yn llygad ei le. Canodd ei ffôn pan oedd y car ar gyrion Glan Morfa, a chyn iddo gael cyfle i ddweud 'helo' clywodd lais Irfon Jones yn bloeddio. Eglurodd Jeff ei fod bron â chyrraedd, a diffoddodd y ffôn. Ni welai unrhyw reswm o gwbl i ddadlau dros y ffôn.

Yr oedd Irfon Jones yn disgwyl amdano yn nrws ei swyddfa, yn dal yn ei ddillad golff a'i wyneb bron mor lliwgar â'i siwmper.

'Be ddiawl wyt ti wedi bod yn 'i wneud!' ebychodd, yn tagu ar ei eiriau. 'Mae 'na gachu'n fflio yr holl ffordd o Lundain i ogledd Cymru. Mae'r blydi Comander Toby Littleton 'na a rhyw uwch swyddog o'r Gwasanaethau Diogelwch yn trio cael gwybodaeth gan y Prif Gwnstabl –

a tydi hwnnw'n gwybod affliw o ddim! Mae o'n disgwyl atebion gen i, a does gen inna ddim blydi syniad be sy'n mynd ymlaen. Yn ôl y Prif Gwnstabl mae Littleton o'i go' bod swyddog o renc mor isel â chdi wedi cymryd y cyfrifoldeb am ddechrau hyn i gyd. Yn waeth na hynny, mae COBRA wedi'i alw ynghyd yn Whitehall dan gadeiryddiaeth y Dirprwy Brif Weinidog, ac mae'r Prif Weinidog ei hun wedi cael ei alw adra o gyfarfod pwysig efo Angela Merkel yn yr Almaen. Yn ôl pob golwg, Jeff, chdi ydi'r unig un sy'n blydi gwybod be ddiawl sy'n mynd ymlaen.'

Am yr ail waith y bore hwnnw, dechreuodd Jeff esbonio digwyddiadau'r diwrnod cynt i Irfon Jones, a sut roedd o wedi trio'i orau i gysylltu â fo yn gynharach. Pan fethodd hynny, yn ogystal â'i ymgais i gysylltu â rhywun yn y pencadlys, teimlai nad oedd ganddo ddewis ond cysylltu â'r Heddlu Niwclear Sifil. Gwelodd Jeff fod ei fòs wedi ymlacio rhyw gymaint ac eisteddodd efo fo am ugain munud tra oedd y DBA egluro'r cyfan i'r Prif Gwnstabl dros y ffôn.

'Mae'r Prif yn dy gefnogi di gant y cant, Jeff. Mi gei di anghofio am Comander Littleton. Ond dwi'n gobeithio dy fod ti'n gwybod be ti'n wneud, Jeff, neu mi fyddwn i gyd yn edrych fel ffyliaid.'

'Am resymau hollol wahanol, mi ydw i'n gobeithio i'r nefoedd 'mod i'n anghywir,' atebodd Jeff. 'Dychmygwch y canlyniadau.'

'Mae'r Prif Gwnstabl yn ymwybodol o hynny hefyd. Os ydi'r bomwyr 'ma yn gwybod be maen nhw'n ei wneud a lle i blannu eu bomiau mi fydd y llanast ym Mhrydain cyn waethed â'r hyn ddigwyddodd yn ystod yr Ail Ryfel Byd. Mae'r wybodaeth sydd wedi cyrraedd y pencadlys, a phob pencadlys arall yn y wlad, gan y Swyddfa Reoleiddio Niwclear yn egluro nad oes posib creu ffrwydrad niwclear heb ffrwydro wraniwm neu blwtoniwm sydd wedi'i gyfoethogi. Yn ôl pob golwg, does dim ond un lle ym Mhrydain yn gwneud y cyfoethogi, ac mae hwnnw'n un o'r llefydd sydd gen ti ar dy restr. Maen nhw'n reit ffyddiog nad oes modd i hynny ddigwydd, ond dyna'r unig wybodaeth rydan ni'n gymwys i'w chael. Ond er hynny, Jeff, mi fysa unrhyw ffrwydrad yn dinistrio ein gallu ni i greu ynni niwclear am flynyddoedd lawer. Yn waeth o lawer na hynny, mi fyddai llwch ymbelydrol yn cael ei ryddhau o'r safleoedd ac yn cael ei chwythu dros y wlad i gyd, draw am orllewin Ewrop hefyd.'

'Be ydi'r cam nesa i ni felly?' gofynnodd Jeff, yn hollol ymwybodol mai rhan fechan fyddai ganddo fo yn unrhyw ymgyrch o hyn ymlaen.

'Yn ôl pob golwg mae pob gwlad yn Ewrop a'r Unol Daleithiau wedi cael eu rhybuddio ac mae archwiliadau cudd yn cael eu cynnal ym mhob safle niwclear yn y wlad. Dwi'n gwybod bod hynny'n lleihau unrhyw bosibilrwydd o ddal y rhai sy'n gyfrifol am baratoi'r ffrwydradau heno, ond mae diogelwch poblogaeth Prydain yn bwysicach. Y peth pwysicaf ydi darganfod y ffrwydron a'u diogelu.'

'Be am Paul Dudley?'

'Yn ôl yr hyn ddeudodd y Prif Gwnstabl wrtha i rŵan, mae'r Heddlu Niwclear wedi dod o hyd i enwau wyth dyn arall ym Mhrydain sydd wedi bod yn absennol o'u gwaith yn ystod yr wythnos neu ddwy ddiwetha oherwydd salwch neu wyliau, ac yn dychwelyd i'w gwaith am ddeg o'r gloch heno. Un yn Dounreay, Hunterston a Heysham a dau yn Sellafield.'

'A'r tri arall?'

'Hinkley Point, Dungeness a Sizewell B. Ond ella mai cyd-ddigwyddiad ydi hynny.'

'Cyd-ddigwyddiad, o ddiawl,' ebychodd Jeff. 'Mae'r cwbwl wedi'i gynllunio'n fanwl ers misoedd, neu flynyddoedd.'

'Mae gen i ofn dy fod ti'n iawn – ac ia, Dudley ydi'n cyfrifoldeb ni. I gychwyn, mae 'na dîm o arbenigwyr o'r fyddin yn mynd trwy orsaf Wylfa efo'n swyddogion ni a swyddogion y Tollau sydd â chŵn wedi eu hyfforddi i arogli ffrwydon. Maen nhw'n cael eu cynghori gan arbenigwyr o'r diwydiant niwclear er mwyn canolbwyntio ar y mannau yn yr orsaf sydd fwyaf agored i niwed. Ac mae tŷ Dudley yn cael ei wylio hefyd. Ond y cwestiwn pwysicaf ydi ble mae Dudley? Dim ond gobeithio y byddwn wedi darganfod y bomiau ymhell cyn iddo fo eu cyrraedd nhw ac y gallwn ni eu diogelu. Mi fydd yn rhaid i ni gadw ein llygaid, a'n opsiynau, yn agored.'

'Lle fydda i heno?' gofynnodd Jeff.

'Gawn ni weld. Dwi'n rhagweld nad fy nghyfrifoldeb i fydd yr ymgyrch yma o hyn ymlaen.'

'Be am Meira?'

'Mi fydd hi wrth ochor pwy bynnag fydd yn rheoli'r ymgyrch o fa'ma 'swn i'n meddwl. Mae'n amlwg mai hi, ar dy ôl di, sy'n gwybod fwyaf am yr holl fusnes 'ma, ac mi fydd hi'n ddefnyddiol iawn i bwy bynnag sy'n rheoli.'

'A be am Abdul Saheed ym Mhlas y Fedwen?' gofynnodd Jeff. 'Mae'n amlwg mai fo sydd wedi bod yn cyfarwyddo hyn i gyd.'

'Dydi'r sefyllfa honno ddim wedi newid. Chawn ni ddim mynd ar gyfyl y Plas, ond mae'r holl dir yn cael ei amgylchynnu'n gudd heddiw gan yr S.A.S. a fydd dim modd symud unrhywbeth nag unrhywun i mewn nag allan heb yn wybod i ni. Un peth arall,' ychwanegodd y Ditectif Brif Arolygydd ar ôl oedi am ennyd. 'Ynghanol yr holl helbul bore 'ma bu bron i mi anghofio rhoi neges i ti.'

'Neges?'

'Ia, gan rywun o'r enw Seik Amit Bin Ahamed. Mi ffoniodd yma'n bersonol yn gofyn amdanat ti, a rhoddwyd yr alwad drwodd i mi.'

'Be oedd y neges?' gofynnodd Jeff yn frwdfrydig.

'Yn ôl ei addewid i ti, mae o wedi darganfod pwy laddodd Barbara McDermott, ac mi ddeudodd bod y person hwnnw yn ôl yn Oman; bod ei ymddygiad wedi dwyn gwarth ar y wlad a'i fod wedi cael ei gosbi yn ôl cyfraith Oman. Ydi hynny'n debygol o fod yn wir, dywed?'

'Mae gen i syniad ei fod o,' atebodd Jeff. 'Ddywedodd o be oedd y gosb.'

'Naddo. Rhywbeth reit derfynol, 'swn i'n meddwl.'

Meddyliodd Jeff am funud am gynnwys y neges. 'Mae hynny'n arwyddocaol,' awgrymodd. 'Dydi neges Seik Amit Bin Ahamed ddim yn cydfynd â dyn neu wlad sy'n meddwl ymosod ar Brydain, nac'di?'

'Mae'n amlwg bod gwrthryfelwr yn eu plith.'

'Ac Abdul Saheed ydi hwnnw, mae hynny'n saff i chi.'

'Bydd cynhadledd yma am bump o'r gloch i baratoi ar gyfer yr ymgyrch yn hwyrach heno. Y Dirprwy Brif Gwnstabl fydd yn arwain y cyfarfod. Gwna'n siŵr y byddi di yno.'

Treuliodd Jeff yr awr nesaf yn y cantîn yng nghwmni Meira, yn trafod yr achos â dau blataid mawr o fwyd o'u blaenau. Pan fyddai'r ymgyrch ar droed, ni fyddai amser i fwyta.

'Bydda'n ofalus heno, Jeff, plîs,' plediodd Meira. 'Wn i ddim be fyswn ni'n wneud hebddat ti, 'sti.'

Pennod 45

Edrychodd Jeff ar Meira wrth ei ochr, ac yna o gwmpas yr ystafell gynhadledd wrth iddi lenwi y prynhawn hwnnw, a gwelodd fod wynebau pawb yn adlewyrchu pwysigrwydd a difrifoldeb y sefyllfa. Cerddodd y Dirprwy Brif Gwnstabl Tecwyn Williams drwy'r drws yng nghwmni'r Ditectif Brif Arolygydd, eu hwynebau'n ddifynegiant. Safodd y Dirprwy Brif Gwnstabl o flaen deugain o wŷr a merched, yn gwybod y byddai pob un o'i eiriau'n cael ei ddadansoddi'n fanwl. Yn ei law roedd nifer o dudalennau o nodiadau brysiog. Ni chafwyd amser i ddarparu cyflwyniad ffansi ar y sgrin, na rhagair chwaith.

'Mae'r sefyllfa yn hynod ddifrifol, ac mae'r canlyniadau yn eich dwylo chi. Dyma'r sefyllfa,' dechreuodd y Dirprwy. 'Rydan ni'n gweithredu ar wybodaeth sy'n awgrymu bod grŵp o derfysgwyr yn bwriadu ymosod heno ar nifer o safleoedd niwclear ar hyd a lled Prydain, y rhan fwyaf ohonynt yn orsafoedd pŵer – gan gynnwys Wylfa, sydd ar stepen ein drws ni yn y fan hon. Nid oes sicrwydd hyd yn hyn pwy yn union sy'n gyfrifol, ond mae'n debygol fod y bygythiad yn tarddu o'r Dwyrain Canol. Yn ystod y dydd heddiw, darganfuwyd nifer o ffrwydron, wedi eu gosod yn barod ac wedi eu cuddio o'r golwg, mewn nifer o safleoedd pŵer o ogledd yr Alban yr holl ffordd i lawr i Gaint. Roedd popeth yn barod yn ei le, a'r dyfeisiadau yn barod i'w tanio. Rwy'n falch o fedru dweud bod rheini wedi cael eu diogelu – ond mae'n bosib bod ffrwydron eraill wedi eu gosod ond heb eu darganfod. Credwn fod bwriad i'w tanio i gyd ryw dro ar ôl deg o'r gloch heno. Ein prif amcan yw sicrhau nad oes yr un ohonyn nhw'n ffrwydro. Yn anffodus, mae'n amlwg fod y terfysgwyr yn gwybod yn iawn beth roedden nhw'n ei wneud. Y rhannau hawsaf i'w niweidio mewn gorsaf bŵer niwclear yw'r adweithydd niwclear ei hun a'r pyllau a defnyddir i oeri'r rodiau tanwydd sy'n dal i fod yn ymbelydrol wedi iddynt orffen eu gwaith. Mae'r adweithydd ym mhob safle wedi'i gau mewn concrid nifer o droedfeddi o drwch sydd wedi'i atgyfnerthu efo dur. Gwelwyd heddiw bod y terfysgwyr wedi defnyddio HMX, teip o ffrwydryn ffyrnig *nitroamine* – un o'r ffrwydron mwyaf nerthol sydd i'w gael heddiw. Mae hwnnw erbyn hyn wedi'i roi mewn cês conigol fel bod egni'r ffrwydrad yn canolbwyntio ar un man bychan. Yn ôl yr arbenigwyr, hyd yn oed os nad yw'r ffrwydrad yn treiddio drwy'r concrid trwchus, mi fydd yn creu niwed aruthrol iddo, ac mi fyddai hynny yr un mor effeithiol.'

Edrychodd y dirprwy ar ei nodiadau cyn codi ei ben drachefn. Roedd pob pâr o lygaid yn yr ystafell wedi eu hoelio arno.

'Yn ychwanegol,' meddai'n parhau. 'Mewn sawl safle mae ffrwydradau SEMTEX wedi eu darganfod yn y falfiau sy'n rheoli rhediad y dŵr o'r môr sy'n oeri'r adweithydd. Nid yn unig y falfiau eu hunain, ond y system sy'n eu cefnogi hefyd. Mi fuasai hyn ar ei ben ei hun yn ddigon i greu gwres digonol i achosi toddiant niwclear – fel y digwyddodd yn Fukushima, Japan. Yn fwy na hynny, mae nifer o ffrwydradau wedi'u darganfod ar fframwaith y pyllau oeri dŵr. Heb y dŵr, mi fyddai'r rodiau tanwydd yn gorboethi, yn llosgi ac yn rhyddhau mwg ymbelydrol i'r awyr.

'Be fyddai canlyniad hyn? Does neb yn gwybod hyd heddiw beth yw canlyniadau tymor hir damwain Chernobyl yn 1986. Lladdwyd deg ar hugain o bobol yn syth o ganlyniad i salwch ymbelydredd, ac roedd bron i ddwy fil o achosion o gancr thyroid mewn plant ifanc. Un ddamwain ddigwyddodd yr adeg hynny – meddyliwch am ganlyniadau'r hyn a allai ddigwydd heno. Byddai miloedd o bobol yn cael eu lladd yn syth, cannoedd ar filoedd yn dioddef o salwch ymbelydredd – cyfog, gwendid, colli gwallt, y croen yn llosgi ac organau hanfodol y corff yn darfod. Byddai newidiadau genetaidd yn golygu y byddai cancr yn cael ei basio ymlaen i blant y dyfodol. Mi fyddai niwed dwys i holl diroedd Prydain a thu hwnt am flynyddoedd maith i ddod. Mae rhagolygon am wynt cryf o'r gogledd a'r gogledd-orllewin heno ac am y tridiau nesaf o leiaf. Mae hynny, gyfeillion, yn golygu y byddai'r rhan helaethaf o ardaloedd poblog yr Alban, gogledd Cymru a Lloegr i gyd o dan gwmwl angheuol.

'Ein cyfrifoldeb ni yw sicrhau na fydd ffrwydrad yng Ngorsaf Bŵer Wylfa. Y Prif Gwnstabl yw'r Cadlywydd Aur yn y pencadlys. Fi yw'r Cadlywydd Arian yma a'r Ditectif Brif Arolygydd Irfon Jones fydd y Cadlywydd Efydd, yn symud i ble bynnag y bydd yr ymgyrch yn ein harwain ni. Mi fydd y Prif Gwnstabl yn gyfrifol am gydlynu ein gweithgareddau ni yng ngogledd Cymru â COBRA yn Whitehall, lle bydd y Prif Weinidog, aelodau o'i gabinet a'u harbenigwyr yn rheoli'r ymgyrch drwy'r wlad a thu hwnt. Dyn o'r enw Paul Dudley sydd dan amheuaeth yn yr ardal hon, a does neb, ar hyn o bryd, yn gwybod ble mae o. Yr unig beth wyddon ni amdano, sy'n taflu unrhyw oleuni ar yr achos yma, ydi ei fod o wedi teithio i Bacistan dair gwaith yn ystod y pum mlynedd ddiwethaf. Mae cysylltiad rhyngddo hefyd â thŷ o'r enw Plas y Fedwen nid nepell oddi yma, ond am resymau gwleidyddol sensitif, chawn ni ddim mynd i mewn yno. Efallai y gall y sefyllfa honno newid, ond ar hyn o bryd mae'r tŷ hwnnw o dan wyliadwriaeth fel na all neb fynd i mewn nag allan heb i ni fod yn gwybod.

'Rydan ni'n meddwl bod y trydanwr, Dudley, yn ailddechrau gweithio yn Wylfa am ddeg o'r gloch heno. Ein bwriad yw ei ddilyn i'w waith a cheisio'i wylio tra mae o yno. Mae nifer o gamerâu cudd wedi eu gosod yn ei weithle – mae hyn i gyd yn golygu bod ganddon ni siawns go dda o'i ddilyn yn syth at y tanwyr, a darganfod oes mwy o ffrwydron wedi eu cuddio. Fedra i ddim cynghori'r tîm sy'n ei ddilyn pryd fydd yr amser cywir i neidio arno, ond mi fydd y tîm hwnnw yn cario arfau, pawb ond Ditectif Sarjant Jeff Evans, sydd ddim wedi'i hyfforddi i ddefnyddio gwn. Mi fydd o yng nghynffon y tîm arfog gan mai fo sy'n gwybod fwyaf am yr ymchwiliad – ond mi fydd yn rhaid iddo fo aros yn ôl a gadael i weddill y tîm fynd gynta. Deall, Sarjant Evans?' gofynnodd.

Nodiodd Jeff o ben draw'r ystafell i gadarnhau ei ddealltwriaeth.

'Er mwyn cysylltu â'n gilydd, mi fydd gan bob un ohonoch chi radio pwrpasol gyda chlustffon a meicroffon cudd, ac mi fydd y swyddogion fydd yn mentro i mewn i Wylfa yn gwisgo fest atal bwledi dros eu hiwnifform. Cofiwch fod terfysgwyr fel rhain yn barod i farw dros eu hachos, ac mae hynny'n arbennig o wir mewn sefyllfa debyg i hon. Pob bendith i chi i gyd.'

Roedd mwy nag un ystyr i'r gair 'tywyllwch' y noson honno,

ond am hanner awr wedi naw, ar ôl iddi nosi, agorodd drysau mawr Plas y Fedwen a thrwyddynt ymddangosodd hen Ford Escort glas Paul Dudley.

Gwnaeth y car ei siwrne arferol i gyfeiriad pwerdy Wylfa ond, yn anarferol, fe'i gwylwyd o wahanol guddfannau ac fe'i dilynwyd gan nifer o swyddogion yr heddlu a'r Gwasanaethau Diogelwch. Un dyn oedd yn y car – Paul Dudley.

Cyrhaeddodd faes parcio Wylfa am chwarter i ddeg a cherddodd i mewn yn hamddenol yn cario sach deithio ar ei ysgwydd, fel y gwnâi bob amser yn ôl pob golwg. Cododd ei law ar y swyddog diogelwch wrth y giât ac aeth i mewn heb ei holi na'i chwilio'n gorfforol. Dechreuodd siarad a chellwair â nifer o'r gweithwyr eraill cyn mynd at ei locer. Am y tro cyntaf, gwelwyd ef yn edrych o'i gwmpas yn amheus cyn ei ddatgloi a'i agor, a rhoi ei sach gefn ynddo. Tynnodd y belt oedd yn cynnwys ei daclau gwaith allan o'r locer a'i roi o gwmpas ei ganol. Gwyliodd y Ditectif Brif Arolygydd Irfon Jones a'r plismyn eraill ef ar y sgrin a osodwyd yn arbennig ar eu cyfer yn swyddfa rheolwr yr orsaf er mwyn ei wylio'n mynd o un lle i'r llall. Gwyliwyd Dudley yn mynd i swyddfa'r trydanwyr, a cherdded yn syth at y cyfrifiadur. Ar ôl edrych pa waith oedd wedi ei adael ar ei gyfer, argraffodd y manylion a gwnaeth ei ffordd at banel technegol mewn ystafell arall. Dechreuodd dynnu'r casin i gael mynediad at ba bynnag ddiffyg oedd i'w drwsio, a bu wrthi yno am ychydig dros ddwy awr cyn codi ar ei draed a gadael, heb roi'r casin yn ei ôl. Dilynodd y camerâu cudd ei daith yn ôl i'w locer. Edrychodd o'i gwmpas unwaith yn rhagor ac agorodd y drws. Ni wyddai Paul Dudley fod y tanwyr oedd yn ei sach wedi'u darganfod gan arbenigwr y fyddin yn y cyfamser, eu diogelu, a'u rhoi yn ôl heb arwydd eu bod wedi'u cyffwrdd.

Tynnodd Dudley'r sach allan a brysiodd i ran o'r pwerdy nad oedd ar ei restr waith. Gwelwyd ef ar gamera arall yn agos i'r falfiau a oedd yn rheoli rhediad y dŵr i system oeri'r safle. Roedd yn dechrau ar y gwaith o osod y tanwyr a'r ddyfais amseru pan glywodd lais yn bloeddio y tu ôl iddo:

'Heddlu arfog! Safwch yn llonydd a rhowch eich dwylo ar eich pen.'

Rhewodd Dudley am eiliad, yna trodd rownd yn frysiog a gwelodd dri dyn y tu ôl iddo yn anelu eu gynnau tuag ato. Edrychai Jeff o'i guddfan y tu ôl i weddill yr heddweision, a gwelodd Dudley yn neidio i un ochr a thynnu gwn o'i wregys. Llamodd Jeff o'r ffordd cyn iddo glywed dwsin o rownds yn cael eu tanio'n sydyn. Saethodd y plismyn yn ôl, ond gwelodd Jeff ei gydweithwyr yn disgyn i'r llawr.

Yr oedd yr hyfforddiant a dderbyniodd Paul Dudley gan al-Qaeda ym Mhacistan yn werthfawr mewn sefyllfa fel hon. Er bod y plismyn yn gwisgo festiau atal bwledi, yr oedd y bomiwr wedi medru saethu un yn ei ben a'r ddau arall yn eu breichiau a'u coesau fel nad oeddynt yn gallu symud. Yn ôl ei hyfforddwyr, ei brif amcan yn awr oedd sicrhau y byddai'r weithred yn digwydd. Clywodd larwm yn canu ar draws yr orsaf a rhedodd am y ffrwydryn mwyaf, yr un a osododd wythnosau ynghynt yn ddwfn yn y wal goncrid a amgylchynai'r adweithydd niwclear. Gadawodd ei sach ar ôl a rhedodd yno, a thanwyr eraill yn ei boced. Nid oedd y rhain wedi'u diogelu.

Heb ystyried y sefyllfa yn drwyadl, cododd Jeff un o'r gynnau Glock 17 a ddisgynnodd o law un o'i gydweithwyr.

Rhedodd ar ôl Dudley, ond nid oedd yn sicr pa ffordd yr aeth o. Stopiodd i wrando, ond roedd sŵn byddarol y larwm yn golygu na chlywai ddim arall. Ceisiodd ei dawelu ei hun ond roedd ei anadl yn frysiog a churiad ei galon yn drwm ac yn gyflym yn ei frest. Yna, gwelodd Jeff fymryn o waed ar y llawr. Mae'n rhaid bod Dudley wedi ei anafu hefyd. Er ei fod hanner munud ar ei ôl erbyn hyn, dilynodd Jeff drywydd y gwaed yn ddistaw, ac yn sydyn, gwelodd Dudley ar ei gwrcwd a'i gefn ato, wrthi'n gosod y taniwr mewn cês conigol – un nad oedd wedi'i ddarganfod yn ystod y dydd. Roedd y ffrwydryn HMX yn dal i fod ynddo ac yn barod i ffrwydro. Gwyddai Dudley mai eiliadau fyddai o ei angen i osod y taniwr a fuasai'n ei yrru o i baradwys – a'r anghrediniol i ebargofiant. Gwelodd Jeff fod dwylo Dudley yn brysur, a bod ei wn ar y llawr wrth ei ochr.

'Safa i fyny, a rho dy ddwy law ar dy ben!' gwaeddodd Jeff ar dop ei lais dros sŵn y larwm, gan bwyntio'r gwn ato. Nid oedd Jeff wedi gafael mewn Glock 17 o'r blaen, heb sôn am danio un. Gwyddai fod cliced ddiogelwch arno, ond ni wyddai a oedd hwnnw ymlaen neu beidio, ac ni wyddai ychwaith faint o fwledi oedd ar ôl yn y gwn. Syllodd i fyw llygaid Dudley.

'Rŵan!' gwaeddodd.

Gollyngodd Dudley beth bynnag oedd yn ei ddwylo a symudodd ei law tuag at y gwn. Gwasgodd Jeff y gliced, ond digwyddodd dim. Yn sydyn, llenwodd sŵn ergydion glustiau Jeff a chafodd ei ddallu am ennyd gan fflachiadau. Pan ddaeth ato'i hun gwelodd Dudley yn gorwedd yn llonydd o'i flaen, gwaed yn glafoerio o'i geg a'i wn yn ei law lipa.

Gwelodd Jeff fod heddwas o dîm cefnogol yn sefyll yn

union y tu ôl iddo, ei wn yn dal i bwyntio tuag at Dudley a mwg yn dod o'i faril. Cerddodd hwnnw heibio i Jeff a chiciodd y gwn allan o law Dudley, ond roedd hi'n amlwg bod y terfysgwr wedi marw.

'Wyt ti'n iawn?' gofynnodd yr heddwas i Jeff.

'Lle fuest ti mor hir?' atebodd Jeff, yn crynu fel deilen.

Ymhen munudau, roedd yr orsaf bŵer yn llawn o blismyn, arbenigwyr ffrwydradau a pharafeddygon. Gwelwyd bod y taniwr yn ei le yn y bom nerthol wrth ochr corff Dudley ac mi fuasai eiliad arall wedi bod yn ddigon i greu'r math o ddifrod a ddisgrifiodd y Dirprwy Brif Gwnstabl rai oriau ynghynt.

Teimlodd Jeff law ar ei ysgwydd. Trodd ei ben a gwelodd Irfon Jones yn sefyll tu ôl iddo. Ni ddywedodd air. Nid oedd geiriau'n addas o dan yr amgylchiadau. Rhoddodd Jeff y Glock 17 yn saff yn nwylo'r plismon a laddodd Dudley.

'Dydi hwn yn dda i ddim i mi,' meddai, ei gorff yn dal i grynu. 'Sut mae'r bois eraill?' gofynnodd.

'Mae'r tri yn fyw ac ar y ffordd i'r ysbyty,' atebodd Irfon Jones. 'Mi gawn wybod mwy yn nes ymlaen. Ty'd, dwi'n mynd â chdi allan o'r blydi lle 'ma.'

Pennod 46

Roedd yr ystafell gynhadledd yng ngorsaf heddlu Glan Morfa yn orlawn am bump o'r gloch y bore. Jeff Evans a'r Ditectif Brif Arolygydd Irfon Jones oedd y rhai olaf i gyrraedd. Gwthiodd Meira Lewis drwy'r dorf at Jeff a rhoddodd ei cheg yn erbyn ei glust.

'Mi glywais i be ddigwyddodd,' meddai. 'Diolch i Dduw dy fod ti'n iawn.'

Gwenodd yntau arni a rhoddodd ei law ar ei boch. Nid oedd gan y naill na'r llall ots pwy wyddai am eu perthynas bellach.

Anerchodd y Dirprwy Brif Gwnstabl Tecwyn Williams y cyfarfod:

'Diolch i bob un ohonoch chi,' meddai. 'Mae'ch ymdrechion chi wedi atal sefyllfa ddychrynllyd. Mae tri o'ch cydweithwyr wedi'u hanafu: dau wedi eu saethu yn eu coesau neu eu breichiau, a'r llall yn ei ben. Cefais air o'r ysbyty ychydig funudau'n ôl – sboncio oddi ar ei benglog ddaru'r fwled, a dwi'n falch o fedru deud bod y tri yn siŵr o wella ymhen amser. Mae'r sefyllfa yn debyg drwy weddill y wlad. Nid fu ffrwydrad yn unman. Mae un terfysgwr wedi'i saethu'n farw yn Dounreay, ac un arall yn Hunterston. Mae un wedi'i arestio yn Heysham a dau yn Sellafield, ac mae'r heddlu yng nghanol gwarchae arfog â dau yn Hinkley Point ar hyn o bryd. Fe arestiwyd pedwar: dau yn agos i Sizewell a dau yn Dungeness, cyn iddynt fynd yn agos i'r pwerdai. Fel y gwyddoch chi, fe saethwyd Paul Dudley yn farw yn ystod ei ymdrech i danio'r ddyfais.

'Y sefyllfa ynglŷn â Phlas y Fedwen ydi hyn,' meddai, gan oedi i edrych o'i gwmpas. Sylwodd Jeff fod ei lygaid yn goch o flinder ac roedd straen y noson yn amlwg ar ei wyneb. 'Mae hi'n debygol mai o'r plasty hwnnw y cafodd yr holl ymgyrch ei gynllunio a'i drefnu, ond fel y gwyddoch chi, mae'r lle wedi'i warchod gan imiwnedd diplomyddol, yr adeilad a'r rhan fwyaf o'r bobol sy'n gweithio yno. Mae'r arwyddion yn awgrymu nad oes gan Swltaniaeth Oman gysylltiad o gwbl â hyn. Gallwch fentro bod trafodaeth ddifrifol iawn rhwng uwch swyddogion Oman a'n llywodraeth ni ar hyn o bryd. Oherwydd hynny, mae'r imiwnedd diplomyddol yn parhau. Ni chaiff neb yn y Plas ei arestio na'i erlyn am unrhyw drosedd, dim hyd yn oed trosedd o'r math a welwyd heno. Ar hyn o bryd mae Plas y Fedwen wedi'i amgylchynu gan yr S.A.S. a heddlu arfog, a chaiff neb na dim symud i mewn nag allan. Wyddon ni ddim ar hyn o bryd a fydd y sefyllfa honno'n newid.'

'Caiff y mwyafrif ohonoch fynd adra rŵan, ond mi fydd yn rhaid i rai ohonoch chi – y rhai sydd wedi'u hyfforddi i gario arfau – ddod yn ôl yma am hanner dydd os gwelwch yn dda.'

Galwodd y Dirprwy Brif Gwnstabl ar Irfon Jones, Jeff Evans a Meira Lewis i ymuno â fo yn swyddfa'r Ditectif Brif Arolygydd. Synnodd pawb ond y Dirprwy weld Comander Toby Littleton yn eu disgwyl yno. Safai o'u blaenau fel pin mewn papur, ei wallt arian yn sgleinio yng ngolau'r tiwb uwch ei ben. Ni chynigodd ei law i neb.

'Dyma'r sefyllfa,' dechreuodd Littleton, heb fath o gyflwyniad. 'Mae'r holl wybodaeth sydd yn ein meddiant ni yn awgrymu nad oes gan Oman ei hun unrhyw gysylltiad â'r ymosodiad yma ar Brydain. Ymdreiddiodd aelodau al-Qaeda i fysg eu staff a defnyddio hafan y llysgenhadaeth i gynllwynio'r erchyllterau yma. Ni all llywodraeth Swltaniaeth Oman adael i awdurdodau'r wlad hon fynd i mewn i unrhyw un o'u hadeiladau na'u moduron, na hyd yn oed gyfweld ag unrhyw un o'u staff sy'n cael eu gwarchod ag imiwnedd diplomyddol. Mae'r rheolau yma yn rhai rhyngwladol – all llywodraeth y wlad hon ddim eu hanwybyddu, ac ni all llywodraeth Oman roi caniatâd i ni dresbasu yno chwaith. Mae byd y Dwyrain Canol a byd yr Arabiaid yn wahanol iawn i'n byd ni. Mi fyddai'r Swltaniaeth yn colli parch yn y byd hwnnw, a tydi'n Prif Weinidog ni ddim isio hynny ar hyn o bryd. Mae'r Prif Weinidog wedi cynnal trafodaeth yn ystod y nos â llywodraeth Mr Obama, sy'n cytuno gant y cant y dylid gadael i lywodraeth Swltaniaeth Oman ddelio â hyn yn eu ffordd eu hunain. Dwi'n sicr y byddan nhw'n gwneud hynny. Mae'r amgylchiadau yng Nghulfor Hormuz yn sensitif, a fydd dim newid i hynny yn y dyfodol agos. Mae'r gallu i gludo olew i weddill y byd yn bwysicach na dim arall, ac nid gormodiaeth yw dweud y gallai anawsterau yn yr ardal arwain at ryfel byd. Mae'r perygl unionyrchol i Brydain wedi pasio, felly uchelgais yr Americanwyr a'r Prif Weinidog yw cael canolfan filwrol yn agos i'r Gwlff i warchod buddiannau'r gorllewin.'

'Ond ma' hi'n debygol iawn mai dim ond un dyn ym Mhlas y Fedwen sy'n gyfrifol am hyn i gyd,' dadleuodd Jeff. 'Abdul Saheed 'dan ni isio.'

'Diplomydd ydi Saheed sy'n cael ei warchod o dan y rheolau y soniais i amdanyn nhw'n gynharach, ac felly, chawn ni ddim mynd yn agos ato.' Taniodd Littleton ei eiriau yn ôl at Jeff.

'Be ddigwyddith felly?' gofynnodd y Dirprwy Brif Gwnstabl.

'Am hanner awr wedi dau y pnawn 'ma, mi fydd car diplomyddol yn gyrru trwy ddorau Plas y Fedwen. Ynddo bydd Abdul Saheed. Am dri o'r gloch, mi fydd jet yn perthyn i Swltaniaeth Oman yn glanio ym maes awyr Caernarfon i'w hedfan o allan o'r wlad.'

'I ble?' gofynnodd Jeff.

'Dydi hynny ddim o bwys i chi na neb arall yn y wlad yma,' atebodd y Comander. 'Mi fydd yr awyren wedi cael ei chlirio i lanio ac i ailgodi unwaith y bydd o ar ei bwrdd. Eich cyfrifoldeb chi, Ddirprwy Brif Gwnstabl, fydd trefnu i hebrwng y car o Blas y Fedwen i faes awyr Caernarfon, ac i sicrhau ei ddiogelwch yn ystod y daith.'

Nid atebodd y dirprwy, ond gwyddai pawb yn yr ystafell nad oedd ganddo ddewis.

Tywynai haul yr hydref trwy ddail prin y coed, a chwythai gwynt cryf o'r de-orllewin pan agorodd dorau mawr Plas y Fedwen am hanner awr wedi dau ar y dot. Ymddangosodd y Mercedes mawr du a oedd, erbyn hyn, mor gyfarwydd i Jeff. Un o weision y llysgenhadaeth oedd yn gyrru, yn ôl llefarydd y Swltaniaeth, mewn iwnifform gyrrwr swyddogol a chap a phig yn isel dros ei dalcen. Wfftiodd Jeff at y faner ar flaen y car oedd yn arwydd o'i statws diplomyddol. Sicrhaodd y gwydr tywyll a'r cyrtens yn y cefn nad oedd modd gweld pwy oedd yn eistedd yno.

Arweiniwyd y fodurgad gan ddau feic modur yr heddlu a char patrôl a'u goleuadau glas yn fflachio. Dilynwyd y Mercedes gan gar patrôl arall, gyda char y ditectifs yn cario Jeff a Meira tu ôl i hwnnw. Teithiodd y fodurgad ar gyflymder parchus ar hyd y lonydd gwledig a chyn hir pasiodd y llecyn lle taflwyd Barbara McDermott o'r un car i lwybr Iolo Pugh. Ymhen pum munud ar hugain cyraeddasant faes awyr Caernarfon, lle roedd mwy o geir yr heddlu yn eu disgwyl ger y llain lanio. Yn wahanol i'r arfer, nid oedd yr un awyren i'w gweld yn symud.

Fel yr oedd y ceir yn nesáu, ymddangosodd jet breifat Swltaniaeth Oman o gyfeiriad Caernarfon, yn disgyn o'r awyr ddigwmwl a glanio yn erbyn y gwynt cryf ym mhen draw'r rhedfa. Nesaodd yn araf i gyfeiriad y ceir, lle safai'r Dirprwy Brif Gwnstabl, Comander Littleton, y Ditectif Brif Arolygydd Irfon Jones, Jeff a Meira, ac amryw eraill yn eu hiwnifform. Arhosodd y jet ddeugain llath oddi wrthynt, agorwyd y drws ac ymddangosodd gŵr pryd tywyll canol oed yn gwisgo iwnifform peilot. Yna, agorwyd drws cefn y Mercedes gan y gyrrwr ac ymddangosodd Abdul Saheed o'r car. Edrychodd Jeff ar y ddau ddyn, ddeg llath oddi wrtho, ac adnabu Saheed yn syth. Cerddai'r gyrrwr wrth ei ochr yn cario'i fag. Cymerodd rai eiliadau i Jeff adnabod y gyrrwr.

'Blydi hel!' meddai'n uchel. 'Sbia pwy 'di hwnna, Meira. Y pysgotwr – Peter Farrell! 'Di'r diawl ddim wedi marw. Un ohonyn nhw ydi o!'

Gwyddai Jeff nad oedd Farrell yn aelod o staff y llysgenhadaeth nag yn cael ei warchod ag imiwnedd diplomyddol. Rhuthrodd amdano a Meira'n dynn ar ei sodlau; y Comander Littleton yn rhedeg ar eu holau.

'Chewch chi ddim! Dwi'n rhoi gorchymyn i chi ...!' gwaeddodd Littleton.

'Pysgotwr lleol ydi hwn, nid diplomydd,' gwaeddodd Jeff dros ei ysgwydd, yn brwydro i gael gafael ar Farrell gyda help Meira. Yr eiliad honno, tynnodd Saheed a Farrell ynnau o'u siacedi, a gwnaeth nifer o'r heddweision gerllaw yr un peth. Yn y dryswch trawyd Jeff ar ochr ei ben gan wn Saheed a disgynnodd i'r llawr. Rhoddodd Farrell ei fraich rownd gwddf Meira, anelu ei wn at ei thalcen a dechrau ei thynnu tuag at ddrws yr awyren lle roedd y peilot yn aros amdanynt. Pan gododd Jeff ar ei draed yn lled ymwybodol, gwelodd Meira'n cael ei llusgo, lathenni erbyn hyn oddi wrth ddrws yr awyren.

Drwy gwmwl o wendid, ceisiodd redeg tuag ati ond gafaelwyd ynddo gan Comander Littleton. Trodd Jeff a'i daro â dwrn nerthol yng nghanol ei wyneb nes ei fod yntau'n disgyn i'r llawr. Dechreuodd redeg unwaith yn rhagor i gyfeiriad yr awyren ond taniodd Saheed ergyd o'i wn tuag ato. Ceisiodd peilot yr awyren ei rwystro rhag tanio ail ergyd a tharodd Saheed ef ar ochr ei ben nes ei fod yntau hefyd ar lawr, a gwaed yn pistillio o'i gorun.

'Aros lle rwyt ti,' gorchymynnodd Farrell, ei wn yn dal i anelu at Meira. 'Neu mi fydd hon yn ei chael hi.'

Ni theimlodd Jeff erioed mor ddiymadferth wrth wylio Meira'n cael ei thynnu gan Farrell i fyny'r grisiau ac i mewn i'r awyren. Dilynodd Saheed y ddau, yn dal i anelu'r gwn i gyfeiriad Jeff, a chaeodd y drws ar eu holau.

Cariodd rhywun y peilot, a oedd wedi dod ato'i hun, i fan diogel, ond safai Jeff yn yr unfan, a'i galon ar dorri.

'Roeddwn i'n meddwl 'mod i wedi rhoi gorchymyn i chi,' arthiodd Comander Littleton yn ei wyneb.

Trodd Jeff a phlannu ergyd arall yng nghanol ei wyneb, a'i wylio'n disgyn yn swp gwaedlyd i'r llawr am yr eildro. Trodd yn ôl i edrych ar yr awyren, ond allai o wneud dim ond sefyll a gwylio.

'Meira!' gwaeddodd.

Yn ei wewyr, ni welsai Jeff y Rolls Royce mawr gwyn yn nesáu o'r pellter na'r gyrrwr yn agor y drws cefn; na Seik Amit Bin Ahamed yn disgyn ohono, ei wisg wen draddodiadol yn chwythu'n ysgafn yn y gwynt cryf, gan gerdded tuag at y peilot.

Cynyddodd sŵn dwy injan y jet i'w fyddaru. Trodd yr awyren a symud, yn araf, yn bellach ac ymhellach i ffwrdd oddi wrtho ar hyd y rhedfa tuag at Gaernarfon.

Chlywodd Jeff mo'r drafodaeth fer rhwng Seik Amit Bin Ahamed a'r peilot, a oedd yn hollol anymwybodol pan lusgwyd Meira i mewn i'r awyren.

'Oes rhywun arall ar fwrdd yr awyren?' gofynnodd y Seik.

'Nag oes. Dim ond y ddau ddyn,' atebodd y peilot, yn grynedig ac yn simsan ar ei draed.

Trodd Jeff a cherdded oddi ar y rhedfa i gyfeiriad y gweddill. Gwyliodd yr awyren, hanner milltir neu fwy i ffwrdd erbyn hyn, yn dod i aros am funud llawn cyn troi i'w hwynebu er mwyn codi yn erbyn y gwynt cryf o'r môr. Ni wyddai beth i'w wneud. Doedd dim allai o ei wneud! Chwyrnai sŵn yr awyren yn uwch ac yn uwch fel roedd hi'n cyflymu a chyflymu i'w gyfeiriad, a gwyliodd Jeff hi'n dechrau codi a dringo'n uwch i'r awyr o'u blaenau.

Daeth y Seik i sefyll ato.

'Sarjant Evans,' meddai. 'Mae'r ddau ddyn yma wedi achosi llawer iawn o niwed a chywilydd i'n gwlad ni ac i'r ewyllys da sydd wedi bodoli rhwng Swltaniaeth Oman a'r Gorllewin ers amser maith. Mae'n ddrwg iawn gen i am yr hyn sydd wedi digwydd, ond peidiwch â phoeni, mi fydd y ddau yn cael eu cosbi yn ôl ein cyfraith ni yn Oman.'

Ymgrymodd y Seik a throdd i adael. Ni fedrai Jeff wneud dim o hyd ond sefyll yn fud yn gwylio'r awyren yn codi dros fae Dinas Dinlle a chodi'n uchel dros Fôr Iwerddon. Sut allai o gael Meira yn ôl?

Amneidiodd Seik Amit Bin Ahamed i gyfeiriad ei yrrwr heb i Jeff ei weld. Ni welodd Jeff y gyrrwr yn rhoi ei law yn ei boced a thynnu'i ffôn symudol allan ychwaith, na'i weld yn pwyso un o fotymau'r ffôn. Yr un eiliad, ymhell dros y môr i'r gorllewin, gwelodd Jeff belen o dân pan ffrwydrodd yr awyren yn yfflon, a gwyliodd y fflamau dychrynllyd a'r mwg du wrth iddi ddisgyn i'r môr yn ddarnau mân.

Gyrrwyd y Rolls Royce gwyn yn araf o'r maes awyr.

Disgynnodd Jeff i'w bengliniau. Doedd ganddo ddim gobaith yn y byd. Clywodd lais y Comander yn y pellter yn gorchymyn ei wahardd o'i swydd. Daeth y Ditectif Brif Arolygydd Irfon Jones ato. Syrthiodd yntau i'w bengliniau wrth ei ochr a rhoi ei law ar ei ysgwydd. Clywodd un neu ddau o'r plismyn eraill yn dechrau gweiddi.

'Ylwch, ylwch draw fan'cw!'

Cododd Jeff ei ben a gwelodd y dynion yn pwyntio i lawr y rhedfa i gyfeiriad Caernarfon. Roedd amlinelliad merch yn y pellter yn rhedeg yn simsan i'w gyfeiriad.

'Meira!'

Anghofiodd ei boenau a rhedodd tuag ati cyn gynted ag y gallai. Wrth iddi agosáu gallai weld y clwyfau a'r gwaed ar ei hwyneb a'r rhwygiadau yn ei dillad o ganlyniad i gael ei lluchio allan o'r awyren ym mhen draw'r rhedfa. Gafaelodd ynddi yn dynnach nag erioed o'r blaen, a wyddai Jeff ddim ai ei ddagrau o, ynteu dagrau Meira, oedd yn gwlychu ei groen.

'Wel,' meddai Irfon Jones wrth y Dirprwy Brif

Gwnstabl wrth ei ochr. 'Mae pawb yn gwybod pa mor agos ydyn nhw rŵan.' Gwenodd y ddau.

'Welaist ti'r anaf 'na i drwyn Comander Littleton?' gofynnodd y Dirprwy ymhen sbel.

'Do,' atebodd Irfon Jones. 'Ma' raid bod y diawl trwsgl wedi disgyn, chi.'

'Ia ... dwi'n siŵr mai felly roedd hi.'